专利法
基本理论与实务

董新中 著

知识产权出版社
全国百佳图书出版单位
—北京—

图书在版编目（CIP）数据

专利法：基本理论与实务 / 董新中著. — 北京：知识产权出版社，2025. 4.

ISBN 978-7-5130-9724-6

Ⅰ. D913.04

中国国家版本馆CIP数据核字第2024FL1020号

责任编辑：李陵书　程足芬　　　　　　　责任校对：王　岩
封面设计：研美设计　　　　　　　　　　责任印制：刘译文

专利法：基本理论与实务

董新中　著

出版发行：知识产权出版社 有限责任公司		网　　　址：http：//www.ipph.cn	
社　　址：北京市海淀区气象路 50 号院		邮　　编：100081	
责编电话：010-82000860 转 8165		责编邮箱：lilingshu_1985@163.com	
发行电话：010-82000860 转 8101/8102		发行传真：010-82000893/82005070/82000270	
印　　刷：三河市国英印务有限公司		经　　销：新华书店、各大网上书店及相关专业书店	
开　　本：787mm×1092mm　1/16		印　　张：17.25	
版　　次：2025 年 4 月第 1 版		印　　次：2025 年 4 月第 1 次印刷	
字　　数：304 千字		定　　价：78.00 元	
ISBN 978-7-5130-9724-6			

序　言

一、专利制度的建立与发展

自然科学技术能够解决人民生产、生活中遇到的不便与困难。如人类社会早期使用火、制造各种石器都是解决生产、生活困难的技术，都是伟大的发明创造。在人类社会的游牧时期和农业社会时期，由于历史的局限性，没有发展出专利法律制度。因此，古代社会的新技术一旦发明出来并公之于众之后就成为全社会共同的财富，任何人都可以模仿、使用或制造。为了获得经济利益，在此时期的一些发明创造以商业秘密的形式被保护起来。当人类社会进入资本主义社会以后，随着工业革命的出现，新文化价值的确立，新政治文明的萌生，罗马法的复兴，社会生产科学技术化，科学技术成果的商品化，知识财产的法律制度化，特别是在洛克、孟德斯鸠等资产阶级思想家的法律思想指导下，建立了近代的知识产权法律制度，其中就包括专利法律制度。专利法律制度就是将人们新发明的能够解决生活、生产困难，提高生产、生活质量和效率的自然科学技术视为一种私有财产，并且将之公之于众，并获得法律的保护，即将技术商品化。借助于这一法律制度，发明人不仅可以自己使用该技术，还可以将其作为商品与他人进行交换。

专利制度的设立，大大激发了人们的发明意识和主动性。知识产权法律制度特别是专利法律制度的出现对工业革命以来人类社会取得的巨大科技进步，有着深远的影响。从社会日常生产、生活角度看，专利就是解决人民生产、生活中遇到的不便和困难，提高生产、生活质量和效率的技术方案；从经济的角度看，专利是市场主体进行市场竞争的有力工具；从国际视角看，专利又是国家间经济、科技竞争的强大后盾。因此，专利已经成为现代人民生活、生产中不可或缺的组成部分，成为国家发展经济与科技的主要动力源之一，特别是发达国家，非常重视专利法律制度，各自制定了符合本国实际的专利法。

二、专利制度的本质

当代社会是知识社会，是信息社会，加强对知识产权的保护已经成为国际社会的共识。包括专利在内的知识产权已经是市场主体进行竞争的有力工具，而且知识产权也是国际竞争的有力武器，我们从近些年的中美贸易争端可以看出端倪。我国商务部公开资料显示，美国制裁中国的领域主要集中在新能源、新材料、航天航空等高科技领域，由此也反映出中国在高科技领域的巨大进步，美国害怕中国高科技领域的发展，害怕中国在高科技领域超过美国。高科技领域是专利最集中的领域，国家知识产权局数据资料显示，截至2024年4月，中国的有效专利数已经达到20819564件，其中包括发明5274173件，实用新型12256094件，外观设计3289297件。[1]中国已经成为世界上有效专利最多的国家，这在三四十年前是根本不能想象的。美国对中国高科技领域的制裁恰恰证明了中国在高科技领域的巨大进步和发展潜力，而中国高科技取得的巨大成绩中，中国的专利法律制度功不可没。

三、专利制度对中国现代化的促进

中国真正的专利法是从20世纪80年代才出现的，而且由于中国专利立法的滞后，已经造成了不利的后果，最典型的就是青蒿素及其衍生物在中国的市场占有率极低。众所周知，青蒿素是20世纪六七十年代，以屠呦呦为代表的中国科学家发现并完成了提取技术，但由于中国当时没有专利法，该项技术并未申请过专利，从而丧失了在这一领域的巨大经济价值。中国自1984年颁布了第一部《专利法》之后，中国的专利事业蓬勃发展。世界知识产权组织（WIPO）发布的《世界知识产权指标》报告显示，中国2021年提交的专利申请量达158万件，约占全球申请总量的一半，连续12年位居世界首位。此外，中国现存有效专利已超过2000万件，位居世界第一，这与中国《专利法》的不断修订与完善密不可分。虽然中国的专利事业取得了如此巨大的成就，但是中国的专利法仅四十余年的历史，在具体实施过程中仍存在这样或那样的问题，需

---

1 该数据来源于国家知识产权局官网。https://www.cnipa.gov.cn/col/col61/index.html。最后访问日期：2024年6月8日。

要继续学习国际专利立法的先进经验，并结合我国实际需要不断完善我国专利法，以取得更大成就。

四、知识产权专业的设立

从我国大学的专业设置来看，知识产权专业现在是作为法学专业之下的二级专业，但中共中央、国务院印发的《知识产权强国建设纲要（2021—2035年）》中提出，支持学位授权自主审核高校自主设立知识产权一级学科，推进论证设置知识产权专业学位。因此知识产权专业将来极有可能成为大学中的一级学科。

法学本专业为文科专业，因此现在从事专利审判的法官与专利纠纷代理的律师大多是本科文科毕业生，其大多对于作为规范技术成果的专利法的具体理解与适用有力不从心之感，故而不愿从事该项事业，这也是导致我国精通专利法律实务的专业人员短缺的重要原因，因此培养高素质专业的专利审判人员和代理律师及专利管理人员是我们的一项重要任务。我国的专利代理师资格考试报名条件之一必须具有理工科大专以上学历，为了进一步扩大专利专业人才的队伍，2023年4月国家知识产权局专利代理师考试委员会办公室发布的《2023年度专利代理师资格考试常见问题解答》，对这一报名条件有所放松，即考生专业归属于教育部公布的《普通高等学校本科专业目录（2020年版）》、《列入普通高等学校本科专业目录的新专业名单（2021年）》和《列入普通高等学校本科专业目录的新专业名单（2022年）》经济学02门类、教育学04门类、管理学12门类以及法学03门类下的知识产权、技术侦查学、公安情报学3个专业和艺术学13门类下的设计学类的，可以报名，但必须满足以下三个条件中的任意一条：①其所学理工科课程占全部课程的2/5；②所学理工科课程达10门以上（允许专科、本科、研究生等不同层次学习阶段累计计算）；③所学理工科课程的学分占总学分的2/5以上，则认定为属于理工科专业。

专利法既具有法律的特性，又具有自然科学技术的内容，是法律与科学技术的结合。因此想要精通专利法，成为该领域的专业人才，既需要学习专利法的基本理论，也需要通过对实务中专利纠纷的审判实践案例的解读进一步加深对专利法的理解和掌握，如此才能真正学好专利法，才能更好地在实务中适用专利法。本书的写作就以此为目标，希望能对本书读者有所裨益。

专利法：基本理论与实务

目 录

专利法律制度的
历史发展

| 引 言 |

　　"罗马不是一天建成的"，专利法律制度也非朝夕而成，其经历了数百年的发展才逐渐完善，并成为现代知识产权法律制度中重要的组成部分。在15世纪之前，世界范围内都没有出现专利法律制度，只在西方有些许萌芽。15世纪后期，欧洲的威尼斯出现了第一部《专利法》。17世纪20年代，英国颁布了具有现代意义的《专利法》。18世纪中叶，随着工业革命及资产阶级革命的成功，欧洲大多数国家都制定了专利法，专利制度逐渐完善。19世纪后期，专利国际保护制度肇起，并在20世纪进一步发展，出现了国际专利（PCT）。随着WTO的建立，《与贸易有关的知识产权协议》（以下简称TRIPS协议）使世界各国专利法更趋向一致性。

　　中国专利法虽然发端于清末，国民政府时期也颁布过专利法，中华人民共和国成立后亦实施过专利制度，但是中国真正的专利法律制度的实施始于20世纪80年代的改革开放之后，并随着中国改革开放的发展，以加入WTO为契机，通过不断修正而逐步完善。

| 第一节 | 专利制度的起源与发展

一、专利制度的萌芽

　　据对专利法历史资料的研究发现，最早的、包含有专利制度萌芽的制度起源于雅典时期。据西方有关史料记载，公元前10世纪的雅典政府曾经授予一个厨师独占使用其烹调方法的特权。公元前4世纪亚里士多德的《政治学》中提到一个叫喜帕达姆斯的人提倡用某种制度来奖励作出有利于国家的发明的人，但亚里士多德谴责此种建议，认为该建议可能会导致混乱。[1]

---

1 [美]罗伯特·P.墨杰斯、彼特·S.迈乃尔、马克·A.莱姆利等，《新技术时代的知识产权法》，齐筠、张清、彭霞，等译，中国政法大学出版社2003年版，第100页。

中世纪时期，1236年英王亨利三世授予波尔多市一位市民色布制作技术15年的垄断权。1331年，英王爱德华三世授予佛兰德的工艺师约翰·卡姆比在缝纫和染织技术方面独占的权利。这个时期的英国皇家是以特许令的方式奖励在技术上的创新。1421年，在意大利佛罗伦萨，建筑师布鲁内来西为运输大理石而发明的"带吊机的驳船"被授予了3年的垄断权。1449年英王亨利六世授权给一商人制造有色玻璃20年垄断权。[1]

二、专利制度的形成

（一）《威尼斯专利法》

1474年，威尼斯颁布了世界上第一部最接近现代专利法律制度的《威尼斯专利法》，使得专利法律制度进入了专门的成文法时期，奠定了专利法的立法基础，具有重要的历史意义。其内容如下：

> 本城市的一些人，以及出于伟大与善良之理由从不同地方来至本城市的一些人，具有最聪明的头脑，能够发明各种精巧的装置。应当通过法律使其制作和发明不被他人复制和制造，使其荣誉不被剥夺，故他们将尽力施展才能，创造可能对本国有诸多用途和益处的发明。

> 本议会兹决定，本城市的任何人在我们领地发明了任何前所未有的、新的、精巧的装置，一旦该发明趋于完善可以使用和操作，即应当向市政机关办公室登记。本城市在10年内禁止任何他人未经发明人许可，在我们领地内的任何地方，制造与发明相同或相似的产品。如果有人制造了前述装置，发明人有权报告给本城市任何机关，该机关将强迫前述侵权人向发明人支付100金达卡，并即刻销毁侵权人制造的装置。但政府在其完全的自由裁量下有权决定为其需要而制造和使用前述装置，条件是仅可由发明人操作它们。[2]

之所以称《威尼斯专利法》是第一部最接近现代专利法律制度的成文法，主要表现在以下几个方面：

第一，立法目标与现代专利法接近。即保护聪明人的头脑发明出的各种精巧设置，促使他们尽力施展才能，创造可能对本国有诸多用途和益处的发明。

---

1 吴汉东等，《知识产权基本问题研究》，中国人民大学出版社2005年版，第358页。
2 刘银良，《知识产权法》，高等教育出版社2010年版，第46页。

第二，保护的客体及特性接近于现代专利法。该法保护的"装置"相当于现代专利法中的产品发明，其要求装置具有"前所未有的、新的、精巧的、可以使用和操作"等特性，相当于现代专利法中要求专利必须具有新颖性（新的）、创造性（前所未有的、精巧的）、实用性（可以使用和操作）。

第三，该法中的"应当向市政机关办公室登记"相当于现代专利法中发明人向国家专门机关申请专利，并由国家专门机关授权的制度。

第四，予以10年保护期，且明确规定对侵权者进行制裁，具体制裁措施包括向发明人支付100达卡金币（大约相当于现在的15万元人民币）并销毁侵权产品。[1]现代专利法中给予专利的保护期限为10~20年，也规定了侵权者应当赔偿专利权人经济损失，并销毁侵权产品。

第五，规定了类似于现代专利法中的强制许可制度，即政府根据需要有权制造和使用发明装置，但必须由发明人亲自操作。

《威尼斯专利法》所具备的上述内容，与现代专利法相同或接近，因而可以称其为最接近于现代专利法律制度的古代专利法。

之所以称《威尼斯专利法》只是接近现代专利法律制度的原因主要有二：其一，该法律中对专利的保护采取行政保护而非现代专利法中的司法保护为主行政保护为辅的保护模式；其二，威尼斯法律要求发明人需将其技术传授给本领域的其他工匠，其他工匠承担保密义务，不得公开。即该法实际上对专利采取保密方法，此与现代专利法中的"以公开换垄断"的专利法基本架构明显有差异。因此《威尼斯专利法》只是接近现代专利法律制度，而非现代意义的专利法。

（二）英国《垄断法》

英国早期是通过特许令的方式授予某些商人对一些技术的垄断权，但是特许令属于王室特权，商人享有的技术垄断权属于皇权的恩赐，因而经常被英国王室滥用。尽管这种封建特许权在一定程度上维护了技术发明人的利益，但专利权的授予只是君主给予恩赐的手段，完全受君主的好恶所左右，所以有时候不仅真正的发明人得不到独占权，其利益也可能受到王室任意颁发的专利的侵犯。1561—1590年，伊丽莎白一世共授予了50件专利，覆盖包括肥皂、毛料、制盐、纸、铁、硫黄等12个项目的

1　刘银良，《知识产权法》，高等教育出版社2010年版，第47页。

生产和流通部门，此后英国王室开始滥用专利垄断权，严重破坏了市场的竞争秩序。1602年，滥发专利激起的封建王室与社会公众之间的矛盾终于爆发，Edward Darcy诉Thomas Allen一案，是英国法院对抗王室滥用王权的一个典型案例。该案的概况如下：原告Edward Darcy是英王伊丽莎白的侍臣，他得到了女王授予他制造和贩卖扑克牌的专利权。被告Thomas Allen是伦敦的一个小杂货商，也制造和贩卖同样的扑克牌。原告向法院控告被告侵犯了他的专利权。被告在答辩时认为，原告的专利权实际上是剥夺了他人的职业，应当宣告无效。国王颁发专利权应当在一定期限内，从国家利益出发，而不应当滥用权力。被告的这一辩护强烈地表达了对封建君主滥发专利权的抗议，且被告的这一辩护被法院所接受，原告的专利最后被法院宣告为无效，Edward Darcy败诉。[1]

1623年，英国议会制定了《垄断法》（the Statute of Monopolies），是新兴资产阶级通过立法形式代替王权的一次具体实践，结束了王室特权时代，进入法权时代。《垄断法》制定的初衷是限制国王滥用权力授予的垄断权，因而《垄断法》的前5个条文都规定的是国王不得授予垄断权的情形。第6条作为例外，规定可以对真正的新产品的第一个发明人授予垄断权。《垄断法》于1624年实施，其大致内容如下：

1.第1条明确规定，包括国王以"钦赐"形式颁布的特许垄断权在内的此前以特许令等方式授予的所有垄断因为与本国法律冲突而无效。第3条规定，没有人能够使用或应用此种垄断。

2.第2条和第4条规定，普通法对于检查和决定垄断效力具有管辖权。即《垄断法》实质延续了普通法法院对王室特权所致垄断行为的判决结论，体现了普通法传统在英国立法中的影响。

3.《垄断法》第6条规定了法规所概括性地反对的垄断的例外，由此成为现代专利制度的起源，即一种新的垄断权。该条规定，第1条规定的概括性地反对垄断不应扩展到今后授予的任何专利和特权，这种专利和特权指的是任何种类的新产品在本国的独家实施或制造授予其第一个真正发明人为期14年或以下的专利和特权，在此期间他人不得使用。但此权利的授予不得有违法律，也不得在国内通过抬高物价的方式危害国家，或破坏贸易，或带来普遍不便。所述14年期限自今后授予第一个

---

1 吴汉东等，《知识产权基本问题研究》，中国人民大学出版社2005年版，第358页。

专利或特权起，但该类专利或特权的效力应与本法制定前它们所应具有的相同。[1]

英国1623年《垄断法》之所以被认为是世界上第一部现代意义的专利法，其主要原因在于以下几方面：

第一，该法授予的专利客体是"任何种类的新产品"，与现代专利法中的发明专利客体一致，要求具有新颖性，且是一种具体产品而非抽象的构思，技术领域没有限制。

第二，该法规定的专利授予第一个真正发明人与现代专利法律制度中的"先发明制度"，即专利授予最先发明人制度相同。

第三，该法所规定的专利权人禁止他人未经许可而使用的专利权内容与现代专利法一致。

第四，该法规定了专利权有一定的保护期限，与现代专利法律制度相同。

第五，该法所规定的专利权的获得和使用不得违反法律，不得损害公共利益，与现代专利法中的禁止专利权滥用相同。

第六，英文单词"patent"在专利法中有两层含义，其一是"公开"，其二是"独占"，即"patent"是将某种技术公开后独占该技术，这是现代专利法的基本架构。

综上因素，该部法律被认为是世界上第一部现代意义的专利法，标志着现代意义的专利法律制度的正式形成。该法废除了英王已经授予的所有垄断权，并规定了发明专利权的主体、客体、取得专利的条件、专利的有效期以及专利无效等制度。该法中的一些基本制度、原则、定义一直沿用至今，为世界各国专利法的立法奠定了基础，被后世许多国家的专利立法所仿效。但其缺陷在于该法主要规制"垄断"，还不如早其150年的《威尼斯专利法》内容全面。

三、知识产权制度的完善[2]

近代史的开始是以古典自然法思想为指导思想的欧洲资产阶级革命为起点。古典自然法学最基本的理论是它的自然法思想和天赋人权理论，提出了"自由、平等、博

---

1 刘银良，《知识产权法》，高等教育出版社2010年版，第49页。
2 吴汉东等，《知识产权基本问题研究》，中国人民大学出版社2005年版，第361—364页。

爱"的人权思想。资产阶级正是以古典自然法思想为指导，与无产者和农民联合起来推翻了封建君主专制制度。资产阶级革命胜利以后，将其在革命中提出的自然法思想和人文主义理论、人权思想贯彻到他们制定的法律中。在欧洲进行资产阶级革命的同时，欧洲的第一次工业革命也于18世纪60年代开始，并于19世纪30年代完成。第一次工业革命促进了西欧科学技术的发展，促使西欧从农业社会向工业社会转变。西欧这一时期政治、法律思想与技术的革命相互结合便产生了近现代意义上的专利法律制度。其中，1791年通过的《法国专利法》在前言的说明中将专利权上升到了基本人权的高度，赋予了专利权以神圣性、合理性、人格性、不可侵犯性的特点，体现了古典自然法思想，并体现了法国专利法起草人德布孚拉的工业产权理论；德国专利立法体现了1875年德国学者科拉提出的无形财产权理论；而英美国家的专利制度的基础理论是功利主义理论，即通过经济激励的机制，促进发明人创造。

总而言之，在19世纪，世界上大多数资本主义国家在各种专利制度理论的支持下，都制定并颁布实施了各自国家的专利法。

四、现代专利制度的进一步发展

资本主义社会发展到19世纪末20世纪初的时候，已经由自由资本主义向垄断资本主义过渡，进入了现代社会时期。专利制度经过短暂的挫折之后，也随着人类社会的发展而进一步向前发展。现代社会中，国际专利合作制度进一步发展。《保护工业产权巴黎公约》（以下简称《巴黎公约》）进行过多次修改，至今已有177个成员国家。各成员国之间还签署了多个国际和区域间的专利合作条约。到了20世纪90年代，在世界贸易组织（原来的关贸总协定）的推动下，知识产权被纳入世界贸易体制之下，成为世界贸易体系中的三大支柱之一。在《马拉喀什建立世界贸易组织协定》（WTO协议）的框架中，专门有一项关于知识产权的协定，即TRIPS协议。专利制度也属于TRIPS协议的重要内容之一。

现代专利制度的发展还表现出专利权的客体也不断扩大，专利权内容更加丰富，专利权主体多元化，专利权取得程序规范化、效率化，保护期限进一步延长等特点。

专利制度经过数百年的发展，专利权从封建皇室特权逐渐演变成为一种法定的公民私权，这种权利一方面彰显了发明人个人的人格，体现了古典自然法学家们人文主义的思想，在尊重发明人个人的创造性劳动的同时，大体上实现了个人利益与社会公众利益以及国家利益的平衡。现代市场经济中技术专利化，专利标准化，标准国际化已经成为共识；一流的公司做标准，二流的公司做研发，三流的公司卖产品，四流的公司做项目，五流的公司做服务。因此专利已经成为市场主体参与竞争的必备武器。

但是由于专利权的客体还将随着社会的进步、科技的发展而不断增多，各利益集团的利益冲突也会不断重复发生，并会出现新的冲突形态。因此，专利制度的发展不会就此停顿，必将进一步向前发展，以解决不断出现的新问题。我们应当以发展的眼光来看待现行的专利制度，不断进行深入研究，以实现我国所制定的知识产权发展战略，为我们国家屹立于世界强国之林作出自己的贡献！

|第二节| 中国专利制度的历史与发展

一、近代的中国专利制度的引进

中国近现代意义上的专利制度是由清末农民起义领袖洪秀全的族弟洪仁玕在其《资政新篇》中提出的，但由于太平天国的失败未能实现。1882年，光绪皇帝批准郑观应等人享有为期10年的织布工艺专利。由于这种专利往往以朝廷要员的政治特权为后盾来扶持和保护官督商办企业，因此这种专利也被称为"官督商办企业专利权"。从实质上讲，这种专利权仍是一种封建垄断特权，是一种"钦赐"专利，与现代专利权有着本质的差别。这是中国近代史上第一例专利权保护实践，但是它已经比西欧国家迟了300多年。

光绪皇帝在1898年7月12日戊戌变法时，颁布了中国第一部专利法《振兴工艺给奖章程》。这个章程以法令的形式公布于众，在中国第一次从法律上承认了发明创造的可专利性，但是也因为戊戌变法的失败而未能有效实施。

二、民国时期专利法律制度的建立

1912年，辛亥革命后的北洋政府颁布了《奖励工艺品暂行章程》。1923年，农商部修订了《奖励工艺品暂行章程》。1928年，国民政府颁布了《奖励工业品暂行条例》，并废止先前颁布的有关奖励章程。1932年国民政府颁布的《奖励工业技术暂行条例》及其实施细则和《奖励工业技术审查委员会规则》，构成了中国第一个比较完整的专利保护法律制度。1944年5月4日，国民政府在重庆颁布了一部《专利法》，这是中国第一部真正的"专利法"。但是，由于政局不稳，这部专利法并未发挥太大的作用。

三、新中国的专利法

（一）1949—1979年新中国的专利法律制度

新中国成立后不久，当时的政务院（国务院的前身）于1950年颁布了《保障发明权与专利权暂行条例》。同年政务院财政经济委员会颁发了该条例的实施细则以及《发明审查委员会规程》。1950年的暂行条例将保护的客体仅局限于发明权和专利权两个方面，而且根据该暂行条例的规定，获得发明权的人，他的发明的实施和处理权归属国家，发明权人仅享有署名、领取奖金、奖状和奖金的继承权。获得专利权的人，享有自己实施专利、转让、许可他人使用、制止他人使用以及可以将专利权作为遗产由其继承人继承的权利。根据上述条例、细则及规程的规定，新中国政府共授予了六项发明权和四项专利权。1963年，国务院明令废止了《有关生产的发明、技术改进及合理化建议的奖励暂行条例》，取而代之的是《发明奖励条例》。自此之后，我国专利法律制度中断了20多年。

（二）《中华人民共和国专利法》的制定

《中华人民共和国专利法》于1984年颁布，该法的制定既考虑了我国国情，又考虑了国际上的通行惯例，其内容包括：第一章总则，第二章授予专利权的条件，第三章专利的申请，第四章专利申请的审查和批准，第五章专利权的期限、终止和无效，第六章专利实施的强制许可，第七章专利权的保护，第八章附则，共69条。

（三）《中华人民共和国专利法》的修改

虽然1984年颁布的专利法，对鼓励发明创造、保证专利权人的利益、促进我国科技进步和社会经济发展、加强对外科技协作和交流发挥了积极的作用，但随着我国科技水平在短时期内的迅速提高，专利法的修改成为必然。1992年，我国对专利法进行了第一次修改，2000年进行了第二次修改，2008年进行了第三次修改，2020年进行了第四次修改。

从上述我国专利法的制定、修改过程中可以看出，我国专利保护从无到有，专利制度从不完善到完善，申请程序从繁到简，保护客体从少到多，权利人权利从小到大，专利法的修改从被动到主动，现在已经建立了基本符合我国国情的完整的专利保护法律制度。我国仅用了40余年便完成了西方国家300余年所走过的路程，由此可见专利法律制度在我国社会政治、经济发展历程中的重要性。

专利法律制度的
基本理论

引 言

　　洛克的《政府论》中有这样一段文字：一个人食用自己在橡树下拾来的橡树果或者从苹果林采摘来的苹果，当然就把它据为己有……劳动把它们与人类的共有财产区分开了。一个人耕种、种植、改良、灌溉尽量多的土地，并尽量利用该土地上的收获，那么这些土地就是他的私有财产。他通过自己的劳动确实把它围起来，与共有土地区别。

　　上述是洛克关于财产权取得的正当性理论最核心的表述——劳动财产论。我们可以将它理解为：在原始社会中，尚未有私有财产，无论是树上的果实，还是脚下的土地都是全社会共有的。人们为了生活，通过拾取、采摘、种植等劳动获得了该财产的私有权利。该理论被诸多学者用于论证知识产权获取正当性，即知识产权是权利人通过智力劳动创造出来的具有价值和使用价值的商品，故而知识产权权利人可对其享有类似于有形财产物权的权利。专利权获得的正当性同样可以适用该理论。但是通过智力劳动就一定能够获得知识产权吗？

　　我国《专利法》第1条的表述为："为了保护专利权人的合法权益，鼓励发明创造，推动发明创造的应用，提高创新能力，促进科学技术进步和经济社会发展，制定本法。"从上述法律条文的表述我们可以看出，专利法不仅保护专利权人的利益，同时还肩负推动发明创造应用，提高国家创新能力，促进科学技术进步和社会经济发展的任务。因此，并非所有的智力劳动成果均可获得专利权，即便获得专利权，其权利行使的时候也应以推动发明创造应用，提高国家创新能力，促进科学技术进步和社会经济发展为前提，否则其权利的行使将会受到限制。下面我们看两则案例。

　　案例1：某公司自主研制出一种节能电磁铁，可以使制动、牵引、阀用电磁铁、交直流接触器、电磁离合器等大功率电磁器件，只要瞬间激励就能使磁铁吸合或者释放，正常工作期间线圈无须通电，从而节约电能。该公司向国家知识产权局提出专利申请，但国家知识产权局经审查认定：在发明创造的申请日以前就有电磁铁上设有自锁器与自由脱扣器的电磁阀、交流接触器产品在国内销售和应用的情况，并在公开发行的某杂志上刊登了该技术的全部内容，故而认定其不具有新颖性，不授予其专利权。

该案例所揭示的意义在于，虽然某公司自主研发出技术，但由于该技术在其专利申请日之前已被公开，故而不符合专利授权的新颖性条件，不能授予其专利权。专利法中的新颖性其实就是专利法立法宗旨中"提高国家创新能力"的具体体现，是对技术重复研发的否定。

案例2：甲公司是国内车载导航领域的著名企业，在乙公司授权下运营某品牌车载导航产品。乙公司以一款车载导航产品为基础申请了名称为"一种车载导航的显示屏组件"的实用新型专利。丙公司是乙公司车载导航产品塑胶部件的供应商，明知上述导航产品由乙公司研发，仍然抢先申请名称为"纯触屏汽车导航通用机"的相似外观设计专利。后丙公司将该外观设计专利排他许可给丁公司实施，并由后者针对甲公司代理商、零售商提起大量专利侵权诉讼，造成甲公司产品销量下降，产生了巨大经济损失。故甲公司向法院提起诉讼，请求法院判令：丙公司、丁公司连带赔偿因恶意诉讼给甲公司造成的经济损失50万元等。

法院经审理认为：首先，原告涉案实用新型专利的附图设计与涉案外观设计专利在整体上构成近似设计，且原告涉案实用新型专利申请日早于涉案外观设计专利申请日，故原告涉案实用新型专利的附图设计构成涉案外观设计专利的在先近似设计。其次，原告提交的诸多证据能够相互印证，形成完整证据链，足以证明被告丙明知原告具有在先近似设计仍抢先申请涉案外观设计专利，具有恶意。再次，被告丙公司教唆或帮助了被告丁公司的起诉行为，具有恶意。在被告丙公司许可被告丁公司排他实施涉案外观设计专利并有权以自己名义起诉时，后者登记的经营范围并不包括销售产品。后被告丁公司增加登记了销售的经营范围，但并未提交生产销售专利产品方面的证据。最后，在原告销售商均抗辩被诉产品来源于原告，且法院在相关案件也予以认定的情形下，被告丁公司一直未起诉作为产品源头厂家的原告，亦可证明其与被告丙公司具有共同恶意。故应认定两被告构成共同恶意诉讼。

广州知识产权法院一审判决：丁公司及丙公司连带赔偿甲公司经济损失256000元等。宣判后，丁公司及丙公司不服一审判决提起上诉。广东省高级人民法院二审驳回上诉，维持原判。[1]

该案例所揭示的意义在于即便拥有专利权，但如果专利权权利来源有瑕疵，或专利权本身是在侵害他人权利基础上获得的，法律禁止其行使该权利；如果以该权利为基础提起的侵权之诉为恶意诉讼，恶意诉讼者要承担侵权责任。专利法对恶意诉讼的规制，体现了专利法立法中的"推动发明创造的应用""促进科学技术进步和经济社会发展"等宗旨。

知识产权是现代社会一种重要的民事权利，现代人已经离不开知识产权，人们日常生活的吃穿用度，如食品、家用电器及手机、电脑、汽车等无不包含有著作、商标、专利、商业秘密、集成电路布图设计等知识产权。同时，在国际上衡量一个国家创新能力和综合实力的标准上，综合科技实力是一个重要的指标，而一个国家拥有的发明专利的数量及质量是该国综合科技实力的重要指标。因此，在整个知识产权体系中，专利是非常重要的组成部分。专利保护的客体是什么？专利权的保护范围有多大？专利与其他知识产权保护的界限何在？专利是以何种哲学基础为其正当性理论支撑？有哪些保护专利的国际公约？国际公约如何在世界范围内保护专利？国际公约与国内法如何衔接？都是专利法基本理论研究的问题。

| 第一节 | 专利法的保护范围

一、知识产权保护范围

无论是《建立世界知识产权组织公约》，还是世界贸易组织的TRIPS协议，抑或是我国的《民法典》，对知识产权的范围都采取了列举式立法，而且所列举的知识产权范围基本相同。

《建立世界知识产权组织公约》共21条，其中第2条以列举的形式界定了知识产权的范围，包括以下权利：（1）与文学、艺术及科学作品有关的权利。这主要指作者权、著作权、版权。（2）与表演艺术家的表演、录音和广播有关的权利。这主要指一般所称的邻接权。（3）与人类创造性活动的一切领域内的发明有关的权利。这主要指就专利发明、实用新型及非专利发明享有的权利。（4）与科学发现有关的权利。

---

1 参见广东省高级人民法院（2021）粤民终3090号民事判决书。

（5）与工业品外观设计有关的权利。（6）与商品商标、服务商标、商号及其他商业标记有关的权利。（7）与防止不正当竞争有关的权利。（8）一切其他来自工业、科学及文学艺术领域的智力创作活动所产生的权利。

TRIPS协议是世界贸易组织文件中的一部分，也构成了《马拉喀什建立世界贸易组织协定》的一部分。该协议第一部分第1条划出了与贸易有关的知识产权的范围：（1）版权和邻接权；（2）商标权；（3）地理标志权；（4）工业品外观设计权；（5）专利权；（6）集成电路布图设计（拓扑图）权；（7）未公开的信息专有权。

我国《民法典》第123条规定：民事主体依法享有知识产权。知识产权是权利人依法就下列客体享有的专有的权利：（一）作品；（二）发明、实用新型、外观设计；（三）商标；（四）地理标志；（五）商业秘密；（六）集成电路布图设计；（七）植物新品种；（八）法律规定的其他客体。

尽管国际公约及各国知识产权法律对于知识产权的保护范围不完全一致，但是大体而言，知识产权至少包含著作权（版权）、技术类权利（包括专利权、植物新品种权、集成电路布图设计权[1]）、商业标识权（包含商标权、地理标志权、特殊标识权）和反不正当竞争有关权益（包括有一定影响的商品名称、包装、装潢等标识；有一定影响的企业名称、社会组织名称、姓名等；有一定影响的域名主体部分、网站名称、网页等；商业秘密）四大类型。在知识产权领域，较为统一的认识是：知识产权不保护单纯的思想观念。思想观念是知识产权法意义上的专有概念，例如仅存在于构思阶段尚未具体化的作品、尚未具体化的技术方案的发明创意等。单纯的思想观念指的是概念、原则、公式、名词术语、客观事实、科学发现、科学原理等。[2]在我国司法实践中，曾出现多起有关是否属于知识产权客体争议的案例。

例如，我国四川的某植物学家发现了一种新的植物，将其命名为"佛莲"。后当地一家烟草企业申请注册了"佛莲"商标。植物学家认为该烟草企业侵犯了

---

1 商业秘密是否属于一种民事权利，国际公约及各国立法并不一致。如《建立世界知识产权组织公约》中并未明确规定商业秘密为一种知识产权，一般认为该公约是将商业秘密纳入反不正当竞争保护中；TRIPS协议中单独规定了未公开的信息专有权（主要指商业秘密）。美国统一州法委员会发布的《统一商业秘密法》作为各州立法示范法。英国、瑞典制定有单独的商业秘密保护法；我国在《反不正当竞争法》中将窃取、非法使用商业秘密等作为一种不正当竞争行为进行规制，但在《民法典》中将商业秘密作为独立的一项知识产权。

2 李明德，《美国知识产权法》（第二版），法律出版社2014年版，第19页。

他的知识产权。但是经过专家们论证，烟草企业注册"佛莲"商标的行为并未侵犯植物学家的知识产权。因为"佛莲"仅是一个名词，其属于思想观念范畴，尽管该名称命名时也付出了智力劳动，该名称也是智力劳动的成果，但是不受知识产权法保护。

还有一个著名的案例就是"女子十二乐坊"纠纷案中，原告认为"乐坊"二字是其独创，应当享有版权，但法院认为"乐坊"一词即便是原告创造的，也属于不受保护的思想观念（名词术语）。[1]

另外还有一个典型案例，就是"五朵金花"案。《五朵金花》由长春电影制片厂于1959年摄制，导演为王某某，编剧为赵某某、公某。这部影片先后在中外46个国家放映，被赞为"编导好、演员好、音乐好、风景好、色彩好"的"五好"影片。导演、主演分获"第二届亚非电影节最佳导演奖"和"最佳女演员奖"。1974年，云南曲靖卷烟厂将香烟牌子改为"五朵金花"，并于1983年注册"五朵金花"商标使用至今。赵某某认为曲靖卷烟厂的行为侵犯了其著作权，遂与公某一起于2001年2月5日向昆明市中级人民法院起诉曲靖卷烟厂。该案经过一审、二审、再审，原告均败诉。终审认为，《五朵金花》剧本是一部完整的文学作品，"五朵金花"四字仅是该剧本的名称、是剧本的组成部分，不能囊括作品的独创部分，不具备法律意义上的作品的要素，不具有作品属性，不应受著作权法保护。因此，赵某某主张曲靖卷烟厂用其作品"五朵金花"的名称作为商标使用侵犯其著作权的观点不能成立。但也有最高人民法院的两位法官认为：云南法院关于"五朵金花"案的判决是个错误，原因在于曲靖卷烟厂未经剧本《五朵金花》作者同意，擅自注册"五朵金花"商标的行为，侵犯了原告的知名作品名称的商品化权。但是由于"五朵金花"商标注册时我国施行的商标法并未规定商标注册不得侵犯在先权利，故该观点未被法院采纳。该案最终在法院主持下达成了庭外和解，由曲靖卷烟厂一次性补偿原告税后40万元。[2]

知识产权法不保护思想观念的原因在于：思想观念是人类文学艺术、科学技术发展的基础，保护思想观念将使得概念、原则、公式、名词术语、客观事实、科学发

---

1 李明德，《美国知识产权法》（第二版），法律出版社2014年版，第20页。
2 刘仁、李跃辉、茶莹，著作权之争纠缠多年，双方最终握手言和——"五朵金花"终结版权7年恩怨，载《中国知识产权报》，2008年6月6日，第011版。

第二章　专利法律制度的基本理论　017

现、科学原理等成为个人私权利垄断范畴，会阻碍人类的创造活动，有悖于知识产权法律制度的宗旨。思想观念主要通过公共财政支持促进其创造和发展，其本身不受知识产权法保护；但对于思想观念的具体表达（如文字作品、艺术作品）及基于思想观念产生的技术成果（如专利发明），则受知识产权法保护。如爱因斯坦提出了"相对论"理论。"相对论"作为一种思想观念，任何人都可以就"相对论"理论进一步研究，创作出更进一步阐释、说明"相对论"理论的作品，该作品受著作权法保护；也可以根据"相对论"理论，作出技术上的发明创造，该发明创造则可成为专利法保护的客体。

但是随着知识产权法律制度的进一步完善以及对知识产权法学理论的进一步深入研究，人们对于思想观念是否受知识产权法保护的认识有新的变化，特别是对名词术语类的"思想观念"能否获得知识产权法的保护有了新的认识，最典型的就是"葵花宝典"案。

案例：上海甲公司申请注册了"葵花宝典"商标，乙公司对该商标提出无效宣告申请。商标评审委员会对诉争商标宣告无效。甲公司向法院提起行政诉讼。该案经历了一审、二审、再审。在该案再审中最高人民法院认为：

该案中，"葵花宝典"作为《笑傲江湖》小说中武学秘籍的特有名称，是牵引小说情节发展的重要线索和贯穿整部小说的核心。经由作者的创造性劳动，"葵花宝典"已从普通词汇"葵花"与"宝典"的组合演变为具有明确指向性、对应性的名称。"葵花宝典"与《笑傲江湖》小说和金庸产生了稳定的对应关系。在诉争商标申请日之前，《笑傲江湖》小说、基于小说而改编的同名影视作品、小说中的"葵花宝典"名称及金庸已经为广大公众所熟知，具有较高知名度。甲公司作为从事网络游戏业务的经营主体，明知《笑傲江湖》小说、"葵花宝典"名称在我国具有广泛的知名度，仍使用"葵花宝典"申请注册商标，主观上具有利用相关权利人商业机会和市场优势地位的故意。《最高人民法院关于审理商标授权确权行政案件若干问题的规定》将符合特定条件的"作品名称、作品中的角色名称等"纳入"在先权利"给予保护。基于上述理由，最高人民法院再审驳回了甲公司的诉讼请求。[1]

上述案例中的"葵花宝典"案的事实与前述案例中的"乐坊"不同之处在于"乐

---

1 参见最高人民法院（2021）最高法行再254号行政判决书。

坊"的知名度并非由其创作者的行为所形成，但与前述"五朵金花"案基础事实较为相似。由于2013年之前我国施行的商标法并未规定在先权利，故而法院判决并未支持原告主张。"葵花宝典"案由于适用了《商标法》上的"在先权利"以及《最高人民法院关于审理商标授权确权行政案若干问题的规定》中"对于著作权保护期限内的作品，如果作品名称、作品中的角色名称等具有较高知名度，将其作为商标使用在相关商品上容易导致相关公众误认为其经过权利人的许可或者与权利人存在特定联系，当事人以此主张构成在先权益的，人民法院予以支持"的明确规定，故而"葵花宝典"案的判决结果不同于"五朵金花"案。这两则案例的不同判决结果，也表明我国知识产权的立法及司法随着时代的进步，不断在修正相关知识产权理论，进一步扩大了知识产权保护的范围、客体。具体到"葵花宝典"案中，最高人民法院的裁判逻辑是："葵花宝典"虽然是一个名词术语，看似属于思想观念范畴，但是经过作者的创造性劳动，特别是其载体作品的广泛传播，该名词术语已经与作品本身及作者形成了具体的对应关系，具有较高知名度，该名词术语已经从思想观念范畴转入了具体的思想观念表达范畴，故而其已经成为作者的"相关权益"，应受知识产权法保护。

二、专利权、著作权、商标权及反不正当竞争保护范围的界限

（一）发明、实用新型专利权保护范围

现代专利制度起源于英国，是世界各国现行专利法及专利国际公约渊源。专利的英文Patent一词来源于拉丁文patere，意思是to be open（打开或开）。Patent在英语中既包括公开的意思，也含有专有、独占的意思。英国法律中最早出现Patent的时候，其含义是将技术公开并独占使用。[1]由此可见，专利制度最核心的架构为"以公开换垄断"，即技术发明人将自己新的发明创造向社会公开，换取国家法律对其在一定期限内的独占保护，因此专利法律制度所保护的是发明人所发明创造的新技术方案。我国《专利法》规定：发明或者实用新型专利权的保护范围以其权利要求的内容为准，说明书及附图可以用于解释权利要求的内容。所谓技术方案是指对要解决的技术问题所采取的利用了自然规律的技术手段的集合，技术手段通常是由技术特征来体现的。对于受专利法保护的技术方案未经专利权人同意或许可不得擅自使用。

---

1 郑成思，《知识产权法》，法律出版社1997年版，第228页。

（二）兼具专利与作品二重特征的外观设计

在此特别强调一点，在我国专利法中，专利不仅包括发明与实用新型，还包括外观设计。专利技术方案仅指发明与实用新型专利中的技术手段的集合，而外观设计专利是对产品的整体或者局部新设计的保护。外观设计专利权的保护范围以表示在图片或者照片中的该产品的外观设计为准，简要说明可以用于解释图片或者照片所表示的该产品的外观设计。

对于工业品的外观设计，有些国家采用的是专门的法律予以保护，有些国家采用的是专利保护的方法予以保护，还有些国家采用版权法（著作权法，下同）的方法予以保护。外观设计的多种保护模式也反映了专利法与版权法之间界限的模糊。

版权法保护的是作者的思想表达，专利法保护的是依据科学发现、科学原理等思想观念所作出的发明创造，这是二者的区别。换言之，专利法保护的是一种思想，只不过专利法保护的是具体的、特定的技术方案，只存在于思想观念中未外化为具体技术方案的创意、构思、想法也不能成为专利法保护的对象。专利制度中的"实用性"就是解决专利技术方案与思想观念区别的基本制度，即只有具备实用性的技术方案才具有可专利性。如我国专利法规定，实用性是指该发明或者实用新型能够制造或者使用，并且能够产生积极效果。我国专利法还规定，"说明书应当对发明或者实用新型作出清楚、完整的说明，以所属技术领域的技术人员能够实现为准"，这也是关于实用性的规定。而受版权法保护的作品不要求其具有实用性，只要求作者的思想表达具有独创性即可。

专利法中的外观设计是保护具有实用性的工业品外观设计技术方案。外观设计专利法律制度要求所保护的外观设计必须具有实用性，可以工业化生产，这是专利法保护具有的而版权法保护所不具有的特征。专利法中外观设计也要求其是一种新设计，且与现有设计及设计组合有明显区别，这一要求与专利法中的新颖性、创造性相对应，因此外观设计专利具有专利法所保护的技术性特征。同时，外观设计也要求其富有美感，这种美感属于文学艺术作品中美术的范畴，因此版权法也保护实用艺术作品。所谓实用艺术作品，根据世界知识产权组织编写的《著作权与邻接权法律术语汇编》的解释，是指具有实际用途的艺术作品，无论这种作品是手工艺品还是工业生产的产品，即实用艺术品如果符合作品独创性要求，也可受到版权法保护。在司法实践中，对于实用功能与艺术美感能够进行分离并独立存在的实用艺术品，可以认定为兼具实用功能和审美意义的立体造型艺术作品，属于受著作权法保护的美术作品，可以受到著作权法的保护。[1]因此，专利法所保护的外观设计本身与版权法所保护的实用艺术作品两者本质上没有区别，只是当其符合新颖性等专利法要求且权利人将其申请为专利时，受专利法保护；如果权利人未申请专利，则受版权法保护。因此，专利与著作权保护范围的区分在外观设计与实用艺术作品方面是有些模糊的。

进一步思考，如果外观设计符合实用艺术作品特征，在专利保护期限届满后，还会受著作权法保护吗？从知识产权基本理论出发，我们得出的答案是肯定的。

案例：北京某公司设计人员设计了《莫奈》系列壁纸，后该公司将前述壁纸申请外观设计专利，并获得外观设计专利权，但因未及时缴纳专利年费，该专利权丧失。被告公司在其销售的壁纸中使用了与该公司设计相同的图案。北京某公司认为被告侵犯了其著作权，故而向法院提起诉讼。一审法院认为：在知识产权领域，一种客体上可以同时存在两种或两种以上的权利，涉案壁纸的图片上同时承载了外观设计专利权与著作权两种不同种类的知识产权，该两种权利各自独立存在，其中一种权利的消灭并不必然导致另一种权利的消灭，原告可以对失效的涉案外观设计专利权主张著作权，并认定原告依据涉案作品著作权人的专利让与而获得了涉案壁纸的著作财产权，被告侵权成立应予以赔偿。被告不服该一审判决提起上诉，二审法院维持了一审法院的判决。[2]

正是由于外观设计与发明、实用新型专利有着较大的区别，从知识产权基本理论角度而言其保护的基础也不尽相同，因此我国立法机关正在考虑将外观设计进行单独立法。2022年5月5日，《工业品外观设计国际注册海牙协定》在中国正式生效，这意味着我国将来的外观设计单独立法应当会以该协定为立法蓝本，结合我国实际情况进行立法。

（三）外观设计专利与商标权组成要素的重叠

商标的功能在于区别商品或服务的来源，商标权是通过在某类商品或服务上申请注册或使用某一符号或符号组合使其具有区别商品或服务来源而获得。商标的要素包括文字、图形、字母、数字、三维标志、颜色组合和声音等，有些国家还允许将气味申请注册商标。外观设计的组成要素包括产品的整体或者局部的形状、图案或者其结

1　参见最高人民法院（2018）民申6061号民事裁定书。
2　参见江苏省高级人民法院（2015）苏知民终字第00037号民事判决书。

合以及色彩与形状、图案的结合。其中外观设计组成要素的图案中也可以包括文字、图形、数字、字母等构成要素。颜色组合是商标和外观设计的共同构成要素，三维标志也与外观设计本身具有同质性。而且商标权人与外观设计专利权人的权利都是禁止他人在相同或类似商品上使用与其注册商标（外观设计）相同或近似的标识（设计）。因此外观设计与商标的组成要素有重叠。

商标与外观设计组成要素的重合在司法实践中会产生两种不同的法律效果：

一种是两者有重叠保护的可能性。例如，权利人可以将其外观设计专利中的图形、三维标志、三色组合等申请注册商标，当外观设计专利保护期限届满之后，仍可通过商标权保护其产品本身。另一种是造成商标与专利的相互侵权。

例如，"ZIPPO"商标与打火机外观设计专利纠纷案中，美国甲公司是全球知名的打火机制造商，在中国也注册了其著名的"ZIPPO"系列商标，包括"ZIPPO"文字商标和"ZIPPO及图"商标。其中"ZIPPO及图"商标中，"ZIPPO"标识的字母"i"上 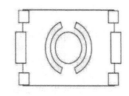 的圆点变形成红色火苗图案。2006年11月27日，中国乙公司向国家知识产权局申请了带有"ZIPPO"字样、名称为"包装盒"的外观设计专利（专利号为200630159047.9）。随后美国甲公司向法院提起诉讼，认为该专利使用了与其注册商标"ZIPPO"相似的产品图案，其实施将造成与其商标专用权的冲突，请求判令专利权人不得实施该专利。经一审、二审后，法院作出终审判决，认定美国甲公司的"ZIPPO"商标属于在先合法权利，涉案专利一旦实施，易使相关公众误认为该商品来源于美国甲公司或与其存在关联，从而误导相关公众，遂判中国乙公司不得实施涉案专利。美国甲公司还向专利复审委员会提出无效宣告请求。专利复审委员会经审查，认为上述专利与美国甲公司的在先商标权相冲突，宣告该专利权无效。[1]

又如，甲公司于2015年9月25日申请，于2016年11月7日经核准注册了第17989449号图形商标，核定使用在第18类的"旅行包、公文包、背包、钱包（钱夹）、（女式）钱包、女用阳伞"等商品上。商标图形如右图所示。

---

1 参见北京市高级人民法院（2010）高民终字第1758号民事判决书；国家知识产权局专利复审委员会第18930号无效宣告请求审查决定。

法国乙公司的系列手袋锁扣图形是该公司独创的美术作品，受我国著作权法保护，且法国乙公司于2011年12月5日将该美术作品在我国申请外观设计专利并获授权。上述甲公司的商标图案与法国乙公司的美术作品及外观设计形状、图案基本相同，故其向原商标评审委员会提出商标权无效宣告请求，原商标评审委员会作出裁决，认定该商标无效。后甲公司向法院提起行政诉讼，法院认定甲公司将包含法国乙公司美术作品及外观设计的图形作为商标申请注册，已构成《商标法》（2013年修正）第32条所指的损害他人现有的在先著作权以及外观设计专利权的情形，诉争商标的注册违反了《商标法》（2013年修正）第32条的规定，判决驳回甲公司诉讼请求。甲公司上诉后二审法院判决驳回上诉，维持原判。[1]

（四）专利保护与反不正当竞争保护的竞合

专利法保护具有新颖性、创造性、实用性的发明创造，专利产品、利用专利方法所生产的产品、新颖富有美感的外观设计都属于专利法保护的客体。由于专利产品与利用专利方法所生产出的产品通常会具有较好的质量，外观设计专利产品也具有新颖性和富有美感，故而专利产品本身会产生较好的市场信誉，因而也会在市场上形成一定的知名度，从而产生出反不正当竞争法所保护的"有一定影响的商品名称、包装、装潢"等商业标识。因此，专利保护与反不正当竞争保护在某些特殊情形下也会形成重叠。我们看下面一则案例。

原告甲公司成立于1958年，自1963年开始生产乳酶生片，产品多次被评为广西名牌及优质产品，1991年被国家医药管理局授予优质产品奖。1990年至2010年，该产品远销全国，平均年产销量超过25亿片，累计产销量530亿片，产值超2亿元。甲公司生产的乳酶生片在国内市场销售时间长、销售额大，具有极高的市场知名度，为相关公众所知悉，属于知名商品。其生产的0.15克袋装乳酶生片包装、装潢在文字、图形、色彩及其排列组合上具有显著的区别性特征，是该公司商品特有的包装、装潢。被告乙公司生产的0.15克袋装乳酶生片包装、装潢在文字、图形、色彩及其排列组合上，均与甲公司袋装乳酶生片产品包装、装潢形成一一对应关系。2008年11月27日，甲公司将涉诉包装、装潢向国家知识产权局申请了外观设计专利，2009年11月25日获得授权。被告乙公司以极其近似的方式仿冒甲公司包装、装潢并在全国范围销售。原告认

---

[1] 参见北京市高级人民法院（2020）京行终469号行政判决书。

为被告乙公司的行为构成不正当竞争，同时侵犯了甲公司的外观设计专利权。该案一审、二审判决都驳回了甲公司的诉讼请求。甲公司向最高人民法院申诉。

最高人民法院判决认为：由于涉案外观设计专利申请日2008年11月27日前，甲公司早在2002年已开始使用同外观设计专利相似的涉案包装、装潢，乙公司的前身2008年2月26日在市场上公开销售的乳酶生片也使用了与外观设计相同的包装、装潢，公开使用时间均早于涉案外观设计专利的申请日，因此，乙公司使用涉案包装、装潢的行为不构成对甲公司外观设计专利权的侵犯。但是法院又认为：甲公司的商品包装、装潢已经构成知名商品特有的包装、装潢[1]，且知名商品特有的包装、装潢属于反不正当竞争法保护的财产权益。在甲公司生产的乳酶生片为知名商品的情形下，其生产的0.15克袋装乳酶生片的包装、装潢应当属于知名商品特有的包装、装潢。故判决撤销一审、二审判决，并判令乙公司立即停止在其生产销售的0.15克袋装乳酶生片上使用被诉侵权的包装、装潢，并赔偿甲公司经济损失。

上述案例表明，如果专利产品在市场上已经形成了反不正当竞争法所保护的有一定影响的商业标识，则可受到反不正当竞争法的保护。

（五）专利与商业秘密

《民法总则》（已废止）颁布之前，商业秘密主要依据《反不正当竞争法》进行保护。《民法总则》首次将商业秘密纳入民事基本权利体系后，标志着商业秘密正式以法律的形式被确定为知识产权客体。随后，2017年、2019年我国两次修订《反不正当竞争法》中涉及商业秘密的法律条款，进一步加强对商业秘密的保护。2020年年初，中美签署了《中华人民共和国政府和美利坚合众国政府经济贸易协议》，该协议第一部分即为"知识产权"，而且将"商业秘密和保密商务信息"列为首位，由此可见中美贸易纠纷中，知识产权之争是核心，而在知识产权中商业秘密又是重中之首。2020年5月颁布的《民法典》沿用了《民法总则》的规定，继续将商业秘密规定为民事基本权利的客体。2020年9月后，最高人民法院及最高人民检察院连续出台了数部涉及商业秘密保护的司法解释。但是《反不正当竞争法》是对市场公平竞争秩序的保护，是一种对民事权益的消极性保护，而非对一种具体的民事权利的保护，其保护手

---

1 原《反不正当竞争法》保护的是"知名商品特有的名称、包装、装潢"，现行《反不正当竞争法》将其修改为"有一定影响的商品名称、包装、装潢"。——作者注。

段、范围及效力与对民事权利提供积极保护的法律有较大差异。故而我国的商业秘密法律保护存在体系冲突。另外，从立法现状而言，《民法典》中所规定的知识产权体系中，除地理标志和商业秘密外，著作权、专利、商标、植物新品种、集成电路布图设计都有法律或行政法规形式的单行立法。但商业秘密保护，除《民法典》将其规定为知识产权客体外，具体保护的法律规范则分散于《反不正当竞争法》及相关司法解释之中。习近平总书记在中共中央政治局2020年11月30日就加强我国知识产权保护工作举行第二十五次集体学习中强调："要加强地理标志、商业秘密等领域立法。"由此可以肯定，与著作权、专利、商标一样，制定一部统一的、体系化的商业秘密保护法是我国今后立法中的一项重要任务。

所谓商业秘密，依据《反不正当竞争法》规定，其指的是不为公众所知悉、具有商业价值并经权利人采取相应保密措施的技术信息、经营信息等商业信息。商业秘密从大类上分，包括技术类商业秘密和经营类商业秘密两大类，其构成要件包括秘密性、保密性、价值性。

秘密性是指权利人请求保护的信息在被诉侵权行为发生时不为所属领域的相关人员普遍知悉和容易获得。《最高人民法院关于审理侵犯商业秘密民事案件适用法律若干问题的规定》第4条规定："具有下列情形之一的，人民法院可以认定有关信息为公众所知悉：（一）该信息在所属领域属于一般常识或者行业惯例的；（二）该信息仅涉及产品的尺寸、结构、材料、部件的简单组合等内容，所属领域的相关人员通过观察上市产品即可直接获得的；（三）该信息已经在公开出版物或者其他媒体上公开披露的；（四）该信息已通过公开的报告会、展览等方式公开的；（五）所属领域的相关人员从其他公开渠道可以获得该信息的。将为公众所知悉的信息进行整理、改进、加工后形成的新信息，符合本规定第三条规定的，应当认定该新信息不为公众所知悉。"

保密性是指权利人为防止商业秘密泄露，在被诉侵权行为发生以前所采取的相应的合理保密措施。此要件是商业秘密受保护的主观要件。《最高人民法院关于审理侵犯商业秘密民事案件适用法律若干问题的规定》第6条规定："具有下列情形之一，在正常情况下足以防止商业秘密泄露的，人民法院应当认定权利人采取了相应保密措施：（一）签订保密协议或者在合同中约定保密义务的；（二）通过章程、培训、规章制度、书面告知等方式，对能够接触、获取商业秘密的员工、前员工、供应商、客户、来访者等提出保密要求的；（三）对涉密的厂房、车间等生产经营场所限制来访者或者进行区分管理的；（四）以标记、分类、隔离、加密、封存、限制能够接触或者获取的人员范围等方式，对商业秘密及其载体进行区分和管理的；（五）对能够接触、获取商业秘密的计算机设备、电子设备、网络设备、存储设备、软件等，采取禁止或者限制使用、访问、存储、复制等措施的；（六）要求离职员工登记、返还、清除、销毁其接触或者获取的商业秘密及其载体，继续承担保密义务的；（七）采取其他合理保密措施的。"

价值性是指该信息具有商业价值，即权利人请求保护的信息因不为公众所知悉而具有现实的或者潜在的商业价值。生产经营活动中形成的阶段性成果符合前述规定的，也可以认定该成果具有商业价值。《最高人民法院关于审理侵犯商业秘密民事案件适用法律若干问题的规定》第7条规定："权利人请求保护的信息因不为公众所知悉而具有现实的或者潜在的商业价值的，人民法院经审查可以认定为反不正当竞争法第九条第四款所称的具有商业价值。生产经营活动中形成的阶段性成果符合前款规定的，人民法院经审查可以认定该成果具有商业价值。"

商业秘密中的技术类商业秘密与专利具有天然的关联性，即在专利申请之前的技术方案、外观设计都可以认定为商业秘密。商业秘密与专利之间存在着诸多相同之处，如两者均为无形财产权，其内容都属于生产产品或方法的技术，或产品的外观设计，都属于知识产权保护的智力成果等。但两者也存在诸多不同，包括：（1）权利取得方式不同。商业秘密的权利是基于采取某种保密措施而取得；专利权是经法定程序，由国家专利行政机关审批后授予取得。（2）构成要件不同。商业秘密的构成要件为秘密性、保密性、价值性；发明、实用新型专利需要具有新颖性、创造性、实用性，外观设计应当具有新颖性、美感、实用性、与现有设计的实质区别等。（3）公开性不同，这是两者最本质的区别。商业秘密必须属于秘密，即不为他人所知悉，商业秘密一旦被公开，无论是以何种方式公开，也无论公开是否合法，都会因丧失保密性而不再受法律保护。但专利必须公开，否则将无法获得法律保护。（4）排他性不同。商业秘密不具有排他性，无法对抗独立开发出同一技术秘密的第三人，且任何他人都可以采取反向工程合法获得商业秘密内容；而专利技术具有较强的排他性，专利权人对发明创造所享有的权利是专有的、唯一的，未经专利权人许可，任何人（包括合法研发者，在先使用除外）不得使用和实施。（5）保护期限不同。商业秘密的保护期不确定，但商业秘密一旦泄露，则不再受法律保护。因此，商业秘密的保护期限有可能是无限期的，如中国许多家传秘方经历数百年甚至上千年仍属于商业秘密；商业秘密的保护期也有可能是很短暂的，如刚刚研制出的技术秘密因他人通过反向工程而将其公开，即不再成为商业秘密。与商业秘密不同的是，专利法明确规定了专利技术的保护期，即发明专利权的期限为20年，实用新型专利权的期限为10年，外观设计专利权的期限为15年，超过该期限将不再享有该项权利。

在实践中，对于技术保护而言，是采用商业秘密还是采用专利方式，应当根据技术的特点决定。如果该类技术生产出的产品一旦销售后容易被他人知悉技术内容，则应采取专利形式予以保护，反之，如果即便产品公开销售后他人也不易知悉技术内容，则采取商业秘密方式保护更有利于权利人，使其在市场竞争中处于有利地位。例如可口可乐的配方，即使公开销售了数十年，也无法破解其配方内容，此类技术就应当采取商业秘密方式予以保护。另外在实践中，有些权利人会采取商业秘密与专利相结合的方式对其研发的技术予以保护。例如，某公司研发出一款电动机，其申请了实用新型专利，获得了授权。虽然市场上出现了侵权产品，但是令人奇怪的是，侵权产品虽然能够正常使用，但其使用寿命远低于专利产品。这种现象源于专利权人在申请专利时对其某一部件的特殊制作材料没有公开，而采取了保密措施，其他仿制者按照专利虽然能够制造出同样的产品，但是没有采用特殊材料制造某个部件，导致其使用寿命远低于采用特殊材质制造的产品。这就是一种特别典型的商业秘密与专利结合的知识产权保护方式。

（六）专利说明书及附图的著作权保护

专利法保护的是技术方案或产品的外观设计，对于专利申请时形成的专利说明书及附图本身不受专利法保护，但专利说明书及附图有可能成为著作权法保护的客体。著作权法所称的作品，包括文学、艺术和科学作品。此处的"科学作品"包括自然科学、社会科学、工程技术等。著作权法保护的作品最核心的要求是应具备独创性，申言之，专利说明书及附图如果具备独创性，就可以受著作权法保护。下面我们看两则案例。

1.专利说明书受著作权法保护案例

原告自然人甲为发明专利"由轻质材料组合单元填充的预应力混凝土现浇空心板"的专利权人，专利说明书由甲撰写。被告自然人乙在后取得"现浇轻质组合单元填充的预应力空心板"实用新型专利，该专利的发明人及专利说明书的撰写人为乙。甲的专利说明书文字部分包括标点符号在内共2412字，乙的专利说明书的文字部分包括标点符号在内共2176字，双方认可两份专利说明书文字部分包括标点符号在内共有2000字相同。甲提起诉讼，以乙利用实用新型专利审查制度的漏洞，公然抄袭其作品，主观恶意明显，给其造成了很大的损失为由，请求判令立即停止侵权、公开道歉并消除影响；并赔偿其因侵权行为造成的经济损失。乙答辩称：其既没有侵犯甲著作权的行为，也没有因此给甲造成经济损失，请求法院驳回甲的诉讼请求。

法院经审理认为：专利说明书一般由摘要、权利要求书、说明书、说明书附图几部分组成。从涉案专利说明书的表达来看，至少有两部分内容具有独创性，一是具有新颖性的技术方案的表达，二是对专利中技术效果、背景技术等的介绍和描述，涉及用词的选择、语句的排列、描写的润色等。涉案专利说明书在表达上具有一定的创作空间，不同撰写人撰写而成的专利说明书具有个性化特色。因此，涉案专利说明书具有独创性，属于我国著作权法保护的作品。专利说明书一旦被专利行政机关公开，就进入公知领域，成为历史性技术文献，公众享有一定范围内自由获取、传播专利说明书的权利。公众享有获取、传播专利说明书的自由，不意味着公众可以以任何方式、任何目的对专利说明书任意使用。这种使用应当限定在合理的范围内，受到公平原则的限制，不得影响著作权人对作品的正常使用，也不得损害著作权人的合法权益。该案中，乙在申请涉案实用新型专利的专利说明书中，使用了与甲涉案发明专利说明书相同的内容，相同内容的比例高达92%，并获取了对其实用新型专利的授权。这种使用方式，超出了合理的范围，侵害了甲对其专利说明书所享有的著作权中的署名权和获得报酬权，乙应当就此承担相应的法律责任。

一审法院判决：被告乙立即停止侵犯甲发明专利"由轻质材料组合单元填充的预应力混凝土现浇空心板"专利说明书文字部分著作权的侵权行为，并向甲书面致歉，赔偿原告甲合理支出3000元等。乙不服一审判决，提起上诉。二审法院判决：驳回上诉，维持原判。[1]

2.专利说明书中的附图受著作权法保护的案例

原告甲公司于2017年8月24日，申请了名为"一种光激化学发光即时检测系统"的发明专利和实用新型专利。后甲公司发现，乙公司、丙公司申请的两件实用新型专利的两幅说明书附图使用了其涉案专利说明书中的图2和图5，并进行了修

---

[1] 参见北京市第二中级人民法院（2010）二中民终字第20979号民事判决书。

改，侵害了甲公司就涉案图片享有的署名权、复制权、修改权和保护作品完整权，故诉至法院。

法院经审理认定，比较被诉图片与涉案图片，除后侧框架、地脚、附图标记有所不同，其余部分均基本一致，构成实质性相似；乙公司、丙公司虽主张被诉图片作为专利说明书附图，是对涉案专利技术方案的客观表述，但专利说明书附图在内部结构、位置、比例、组合、形状等方面，均具有一定的创作空间，而乙、丙公司未合理说明其专利技术方案仅可通过被诉图片展现，亦无证据证明被诉图片内容哪些属于功能性设计，故对其该项抗辩不予采纳。

法院认为，尽管《专利法》《专利法实施细则》《专利审查指南》对于说明书附图的制作有格式要求，但是格式要求是对图形比例、标记等作形式要求，并未对具体产品的设计结构安排予以限制。专利说明书附图在线条、图案、结构的选择安排上，仍可体现包含严谨、精确、简洁、和谐对称的"科学之美"，具有独创性。具有独创性的专利说明书附图属于图形作品。同时法院还认为，国家专利行政机关的授权活动和专利文件创制活动应当予以界分。无论是专利文件的创制还是审查过程中的修改，均不体现国家专利行政机关的意志。专利文件主要是界定专利权这一私权的保护范围，并向社会公示专利技术方案信息。专利文件不属于行政性质的文件，国家专利行政机关的审查、公开，不改变专利文件的性质。乙、丙公司未经许可，在其专利说明书附图中使用甲公司享有著作权的图形作品，未为甲公司署名，侵害了甲公司享有的署名权、复制权。判令被告停止侵权，赔偿原告60000元。[1]

┃第二节┃专利（知识产权）法律制度的正当性理论

当代知识产权的发展犹如中国社会的发展变化一样，到处矗立着建筑吊车，四处延伸，遍地开花。[2]但当代知识产权的发展的基础仍然脱离不了知识产权制度建立的正当性研究——无体的作品、专利、商标及其他新客体如何成为财产权的客体，其正当性如何解释才最为合适？本书是专利制度的专论，故而主要研究专利制度的正当性。

1 参见北京知识产权法院（2021）京73民终4384号民事判决书。
2 [美]罗伯特·P.莫杰思，《知识产权正当性解释》，金海军、史兆欢、寇海侠译，商务印书馆2019年版，第13页。

知识产权制度源于欧洲近代社会，因此从历史角度而言，要解释作为知识产权中重要的组成部分的专利制度的正当性，仍然需要"考古"，即探究西方近代知识产权制度起源的理论。

一、罗马法上的无形财产理论对近代知识产权制度建立的启示[1]

罗马法作为近代西方私法制度的起源，为后世的私法发展留下了巨大的空间，虽然罗马法上没有近现代知识产权制度的内涵，但其"无形财产"及相关学说为近现代的知识产权制度的建设提供了很多启示。

首先，罗马法上，将财产分为有体（形）物和无体（形）物，无体物或无形财产理论，为后世人们将财产范围延伸到有体物以外的知识产权领域提供了关键性的概念工具，近代知识产权的建立和发展正是借助于这一关键性概念，建立起了知识产权的整个制度。

其次，罗马法上的"先占"理论为知识产权的权利归属划分提供了思路。依先占理论，第一个占有无主物的人即为物的所有权人。而在知识产权理论中，创造者即为占有者，如某一技术的第一个发明人，先占了该技术，成为该发明专利的权利人，与人对有体物所有权一样，对该发明专利享有所有权。在罗马法上，占有并非法律行为，而是事实行为，法律赋予先占事实以取得所有权的法律效果。专利的创造性行为与先占行为一样，都是不以意思表示为要素的事实行为，专利权人对发明技术享有的专有权利的基础来源于其创造性行为，而非意思表示。由此可见，罗马法上的"先占"理论为知识产权权利的归属提供了制度建设的路径。

再次，罗马法上的"公共物"理论对知识产权制度中的社会公共利益保留提供了启示。罗马法上的"公共物"指的是不可作为个人财产权客体的物，包括空气、阳光等共有物，山川、河流、公路、牧场等共有物，戏院、斗兽场等公有物。罗马法上的上述物不可为个人所有。而在知识产权领域，知识产品或智慧创造物原则上为社会共有，绝大多数不能为个人所有，属于社会成员共有，只有在特殊情况下，即通过智力劳动创造出新的与现有智力成果不同的智力成果的时候，该新成果才属于创造者个人所有。即便新的智力成果属于个人所有，但仍要给社会公众留出进一步创造的空间，

---

1 吴汉东等，《知识产权基本问题研究》，中国人民大学出版社2005年版，第80-82页。

如大多数国家都明确规定，为科学实验而使用发明专利不属于侵权等。

最后，罗马法上的"拟诉弃权"理论，为知识产权交易上的要式法律行为提供了借鉴。罗马法上的"拟诉弃权"是指无体物的买卖不能采用交付、意思合致为要件，而是采用模拟确认所有权的诉讼而取得所有权的方式。"拟诉弃权"主要的特点就是无体物的所有权取得的公开性与程序化，使财产转让更具有效力。在我国专利制度中，专利转让必须经国家专利行政机关登记、公告方可发生法律效力，即借鉴了罗马法上的"拟诉弃权"理论。

总而言之，罗马法上创设的"无形财产"及相关学说为近代知识产权制度的建立和发展提供了关键性的概念工具和思想资料。

二、洛克的劳动财产论

洛克在其《政府论（下篇）》提出了著名的劳动财产论。在该理论中洛克认为：上帝把土地给了世人，这个礼物是人类共有的。为了利用这个大礼物，人类就必须拥有这些东西，并且加以消费利用。如何拥有这个礼物？洛克认为，必须通过某种拨归私用的方式，才能对于某一个人有用处或有好处。在此洛克引入了劳动的观念：

土地和一切低等动物为一切人共有，但每人对他自己的人身享有一种所有权，他的身体所从事的劳动和他双手的工作，是正当属于他的。所以，只要他使任何东西脱离自然所提供的那个东西所处的状态，他就已经"掺进"了他的劳动，在这上面掺入他自己所有的某些东西，因而使它成为他的财产。既然是由他来使这件东西脱离自然所安排给它的一般状态，那么在这上面有他的劳动加上了一些东西，从而排斥了其他人的共同权利。[1]

洛克的上述论述总结出来就是：土地及一切低等动物等这些资源是共有的，如果需要人类共同许可，那么所有人就要忍受饥饿。因此对于处于原始状态的共有物无须任何人同意，任何人都可以自由获取。一个人拥有自己的身体，劳动是由身体所产生的，将劳动掺进那些在共有状态的资源，就产生了财产权。洛克进一步阐述认为：一个人能耕耘、播种、改良、栽培多少土地和能用多少土地的产品，这多少土地就是他

---

1 [美]罗伯特·P.莫杰思，《知识产权正当性解释》，金海军、史兆欢、寇海侠译，商务印书馆 2019年版，第65—66页。

的财产。洛克在一本传记中曾将自己的作品（work）称为"劳动"：我受雇于此，是做一名下等劳工，洒扫庭院，再把沿着知识之路两旁的垃圾清除干净。[1]在此，洛克明确指出，作品必须通过研究、写作这些劳动行为才能完成，完成作品过程中的研究、写作与弯腰捡拾、伸手采摘橡子、苹果在本质上是相同的，因此作品属于个人所有也具有正当性。

用洛克的劳动财产论解释知识产权制度：技术的发明创造，作品的创作，商业标识的构成要素等均来自全体人类所共享的，不属于任何人所有的海量的全人类知识宝库这一公共领域。发明人的发明创造，作品作者的独创，商业标识的设计与使用等行为是个人的劳动，正是这些劳动的加入或掺入，使得原属于公共所有的技术、作品、商业标识等脱离了公共所有而转为归行为人个人私有。

对于洛克的劳动财产理论的质疑，最著名的是"罗伯特·诺齐克之问"。他提出的问题是：有人把一罐番茄汁倒入大海中，难道就能声称大海是自己的吗？杰里米·沃尔德伦也提出一个类似的问题：有一个人把一枚钻戒投入一桶正在风干的水泥里，这桶水泥就是你的吗？[2]将此问题引入知识产权领域，问题就变为将公共领域的信息、知识汇编、整理、改进、创造后就一定是属于自己的吗？这两个问题本质上看似一样，但细究起来还是有很大区别的。番茄汁与钻戒是已经归属于某人的个人财产，而非"劳动"本身。对公共领域的信息、知识汇编、整理、改进、创造本身是劳动，是将已经归人所有的独一无二的事物——劳动"掺进"（mix，中文使用"融合"更为贴切，作者注）公共信息、知识之中获得新的信息、知识，因此其获得相关权利是正当的。

在洛克的劳动财产理论中还提出，除了通过劳动获得财产权这一基本要件，还提出了"充足性""反浪费""仁爱"三个附加条件，这三个附加条件对知识产权制度的完善也具有一定意义。

"充足性"指的是劳动者获得的财产只能就其劳动融合的那部分公共资源享有权利，剩余的公共资源仍足以满足其他人的需求。在知识产权领域充足性更具有合理

---

1 [美]罗伯特·P.莫杰思，《知识产权正当性解释》，金海军、史兆欢、寇海侠译，商务印书馆2019年版，第63页。

2 [美]罗伯特·P.莫杰思，《知识产权正当性解释》，金海军、史兆欢、寇海侠译，商务印书馆2019年版，第80页。

性：知识产权是从人类的信息资源宝库中通过智力劳动获得的新的智力成果享有的权利，信息的无形性、不能实际占有性，决定了其他任何人还可以从同样的信息资源中继续进行劳动而获得其他的新的智力成果，知识产权制度保护的成果不仅没有减少人类的公共信息资源宝库，反而在知识产权保护期限届满后，这些受保护的智力成果又变成了新的公共信息资源，如保护期届满的专利、作品、植物新品种、集成电路布图设计等成为公有技术，任何人都可以无偿使用，无限扩大了人类信息资源宝库的资源，更有利于人类社会发展。[1]

"反浪费"指的是反对过度拨归财产，意思是拿走超出自己生活需要的财产而不使用，造成财产浪费。"反浪费"原则在知识产权领域是反对过度主张权利，对知识产权权利进行限制。知识产权作为无形财产，不会产生腐烂或过期不能被使用的情形。在知识产权领域，"浪费"指的是在有机会改善人类生活的情况下却不去这样做。例如，故意将已获得授权的专利束之高阁，故意不公开已经完成的作品等情形就属于洛克所指出的"浪费"的情形。该情形与知识产权制度鼓励公开、鼓励运用等原则相悖。[2]

洛克提出的"仁爱"，是指任何财产所有权人都不具备凌驾于他人生死之上的权力。处于极度穷困的人，可以对于合法所有权人拥有的财物提出某种主张。洛克的"仁爱"理论在知识产权领域中应用最多的地方就是关于知识产权与人类健康之间的问题，即在知识产权实施中，如果其妨碍了人们的基本生活资料或生存，知识产权就应受到限制。例如，现行的知识产权国际公约、各国立法对于大多处于极度困境中的人们复制、使用相关文化作品，生产、使用相关药品专利等都采用较为宽容的态度，或通过法定许可、强制许可等制度予以解决。[3]

三、康德、黑格尔的"自由意志——财产人格论"

康德的财产法哲学体系中将人对物的占有分为"感性的占有"和"理性的占有"。感性占有指的是实物占有，理性占有可以理解为对占有对象的纯粹法律占有。

---

1 [美]罗伯特·P.莫杰思，《知识产权正当性解释》，金海军、史兆欢、寇海侠译，商务印书馆 2019年版，第101-110页。

2 [美]罗伯特·P.莫杰思，《知识产权正当性解释》，金海军、史兆欢、寇海侠译，商务印书馆 2019年版，第110-122页。

3 [美]罗伯特·P.莫杰思，《知识产权正当性解释》，金海军、史兆欢、寇海侠译，商务印书馆 2019年版，第122-130页。

只有感性占有尚不足以取得所有权，只有在观念上将某物视为"我的"，且在人与物分离情形下也不能改变人与物的关系的情形下，才能称之为所有权。主体必须将某物视为己有，且所有人都尊重主体的占有意志，才能获得所有权，因此所有权只有在法律状态下才可能产生。康德的"自由意志"虽然以有形物所有权为对象，但是为现代知识产权制度提供了有力的哲学理论依据：知识产权客体的非物质性，决定了其不可能实际占有，但完全可以法律占有。知识产权客体的创造者意志上对其创造的知识产权客体理性占有，即为法律占有，同时全体社会成员尊重这种知识产权占有状态，体现了全体社会的共同意志，知识产权客体的客观无法占有的性质决定了只有通过法律才能获取所有权。[1]

黑格尔是唯心主义法学的代表，其私法思想构筑在"意志—人格—财产"基本范畴之上。黑格尔认为法的本质是意志自由和权利。构成法的意志，一开始仅为抽象的或一般的意志，当它自己发展成为实在意志时，"意志就成为单一的意志——具体的人"。人与人之间的关系实际上就是意志关系。人的本质是人格，人格就是意志自由。关于所有权，黑格尔提出："人把他的意志体现于物内，这就是所有权的概念。"所有权的设定，首先不是满足人的需要和欲望，而是归结为人格的存在和发展。按照黑格尔的理论，知识、技能、艺术、发明，在创造者的意志的支配下，都可以成为私人财产。精神产品是人类智力劳动的创造物，与特定主体人格相联系，知识财产体现了创造者的人格，其实现过程使得创造者的人格得以生存和发展。[2]

康德的自由意志论和黑格尔的财产人格论都认为，财产权与意志、人格有关，物的占有不过是自由意志外化的结果，因此作为无形物的知识产权客体是创造者的意志产物，因此其权利归属于创造者也属当然。同时，二者都强调对知识产权的法律保护是对作者人格的保护，其在解释知识产权法律制度的合理性上都有一定的实用意义。

四、功利主义理论

如果说欧洲大陆的知识产权制度以保护智力创造者的权益为核心原则，那么英美传统的知识产权体系则建立在强调激励的功利主义理论基础之上。从知识产权的历史

---

1 吴汉东等，《知识产权基本问题研究》，中国人民大学出版社2005年版，第94-96页。
2 吴汉东等，《知识产权基本问题研究》，中国人民大学出版社2005年版，第96-97页。

的角度看，在知识产权制度普遍建立之后，解释知识产权法的各项具体制度更依赖功利主义学说，而非更早期的自然权利理论。功利主义（Utilitarianism），即效益主义，是道德哲学（伦理学）中的一个理论，以实际功效或利益作为道德标准的伦理学说，提倡追求"最大幸福"（Maximum Happiness）。西方的功利主义哲学家主要有约翰·斯图亚特·密尔（John Stuart Mill）、杰瑞米·边沁（Jeremy Bentham）等。在中国，战国思想家墨子以功利言善，是早期功利主义的重要代表。宋代思想家叶适和陈亮主张功利之学，注重实际功用和效果，反对惟言功利和空谈性命的义理之学。功利主义认为人应该作出能"达到最大善"的行为，所谓最大善的计算则必须依靠此行为所涉及的每个个体之苦乐感觉的总和，其中每个个体都被视为具有相同分量，且快乐与痛苦是能够换算的，痛苦仅是"负的快乐"。不同于一般的伦理学说，功利主义不考虑一个人行为的动机与手段，仅考虑一个行为的结果对最大快乐值的影响。能增加最大快乐值的即为善；反之即为恶。政府的职责是通过避苦求乐来增进社会利益，而大多数人的最大幸福乃是判断是非的标准。国家的法律是创造的驱动力，亦即通过惩罚与奖励来刺激和鼓励人们行动。

就知识产权的正当性而言，功利主义认为，社会创立知识产权制度的终极原因在于，为知识产品的供给提供刺激，确保公众更充分地享有获取权。功利主义认为，如果不付出任何代价就能获得他人的智力产品，就会使人们放弃在智力产品上的投资以及相关科学研究，从而最终损害整个社会的效益。知识产权的发展意味着社会应当以收益激励创作者、创造者，以确保知识产品的产出，同时应当从促进全社会利益最大化的角度避免知识产权垄断。我国的《专利法》《商标法》《著作权法》的第一条都写明，其立法目的是促进社会主义市场经济的发展以及促进文化、科学、技术的进步，这体现了我国立法受功利主义影响较大。

五、利益平衡论

法律是以公平、正义、秩序、效率的实现为其追求的价值目标，上述价值的整体实现以利益平衡为前提。"最好的法律应该是能够在取得最大社会效益的同时又能最大限度避免浪费"，这是罗斯柯·庞德利益平衡理论的解释。即法律在调整各种相互冲突的利益时，不仅要最大限度满足各冲突主体的利益需求，同时也要尽量减少摩擦，避免资源浪费。由于社会在每个不同的发展阶段，都会有一项处于优势地位且应当率先实现的价值目标。在立法活动和司法活动的过程中，处于优势地位的价值目标应该首先得到立法者和司法者的充分尊重。在保证优势价值目标实现的前提下，也使其他处于弱势地位的价值目标得到体现，使强势利益与弱势利益取得相互的平衡。

笔者认为，在知识产权领域，利益平衡理论更具有合理的价值。西方学者对知识产权法的利益平衡理念早有共识，提出了"著作权法包含了在激励作者创作和思想不受限制地传播的社会利益之间平衡的思想""专利制度需要在发明者的利益和一般公众的利益之间达成平衡"等观点。知识产权司法实践中体现利益平衡原理的案例也屡见不鲜。如美国的法院曾在一个案件中指出："著作权法试图建立一种精妙的平衡：一方面，它保护作者的创作激情，激励作者创作；另一方面，它必须适当地限制著作权保护的内容，以避免产生由于垄断而阻碍作品利用的后果。在将联邦法律适用于新的案件时，法院必须始终考虑这一对称性。"

我国学者对知识产权领域中的利益平衡也有共识，如已故著名知识产权专家郑成思教授认为，随着网络技术的发展，"利益平衡"成为中国知识产权领域的一个新话题；另一位著名知识产权专家吴汉东教授则在其所著《著作权合理使用制度研究》一书中始终坚持利益平衡原则为现代知识产权法基本精神的观点。我国知识产权司法实践也体现了对利益平衡问题的重视，如最高人民法院有关判决指出：专利法的立法宗旨是"既要明确受保护的专利技术方案，又要明确社会公众可以自由利用技术进行发明创造的空间，把对专利的合理保护和对社会公众提供足够的法律确定性结合起来"。

纵观知识产权法几百年的发展历程，一方面，知识产权人的权利随着新技术的发展而不断扩张；另一方面，公众信息自由的范围也在逐渐拓展。造成这种相生相克现象的根本原因，实际上是利益平衡原则在起作用。可以认为，自知识产权制度建立以来，利益平衡一直是其追求的价值目标，知识产权法中的诸多原则和具体规则背后，都影射了协调和解决知识产权人与社会公众之间利益冲突的思路。有的学者甚至认为，"利益平衡原则在知识产权法上无处不在，以协调各方面的利益冲突"。

因为知识产权客体即知识产品具有私人产品和公共产品双重属性，利益平衡机制在知识产权法中尤为重要，整个知识产权法在价值构造上表现为一系列的平衡模式和与此相适应的制度安排。例如，知识产权人权利与义务的平衡，知识产权人的权利与社会公众利益以及在此基础上的公共利益间的平衡，专有权保护与知识产品最终进入公有领域的平衡，公平与效率的平衡，权利行使内容、方式与权利限制的平衡，知识创造与再创造的平衡，知识产权与物权的平衡等。甚至可以认为，利益平衡是知识产权法中的一个根本性问题。

同时利益平衡也是一种价值判断，是知识产权法价值取向的内在要求。例如，《世界人权宣言》将保护自身创造的知识产品与分享社会文明的成果都列入基本人权。世界贸易组织《与贸易有关的知识产权协议》第7条规定："知识产权的保护与权利行使，目的在于促进技术的革新、技术的转让与技术的传播，以及以有利于社会及经济福利的方式去促进技术知识的生产者与使用者互利，并促进权利与义务的平衡。"[1]

六、扎霍斯的"抽象物"理论

澳大利亚学者扎霍斯所著的《知识产权哲学》是当代知识产权学界的一部重要著作，在该著作中扎霍斯提出了知识产权客体的"抽象物"理论。抽象物是扎霍斯在知识产权哲学研究中经常使用的一个基本范畴，它"依赖于人类精神生活而存在，是由人类思想添附于有形世界之上而产生的物。它不具有真实形体而是抽象存在的物"。知识产权乃是抽象物，抽象物并不存在，知识产权采取了一种法律虚拟的形式。如盘尼西林的分子式和化学结构即抽象物的例证，许多人需要、使用并依赖于这些物，由此基于抽象物而形成一种新的财产权利形式，这就是与传统财产所有权有别的知识产权。扎霍斯的抽象物乃是作为知识产品的精神构思，就是连接知识产权关系的材料。作为知识产品的抽象物也与有形财产物具有紧密联系，扎霍斯作了两点分析：第一，抽象物并不存在于有形世界，但通过表达而获得其有形性。这是抽象物的形而上的重要特征。扎霍斯说道，在一个人主张其享有某一知识产权时，须对权利的客体作具体的说明。说明的方法可以是正式手续（如专利登记），也可以是非正式的（如商业秘密）。这种说明的结果是，通过实际表达形式产生了一个有着外在形式的实体。第二，抽象物通过相关有体物的控制而具有财产意义。非物质性的抽象物须有客观表现形式，这不仅是该物获得法律保护的条件，也是智力劳动者实现抽象物之财产利益的途径。扎霍斯认为，艺术家、作家和发明家为了生存须将这种无形财产转化为有形财产。抽象物是获取无限种类和数量

---

1 本部分参阅冯晓青，知识产权法的价值构造：知识产权法利益平衡机制研究，载《中国法学》，2007年第1期，第67—69页。

的有体物之源泉，这些均可以为财产所有人所享有；抽象物是控制再现其本身之有体物的途径，专有权利的授予即可实现这种控制。扎霍斯认为知识产权是基于抽象物而产生的一种具有独占性质的财产权。个人须通过劳动方能生存。发明者、作者与其他人一样并有权获得报酬。但这种报酬仅是一个暂时的特许权，超出这一范围的利益即构成对他人劳动的侵犯并违反这个国家的基本法律。换言之，一个发明者或一个作者只能期待某种高于其他人的暂时优势，这一优势的性质乃是一特许权。扎霍斯提出，绝不能超越这一特许权。扎霍斯提出知识产权制度存在三大弊端：

一是危及他人自由。允许私人在抽象物上设定独占权利，会形成特定社会中一种"人的依赖关系"（person - dependent relationship）。例如，农民需要种子来种植稻谷，倘若这些种子系为获得专利权或植物品种权的抽象物，农夫欲采用这种种子就得事先征得该抽象物所有人的同意。这样就在物质依赖关系之上添加了一层人身依赖关系。二是威胁分配正义。知识产权的独占性，不仅使得抽象物所有人控制无数个重现同一抽象物的有体物成为可能，而且促使抽象物的所有人去控制更多的抽象物成为可能。这两种情况可能导致少数人会利用抽象物的财产权机制去获得那些被社会所普遍依赖的资源。例如，在一些科技领域，拥有某些抽象物需要有高水平的科技能力和大规模的资金投入。当这些抽象物是社会所普遍依赖的重要资源时，该类抽象物所有人即意味着拥有巨大的"威胁权力"（threat power）。它是一种有着法律后盾的权力形式。三是"威胁权力"过于集中。当社会在抽象物上创制了财产权利时，即可能面临这样一种情景：大量的"威胁权力"集中在少数人手中，抽象物上的独占权利增强了个人力量，也增强了对他人利益的威胁。因此有理由对这些权利的范围加以严格限制，或者将其中的一些加以废除。扎霍斯指出知识产权制度的弊端意图并不在于否认知识产权制度的存在，但是有必要对知识产权保护现状进行反思，进而确立知识产权法的平衡精神与公益目标。这无疑是扎霍斯的哲学思想带来的有益启示。[1]

---

1 本部分参阅吴汉东，法哲学家对知识产权法的哲学解读，载《法商研究》2003年第5期，第81-83页。

| 第三节 | 与专利相关的国际公约

在经济全球化的背景下，知识产权法已成为世界各国立法统一性最高的法律领域之一。知识产权法的制定和发展受到多项国际条约的规范；这些国际条约为各国立法提供了基本框架，其中部分国际公约还通过"最低保护标准"条款，对成员国的国内立法提出了强制性要求。

一、《保护工业产权巴黎公约》

《保护工业产权巴黎公约》简称《巴黎公约》，最早签订于1883年3月20日，后经过多次修改，现行的是1980年2月在日内瓦修订的文本。该公约最初的成员国为11个，截至2022年7月6日，随着佛得角的正式加入，从而使该公约缔约方总数已经达到179个国家。1985年3月19日中国成为该公约成员国。中国政府在加入书中声明：中华人民共和国不受公约第28条第1款的约束。《巴黎公约》的调整对象即保护范围是工业产权，包括发明专利权、实用新型、工业品外观设计、商标权、服务标记、厂商名称、产地标记或原产地名称以及制止不正当竞争等。其中涉及专利的内容主要包括：（1）跨国专利申请的优先权；（2）就同一发明在不同国家取得的专利是互相独立的；（3）在专利证书上记载发明人；（4）在法律限制销售的情况下取得专利的条件；（5）专利权的保护与限制；（6）专利维持费；（7）不视为专利侵权行为；（8）进口国的专利方法制造产品特别规定；等等。

《巴黎公约》的基本目的是保证每一成员国的工业产权在所有其他成员国都得到保护。由于各成员国间的利益矛盾和立法差别，《巴黎公约》没能制定统一的工业产权法，而是以各成员国国内立法为基础进行保护，因此它没有排除专利权效力的地域性。

二、《专利合作条约》

《专利合作条约》（Patent Cooperation Treaty，PCT），是在专利领域进行合作的国际性条约。其目的是解决就同一发明创造向多个国家或地区申请专利时，减少申请人和各个专利局的重复劳动的问题。《专利合作条约》签订时间为1970年6月19日，签订地点为美国华盛顿，生效时间为1978年1月，我国加入时间为1994年1月1日。该条约提供了关于在缔约国申请专利的统一程序。依照《专利合作条约》提出的专利申请被称为专利国际申请或PCT国际申请。PCT国际申请流程如下：

（1）在任何缔约国，保护发明的申请都可以按照本条约作为国际申请提出；（2）要求优先权；（3）确定国际申请的申请日和效力；（4）将国际申请送交国际局和国际检索单位；（5）向指定局提供国际申请副本；（6）国际检索及出具国际检索报告；（7）向国际局提出对权利要求书的修改；（8）向指定局送达；（9）国际公布；（10）向指定局提供副本、译本和缴纳费用；（11）向指定局提出对权利要求书、说明书和附图的修改；（12）国际申请的保密性；（13）国际初步审查；（14）国际初步审查报告；（15）向选定局提供副本、译本和缴纳费用；（16）选定局的国家审查的结果。

特别应注意，如果由于国际申请的不正确译文，致使根据该申请授予的专利的范围超出了使用原来语言的国际申请的范围，有关缔约国的主管当局可以相应地限制该专利的范围，并且对该专利超出使用原来语言的国际申请范围的部分宣告无效。这种限制和无效宣告有追溯既往的效力。

三、《工业品外观设计国际注册海牙协定》

《工业品外观设计国际注册海牙协定》简称《海牙协定》，是《巴黎公约》成员国缔结的专门协定之一，签订时间是1925年11月6日，签订地点是荷兰海牙，对我国生效时间是2022年5月5日（1999年日内瓦文本）。海牙体系由《工业品外观设计国际注册海牙协定（1960年海牙文本）》和《工业品外观设计国际注册海牙协定（1999年日内瓦文本）》两个国际协定组成。申请人可以通过海牙体系以一件国际申请代替原本需要分别向各个国家或地区提交的多份申请，简化多国注册程序。其主要内容如下：

（1）提交国际申请的权利；（2）提交国际申请的程序；（3）国际申请的内容；（4）优先权；（5）对不规范的更正；（6）确定国际申请的申请日；（7）国际注册、国际注册日、公布和国际注册的保密副本；（8）驳回；（9）关于外观设计的单一性的特别要求；（10）国际注册的效力；（11）无效；（12）国际注册的首期和续展以及保护期；等等。

四、《与贸易有关的知识产权协议》

《与贸易有关的知识产权协议》，简称TRIPS协议，是1994年与世界贸易组织所有其他协议一并缔结的，它是迄今为止对各国知识产权法律和制度影响最大的国际条约。与过去的知识产权国际条约相比，该协议具有三个突出特点：

第一，它是第一个涵盖了绝大多数知识产权类型的多边条约，既包括实体性规定，也包括程序性规定。这些规定构成了世界贸易组织成员必须达到的最低标准，除了在个别问题上允许最不发达国家延缓施行之外，所有成员均不得有任何保留。这样，该协议就全方位地提高了全世界知识产权保护的水准。

第二，它是第一个对知识产权执法标准及执法程序作出规范的条约，对侵犯知识产权行为的民事责任、刑事责任以及保护知识产权的边境措施、临时措施等都作了明确规定。

第三，它引入了世界贸易组织的争端解决机制，用于解决各成员之间产生的知识产权纠纷。过去的知识产权国际条约对参加国在立法或执法上违反条约并无相应的制裁条款，TRIPS协议则将违反协议规定直接与单边及多边经济制裁挂钩。

TRIPS协议涉及专利相关内容的部分主要集中在第二部分的第四节和第五节，包括工业设计和专利两部分。

第三章

专利权客体

| 引 言 |

所谓专利权客体，是指专利法保护的对象，即可以获得专利法保护的发明创造。我国专利法保护的客体包括发明、实用新型和外观设计三种类型。对于专利法上的客体一般都以"发明创造"指称。对于何为"发明创造"，虽然各国专利法规定都较为清楚，但在实践中是否属于专利法上的发明创造往往容易发生争议。我们下面看一则案例：

案例：某公司向中国国家知识产权局申请名称为"针对处理对象的处理步骤的开启"的发明专利PCT申请。该发明专利申请权利要求1为：一种用于开启针对具有所分派的存款（B）的处理对象的处理步骤的方法。国家知识产权局认定权利要求1不符合《专利法》第2条第2款的规定，因此不能被授予专利权。该公司不服向北京知识产权法院提起诉讼，一审法院维持被诉决定。该公司向最高人民法院提起上诉。最高人民法院于终审判决驳回上诉，维持原判。

最高人民法院终审认为，案涉专利技术方案虽然涉及处理器、生产单元等硬件设备，也涉及生产步骤授权开启等处理步骤，但本申请的核心在于利用公知的装置来实现一种交易方法。该解决方案提供的方法既没有给处理器、生产单元的内部性能带来改进，也没有给处理器、生产单元的构成或功能带来任何技术上的改变，同时也未对生产流程带来任何技术上的改进。该方法总体上体现的是一种对标的物进行多方竞价拍卖规则的建立和制定，并按照人为设计的规则对出价、报价进行判断并对竞拍成功者扣款，其中存款的分派、减少以及如何比价的规则都是人为的规定，不受自然规律的约束也无法与自然规律建立关联。也即，本申请方案所采用的手段集合与要解决的问题之间体现的是人为制定的规则关系，其所解决的问题是如何根据拍卖结果管理生产资源，获得的效果仅是依据交易结果管理生产线，因此，本申请权利要求1的解决方案不构成技术方案。[1]

---

1 参见最高人民法院（2021）最高法知行终382号行政判决书。

该案例中，专利申请人所申请的专利属于容易发生纠纷的"商业方法专利"。对于该申请中所要求的保护客体是否属于专利法所规定的"发明"，国家知识产权局及北京知识产权法院和最高人民法院在审查和审理中均采用了"技术三要素"标准。"技术三要素"标准是国家知识产权局发布的《专利审查指南2023》中规定的判断授权客体的三要素法：即是否采用了利用自然规律的技术手段，是否解决了技术问题，是否获得符合自然规律的技术效果。如果答案都是肯定的，则属于专利法所保护的发明，如果有一个答案是否定的，则不属于专利法所保护的客体。如何运用三要素法判断专利申请人所申请的内容是否属于专利法上的客体，则需要对个案分析才能得出结论。

| 第一节 | 发明

一、发明的概念

发明是专利权的主要客体，也是各国专利法主要的保护对象。但是各国在对发明作出解释时所采用的方法并不相同。有的国家采用列举的方式来阐述什么是发明。例如，《美国专利法》第101条规定："任何新颖的、有用的制法、机器、制造品、物质的组成，或者它们有用的改进，都是发明。"有的国家采用定义的方式来阐述发明的概念，例如，《日本专利法》第2条第1款规定："发明是指利用自然规律所进行的具有一定高度的技术性创造。"[1]还有从积极和消极授权条件正反两方面规定的立法体例，如《欧洲专利公约》第52条对可获专利保护的发明（Patentable Invention）规定："（1）欧洲专利应授予能够在工业上应用的、新颖的、有创造性的任何发明；（2）下列各项不属于第1点所规定的发明：（a）发现、科学理论、数学方法；（b）美术创作；（c）进行智力活动、游戏或商业活动的方案、规则和方法，计算机程序；（d）信息的显示；（3）第2点规定的申请客体或活动的专利性的排除，在一定程度上仅指与其本身有关的欧洲专利申请；（4）对人体或动物体的外科或治疗方法以及在人体及动物体上实行的诊断方法，不应认为属于第1点所称的能在产业上应用的发明。"

我国《专利法》第2条第1款规定："本法所称的发明创造是指发明、实用新型和外观设计。"这里的"发明创造"是一个广义概念，包括发明、实用新型和外观设

---

1 吴汉东等，《知识产权基本问题研究》，中国人民大学出版社2005年版，第383页。

计。本节所讲的"发明"指的是《专利法》第2条第2款对狭义"发明"作出的明确规定，即"专利法所称的发明，是指对产品、方法或者其改进所提出的新的技术方案"。即"发明"是"发明创造"的下位概念，属于"发明创造"的一种，而且是最重要的一种"发明创造"。

从上述各国关于发明的概念的规定中，我们可以看出发明本质上是解决技术问题的技术方案，至于该技术方案还有什么内涵，需要进一步挖掘。

二、发明概念的内涵

（一）发明必须是一种自然人的智力创造成果

专利法律制度建立之初的目的就是要激励人们进行发明创造，其采用的方式是赋予发明人一定时期的对其发明创造成果的创造活动具有独占权换取发明人向社会公开其发明创造，专利法律制度是对人的智力创造成果的奖励。即便专利权人为非自然人的法人或非法人组织，但发明仍是自然人所为，而非法人或法人组织自身所为，法人或法人组织通过专利获得的利益最终也由自然人享有。但随着科技的发展，人工智能能够独立作出发明创造已经成为现实，随之而来的问题就是，应否将人工智能的发明创造纳入专利保护的客体之中。人工智能的发明创造的新颖性、创造性、实用性均有可能符合专利法要求，但自然人之外的人工智能作出的发明创造本身是否属于可专利性主题争议颇大。我国有学者就主张：

> 人工智能生成发明的可专利主题。对于开放人工智能生成发明的专利申请，给予其专利保护是可以预见的世界潮流。现行专利法以"人类发明者中心主义"为基本原则，秉持人的主体性与智能机器客体性的基本立场。但是，人工智能从辅助人类创造到独立进行创造将会成为可能，未来法律似应从发明人与专利权人"二元主体结构"出发，承认"机器发明人"这一法律事实，并参照职务发明专利、雇佣发明专利有关规定，赋予人工智能的投资人或雇主单位以专有权利。[1]

但是就各国官方而言，对于人工智能大多不授予专利权。

例如，美国的AI专家Stephen Thaler博士发明了一个名为"DABUS"的系统，该系统具备类似于人脑的独立思考和创作能力，在没有外界干预的情况下自

---

1 吴汉东，人工智能生成发明的专利法之问，载《当代法学》2019年第4期，第24页。

行设计了一款饮料架和一个应急标识。其以"DABUS"的名义向美国、欧盟、英国等国家/地区申请专利均被驳回。美国专利商标局认为这一主张缺乏依据，在DABUS自动生成发明的过程中并没有人类智力因素的介入，不存在传统意义上的发明人主体，也就不存在雇佣关系，人工智能也无法与他人签订转让合同。该案诉至法院后，美国法院支持美国专利商标局的主张，拒绝授予其专利权。但南非授予该项专利，且专利权人为"DABUS"系统。另外，澳大利亚通过法院诉讼也授予了该人工智能专利权。[1]

由此可以看出，对于人工智能的发明能否授予专利权在国际上尚无统一定论。

（二）发明必须是利用了自然规律或者自然现象

世界各国的专利立法及司法实践中均明确要求，合格的发明必须是利用了自然规律或者自然现象的技术方案，但自然规律或自然现象本身不能被授予专利权。地球自转、万有引力、能量守恒等都属于自然现象或自然规律，自然规律和自然现象是客观存在的，它们不能被人制造出来，即不能被人所"发明"，但能被"发现"。自然规律和自然现象仅是对已经存在的客观事物的认识，但其本身并不是新的发明创造。因此，从专利是对智力活动创造结果的保护这个理论出发，科学发现不应当被授予专利权。另外，如果对于这种发现可以授予专利权，专利权人将对这种自然规律和自然现象拥有垄断权，这对整个社会极不公平。

发明专利要求利用自然规律或自然现象的原因在于只有利用了自然规律或自然现象才能产生技术效果，没有利用自然规律或自然现象的"发明"不会产生技术效果，故不符合专利主题，不能被授予专利权。如本章前述导论案例中由于没有利用自然规律或自然现象，没有实现技术效果，故不能被授予专利权。

（三）发明是一种技术方案

技术方案是在利用自然规律或者自然现象的基础上发展出来的各种生产方法、工艺方法以及生产工具、机器设备和各种物质产品。未利用自然规律或自然现象所作出的方案，虽也能解决某些问题，但不能称为技术方案，故不属于发明。如各种体育竞技的规则、游戏活动规则、逻辑推理方法、数学运算方法、会计结算方法等没有利用

---

1 澎湃新闻，美国联邦法院：人工智能不能成为专利的发明者，因为它不是人，网址：https://baijiahao.baidu.com/s?id=1710287220267327435&wfr=spider&for=pc，最后访问日期：2024年6月8日。

自然规律或者自然现象，因此，不能被认定为发明。

判断一项发明是否属于"技术方案"，则是依据国家知识产权局发布的《专利审查指南2023》中的"技术三要素"标准，即是否采用了技术手段，解决了技术问题，达到了技术效果。

值得注意的一个问题是，美国专利商标局对单纯的商业方法授予专利权。传统的商业方法一般情况下没有利用自然规律或者自然现象，从专利理论来看，不能被授予专利权。但是，美国联邦最高法院曾在1980年的戴蒙德诉查克拉巴蒂一案（Diamond v. Chakrabarty）的判决中发展出了"阳光下的一切人类智力创造都应当受到法律保护"的理论。[1]按照这一理论，某些没有利用自然规律的方案也能够受到专利保护。美国联邦最高法院的这一理论与其国内的经济发展密切相关，其实质是为了保护美国自身的经济利益。1998年的"街道银行"案（State Street Bank & Trust Co. v. Signature Financial Group，Inc.）是商业方法专利保护发展历程中一件具有里程碑意义的案件，这一案件确立了商业方法发明可以成为专利保护的对象。美国运用这一理论的案件类型主要集中在两个方面：一个是生物技术类专利案件，另一个是软件类专利案件。生物技术产业和软件产业都是美国的发达产业。因此，美国联邦最高法院的这一理论是为了保证美国在其最发达的产业中长久处于垄断地位。目前，世界范围内对于这一理论存在很大争议，美国国内学者的意见也存在颇多分歧。

我国对于商业方法专利，则是有条件授予，即必须具有技术性方可授予专利权。我国《专利审查指南2023》第二部分第一章第4.2节规定，涉及商业模式的权利要求，如果既包含商业规则和方法的内容，又包含技术特征，则不应当依据《专利法》第25条排除其获得专利权的可能性。

（四）发明是一种技术上的创新

所谓创新，就是与现有的技术相比，具有显著的进步或者是前所未有的新技术。如果仅是运用以前已经存在的技术，没有创新，当然不是发明。即使有所创新，若是创新的程度非常小，也不能称为发明，但是可能受到实用新型专利的保护。

---

1 原文是：Congress intended statutory subject matter to include anything under the sun that is made by man。

三、发明的种类

根据不同的标准，发明可以有多种分类。根据完成发明人数的多少，可以将发明分为独立发明和共同发明；根据发明人的国籍，可以将发明分为本国发明和外国发明；根据发明权利的归属，可以将发明分为职务发明和非职务发明；根据发明的相互制约关系，可以将发明分为基础发明和改良发明等。但是各国专利法最常见的分类方式是根据发明的客体的不同，将发明分为产品发明和方法发明。我国专利法也是依据此种分类标准进行分类。

（一）产品发明

所谓产品发明，就是发明人通过智力活动创造出的关于各种新产品、新材料、新物质的技术方案。例如最早发明的汽车、飞机、电脑、人造卫星、超导材料以及一些零部件等。产品发明既可以是一个独立的、完整的产品，例如一辆汽车；也可以是一个完整产品中的某一个部件，例如汽车中的发动机。具有新用途的产品也可以被授予专利权。

（二）方法发明

方法发明是发明人为制造某种产品或者解决某个技术难题而研究开发出的操作方法、制造方法以及工艺流程等技术方案。例如制造药品的方法和工艺。方法专利既可以是一个完整的过程，也可以是一个完整过程中的一个步骤。产品的新用途也可以被授予方法专利。

区分产品发明和方法发明的意义在于，被授予专利权后，产品发明和方法发明专利权的效力范围不同。按照我国专利法的规定，产品发明的专利权人有权禁止他人为生产经营目的制造、使用、许诺销售、销售、进口其专利产品。而方法发明的专利权人有权禁止他人使用其专利方法以及使用、许诺销售、销售、进口依照该专利方法直接获得的产品，但不能延及间接获得的产品。

案例：原告张某某是专利号为00102701.8、名称为"氨氯地平对映体的拆分"发明专利的专利权人，该专利是制造左旋氨氯地平新产品的方法专利。涉案专利公开了制造左旋氨氯地平的方法，由左旋氨氯地平可进一步制得马来酸左旋氨氯地平、苯磺酸左旋氨氯地平等下游产品。原告指控，马来酸左旋氨氯地平和马来酸左旋氨氯地平片新药由甲公司研发，乙公司生产了马来酸左旋氨氯地平（原料药），丙公司生产了马来酸左旋氨氯地平片（终端产品，商品名"玄宁"），丁公司销售了侵权产品。请求判令各被告停止生产、销售侵权产品并赔偿经济损失。

最高人民法院再审判决认为，根据《专利法》第11条的规定，方法专利权的保护范围只能延及依照该专利方法直接获得的产品，即使用专利方法获得的原始产品，而不能延及对原始产品作进一步处理后获得的后续产品。该案中，实施涉案专利权利要求1限定的方法后，直接获得的是"结合一个DMSO-d6的（S）-(-)-氨氯地平的D-酒石酸盐"，或"结合一个DMSO-d6的(R)-(+)-氨氯地平的L-酒石酸盐"，乙、丙公司生产的马来酸左旋氨氯地平、马来酸左旋氨氯地平片以及左旋氨氯地平，均属于对上述产品作进一步处理后获得的后续产品，不属于依照涉案专利方法直接获得的产品。因此，涉案专利权的保护范围不能延及左旋氨氯地平、马来酸左旋氨氯地平及其片剂。

最高人民法院还认为，"依照该专利方法直接获得的产品"的认定与该产品能否直接供消费者使用无关，一审法院以"左旋氨氯地平作为一种化合物，本身并不能成为直接供消费者消费的产品，……涉案专利为左旋氨氯地平的拆分方法，依据该方法不能直接得到产品，而左旋氨氯地平化合物与马来酸、苯磺酸等经过成盐工艺成为马来酸左旋氨氯地平、苯磺酸左旋氨氯地平后，才真正成为产品"为由，将涉案专利权的保护范围延及乙、丙公司生产的马来酸左旋氨氯地平及其片剂，适用法律亦显然不当。

最终最高人民法院判决驳回原告诉讼请求。[1]

在实践中，区别是产品发明还是方法发明，主要看专利申请人在权利要求书中要求保护的是一个工艺流程、生产方法还是某一个实物产品，如果是前者，则是方法发明，如果是后者，则是产品发明。

（三）新用途发明

新用途发明指的是已知产品的新用途发明，即将已知产品用于新的目的的发明。用途发明的本质不在于产品本身，而在于产品性能的应用。因此，用途发明是一种方法发明，其权利要求属于方法类型。在专利法中之所以会给某种已知产品的"新用途"以保护，是因为发明者发现了已知产品的新性质，而该新性质直接提供了新的应用，从而使本领域技术人员可以有目的地为了获得新的技术效果而使用已知产品，这就拓宽了已知产品的使用范围，用途权利要求由此可以区别于现有技术。已知产品的新性质当然是已

---

[1] 参见最高人民法院（2009）民提字第84号民事判决书。

知产品所固有的，但该固有的性质在申请日之前并不为公众所知，授予用途权利要求的目的不是保护新发现的性质，而是保护基于新性质的新应用，保护被拓宽的使用范围。

用途权利要求作为方法权利要求的一种，在进行已知产品新用途发明的创造性判断时通常需要考虑：新用途与现有用途技术领域的远近、新用途所带来的技术效果等。如果新的用途仅是使用了已知材料的已知的性质，则该用途发明不具备创造性；如果新的用途是利用了已知产品新发现的性质，并且产生了预料不到的技术效果，则这种用途发明具有突出的实质性特点和显著的进步，具备创造性。

例如大家熟知的辉瑞制药公司生产的药品"伟哥"，又名万艾可，其最初的用途是用来治疗高血压和心血管病。但在后来的研究中发现，其能够有效改善阴茎的血液循环而引起勃起。辉瑞制药公司随即申请了"伟哥"用于治疗阳痿的用途专利，并获得了专利权。从该案例可以看出，已知产品的新用途与原用途相差甚远，本领域技术人员在已知产品原用途的基础上根本无法预测或者推理出来，即可认定技术效果产生了"质"的变化，具备了新的性能，取得了预料不到的技术效果，该用途专利即具备创造性，应被授予专利权。

（四）转用发明

转用发明是指将某一技术领域的现有技术转用到其他技术领域中的发明。在进行转用发明的创造性判断时通常需要考虑：转用的技术领域的远近、是否存在相应的技术启示、转用的难易程度、是否需要克服技术上的困难、转用所带来的技术效果等。

例如，一项潜艇副翼的发明，现有技术中潜艇在潜入水中时是靠自重和水对它产生的浮力相平衡停留在任意点上，上升时靠操纵水平舱产生浮力，而飞机在航行中完全是靠主翼产生的浮力浮在空中，发明借鉴了飞机中的技术手段，将飞机的主翼用于潜艇，使潜艇在起副翼作用的可动板作用下产生升浮力或沉降力，从而极大地改善了潜艇的升降性能。由于将空中技术运用到水中需克服许多技术上的困难，且该发明取得了极好的效果，所以该发明具备创造性。

（五）改进发明

专利法中还有一种改进发明，但它本身并不是一种独立的发明种类。改进发明既可以是产品发明，也可以是方法发明。改进发明最主要的特点在于其对现有技术改进后获得了新颖性、创造性，因而可以被授予专利权。该改进的部分与现有技术相比，其形状、尺寸、比例、位置及作用关系等发生了变化。

例如，一项有关剪草机的发明，其特征在于刀片斜角与公知的不同，其斜角可以保证刀片的自动研磨，而现有技术中所用刀片的角度没有自动研磨的效果。该发明通过改变要素关系，产生了预料不到的技术效果，因此具备创造性。

┃第二节┃ 实用新型

一、实用新型的概念

对于实用新型的称谓，世界各个国家和地区有所不同。意大利、俄罗斯、巴西、我国台湾地区都称之为实用新型，法国、希腊、马来西亚等国称之为实用新型证书或实用证书。澳大利亚、荷兰以及我国香港特别行政区称之为小发明。尽管称谓不尽一致，但含义基本相同。

对于实用新型的保护，有些国家采用核准注册的方式，如日本；有些国家则以专利的方法予以保护，如美国、中国等。

我国《专利法》第2条第3款规定："实用新型，是指对产品的形状、构造或者其结合所提出的适于实用的新的技术方案。"作为一种技术方案的实用新型，在本质上与发明相同。

二、实用新型的特点

与发明相比较，实用新型具有以下几个方面的特点。

（一）实用新型专利只保护产品

实用新型专利只保护产品，该产品应当是经过工业方法制造的、占据一定空间的实体。一切有关方法的发明，例如产品的制造方法、使用方法、通讯方法、处理方法、计算机程序、产品的特定用途等，以及未经人工制造的自然存在的物品，均不属于实用新型专利的保护客体。

（二）实用新型专利保护的是产品的形状、构造或者其结合的技术方案

1.产品形状

产品形状是指产品所具有的、可以从外部观察到的确定的空间形状。对产品形状所提出的技术方案可以是对产品的三维形态的空间外形所提出的技术方案，例如对凸轮形状、刀具形状作出的改进；也可以是对产品的二维形态所提出的技术方案，例如

对材料的断面形状的改进。那些无确定形状的产品，如气态、液态、粉末状、颗粒状的物质或材料，其形状不能作为实用新型产品的形状特征。

应当注意的是，在实践中，申请人虽然申请的主题名称是一种产品，但除主题名称外，其权利要求的全部技术特征是一种方法或实质上是一种方法的，则不属于实用新型专利的保护客体。例如，独立权利要求为"一种木质牙签，其特征是在木质牙签加工成形后，浸泡于医用杀菌剂中5～20分钟，然后取出晾干"的发明创造，就不属于实用新型专利。

此外，不能以生物的或者自然形成的形状作为产品的形状特征，也不能以摆放、堆积等方法获得的非确定的形状作为产品的形状特征。仅改变了成分的原材料产品，如板材、棒材等，其板状、棒状并未对现有技术作出贡献，不能作为产品的特定形状特征。但是，通过改变其形状能使其取得不同于以往产品的特殊作用或效果时，可以获得实用新型专利保护。

2.产品构造

产品构造是指产品的各个组成部分的安排、组织和相互关系。产品构造可以是机械构造，也可以是线路构造。机械构造是指构成产品的零部件的相对位置关系、连接关系和必要的机械配合关系等；线路构造是指构成产品的元器件之间的确定的连接关系。物质的分子结构、组分不属于实用新型专利给予保护的产品的构造。因此，如果食品、饮料、调味品和药品的改进仅涉及其化学成分、组分、含量的变化，而不涉及产品的结构，则不属于实用新型专利保护的客体，但有可能属于发明专利保护的客体。如果专利申请要求保护的产品相对于现有技术来说只是材料的分子结构或组分不同，则不属于实用新型专利保护的客体。例如，以塑料替换玻璃的同样形状的水杯、仅改变焊条药皮成分的电焊条，均不能授予实用新型专利权。

3.技术方案

技术方案是申请人对其要解决的技术问题所采取的利用了自然规律的技术特征的集合。产品的形状以及表面的图案、色彩、文字、符号、图表或者其结合的新设计，没有解决技术问题的，不属于实用新型专利保护的客体。例如，以十二生肖形状为装饰的开罐刀，建筑平面设计图，仅以表面图案设计为区别特征的棋类、牌类，如古诗扑克、化学扑克等。实用新型中的技术方案也应当是新的技术方案。如果要求保护的实用新型在申请日（享有优先权的，指优先权日）以前已经公开，或者是已知技术的等效变换或简单组合，就不是新的技术方案。

综上，实用新型专利保护的是产品的形状、构造及其结合，而且能产生技术效果，否则就不属于实用新型专利保护的范围。下面请看一则案例：

最高人民法院（2017）最高法行申5980号案中，涉案实用新型申请名称为"一种全畅通附带街口空地附带寄车区的路口及快道"。最高人民法院认为，首先，从主题来看，本专利申请涉及一种"路口及快道"，由于路口、快道均不属于产品的范畴，故本专利申请的主题不符合《专利法》第2条第3款关于实用新型适用于"产品"的规定。其次，从权利要求的内容来看，本专利申请主要体现了一种人为规划的交通布局设计，尽管该设计结合了交通设施、设备，具有一定的构造，但是，本专利申请所称的技术效果，并非基于对交通设施、设备及其构造的改进，而是基于对交通规则与交通布局设计的改变，本质上与"为了交通安全、畅通，车辆均靠右行驶"这样的人为交通规则设计并无实质性差别。因此，本专利申请不符合《专利法》第2条第3款关于实用新型是"对产品的形状、构造或者其结合提出的新的技术方案"的规定。综上，本专利申请不属于实用新型专利保护的客体。[1]

（三）实用新型的新技术方案的创造性要求比发明低

实用新型常被称为"小发明"。在我国现行专利法中，实用新型和发明都是专利法保护的对象，都是科学技术上的发明创造，在此意义上两者的本质相同。但实用新型的创造性要求低于发明。我国专利法对申请发明专利的要求是，同申请日以前的已有技术相比，有突出的实质性特点和显著的进步；而对实用新型的要求是，与申请日以前的已有技术相比，有实质性特点和进步。对发明强调了"突出的实质性特点"和"显著的进步"，而对实用新型只要求"实质性特点和进步"。显然，发明的创造性程度要高于实用新型。

由于在一般情况下，实用新型的创造过程比发明简单、容易，发挥效益的时间也短得多，因此，法律对它的保护期限相应较短。我国专利法明文规定，对于实用新型专利的保护期为10年，自申请日起计算。而发明专利的保护期为20年，自申请日起计算。

（四）实用新型的审查程序比较简单

根据我国专利法的规定，实用新型专利的审批过程比发明专利简单。国家知识产

---

1 参见最高人民法院（2017）最高法行申5980号行政裁定书。

权局收到实用新型专利的申请后，经初步审查认为符合专利法要求的，不再进行实质审查，即可公告，并通知申请人，发给实用新型专利证书。而对发明专利，则必须经过实质审查，其审查手续比较复杂，审查时间也相对较长。

| 第三节 | 外观设计

一、外观设计的概念

外观设计，也称工业品外观设计或工业设计。我国《专利法》（2008年修正）对其定义为：外观设计是指对产品的形状、图案或者其结合以及色彩与形状、图案的结合所作出的富有美感并适于工业应用的新设计。2020年修正后的《专利法》将其定义为：外观设计，是指对产品的整体或者局部的形状、图案或其结合以及色彩与形状、图案的结合所作出的富有美感并适于工业应用的新设计。二者之间的区别在于2020年修正的《专利法》进一步明确了外观设计的载体——"产品"是相对独立的产品，即既可以是"整体的"也可以是"局部的"产品。世界各国关于外观设计的定义虽然表述有所不同，但是内涵都基本一致。例如，《法国知识产权法典》规定，外观设计是指新图案、新立体造型、通过显著可识别的外观赋予其新颖性或通过一个或者数个外部效应赋予其独特的新外貌而区别于同类产品的工业品。《日本外观设计法》规定，由物品的形状、图案、色彩或其结合构成的，能够引起视觉上美感的设计。《巴西工业产权法》规定，工业品外观设计是指在工业或者商业上，可以依手工、机械或化学方法（单独或者联合使用），应用于产品装饰的线条或色彩的新的安排或组合。[1]

二、外观设计的特点

（一）外观设计必须以相对独立的产品为载体

产品，是指任何用工业方法生产出来的物品。2020年修正的《专利法》进一步明确该产品既可以是一个整体产品，也可以是部分产品，是相对独立的产品，而且是能够重复生产的产品。不能重复生产的手工艺品、农产品、畜产品和自然物不能作为外观设计的载体。下面请看一则案例：

---

[1] 吴汉东等，《知识产权基本问题研究》，中国人民大学出版社2005年版，第387页。

某专利申请人向国家知识产权局申请了名称为"仪表机壳"外观设计专利。该专利涉及的仪表机壳主要适用于集诸多功能于一身的智能无纸记录仪（其主视图如下图所示），其在电力、石化、冶金、制药、航空等领域具有巨大市场。

无效宣告请求人认为，涉案专利提交的图片为中间状态物，不是完整的产品，同时，中间状态物不能单独出售，也不能单独使用，不符合我国《专利法》第2条第4款的规定。可以看出，请求人提出了外观设计保护客体的这一法律问题。

合议组认为该"仪表机壳"属于中间产品，中间产品从一个企业销售给另一个企业并被用于组装，即构成了"单独出售或使用"，只要申请外观设计专利的产品是一件能够被独立加工出来的工业产品，那么该产品就可以被单独出售并进行单独使用。因此，该仪表机壳属于外观设计保护的客体。但是，该外观设计与现有设计相比较没有明显区别，故而经审理，国家知识产权局作出第44432号无效宣告请求审查决定，宣告专利权无效。

（二）图形用户界面外观设计保护的特殊问题

随着科技的发展，某些特殊的外观设计对产品的依赖性越来越小。特别是涉及图形用户界面的外观设计。

图形用户界面（Graphical User Interface，GUI）是一种实现人机交互的用户界面形式，用户可通过电子产品通电后显示的图形元素操作电子设备，而不再需要输入指令或从纯文字构成的指令菜单中进行选择。[1]图形用户界面外观设计最大的特点是其可以不依赖于物理载体而单独以软件的形式存在。那么在对其保护时是否必须以其在授权时确定的产品类别为限？下面我们看两则案例。

案例1：原告申请了一项图形用户界面外观设计专利，其专利申请文献中明确用于电脑产品。被告开发并提供带有该图形用户界面的计算机软件，供用户下载后安装至手机、计算机等产品中使用。原告指控被告侵权。法院判决认为：原告的外观设计属于"涉及图形用户界面的产品外观设计"，其中的产品是电脑；被诉侵权

---

1 王迁、闻天吉，《专利法》保护图形用户界面外观设计的界限：兼评金山诉萌家案，载《知识产权》，2023年第9期，第63页。

行为是被告向用户提供界面相近的软件，并非提供预装了该软件的电脑，因此该行为并不构成侵权。一审判决驳回原告诉讼请求。[1]

案例2：原告公司申请了名称为"用于移动通信终端的图形用户界面"的外观设计专利，并得到授权。被告公司开发并提供一款名称为"趣键盘"的软件产品供用户免费下载，其图形用户界面与原告专利属于相同或相近似的外观设计。原告认为被告的行为构成侵权，向法院提起诉讼。该案一审、二审法院均认为，作为软件开发和提供者，被告公司以生产经营为目的开发被诉侵权软件，相当于制造了含有被诉侵权图形用户界面的手机产品的最主要实质部分，并将被诉侵权软件上架以供用户下载，相当于许诺销售、销售含有被诉侵权图形用户界面的手机产品的最主要实质部分，这构成了对涉案专利权的侵害。[2]

关于图形用户界面外观设计专利，2014年之前我国不予保护。2014年，国家知识产权局发布的《国家知识产权局关于修改〈专利审查指南〉的决定》（第68号）中，首次对图形用户界面外观设计予以保护。2019年，国家知识产权局发布的《国家知识产权局关于修改〈专利审查指南〉的决定》（第328号）对涉及图形用户界面外观设计相关内容进行修改。国家知识产权局发布的《专利审查指南2023》对图形用户界面外观设计相关内容再次进行了修改。从上述专利审查指南修改过程中我们可以看出，我国对图形用户界面外观设计保护是从无到有，从严格限定必须依附于物理载体到逐渐弱化其对物理载体的依赖。例如《专利审查指南2023》明确规定："对于可应用于任何电子设备的图形用户界面，申请人可以以不带有图形用户界面所应用产品的方式提交申请。……申请人可以仅提交图形用户界面的视图。简要说明中产品的用途可以概括为一种电子设备。"

但是在司法审判实践中，对于被控侵权人仅开发提供带有图形用户界面外观设计专利图形的软件行为是否构成侵权的问题，虽然前述案例2认为其构成侵权，但一些学者对该判决结果质疑，认为：《专利法》对"涉及图形用户界面的产品外观设计"的专利保护受"产品"的限定，不能对脱离产品的图形用户界面本身提供保护，因此提

1　参见北京知识产权法院（2016）京73民初276号民事判决书、北京市高级人民法院（2018）京民终167号民事裁定书。该案原告提起上诉，在二审中被告向国家知识产权局提出专利无效申请，且裁决原告的外观设计专利无效，因此二审法院驳回了原告的起诉。

2　参见上海市高级人民法院（2022）沪民终281号民事判决书。

供带有图形用户界面的计算机软件不能被认定为专利侵权。"制造、销售专利产品"不能被扩大解释为开发软件和提供下载，也不能将用户安装带有图形用户界面的计算机软件认定为"为生产经营目的制造专利产品"。应通过修改《专利法》，单独规定对图形用户界面的保护，解决"软件分离"带来的对图形用户界面保护不足的问题。[1]

（三）外观设计的要素

外观设计保护的是产品形状、图案或其结合以及色彩与形状、图案的结合。通常，产品的色彩不能独立构成外观设计，除非产品色彩变化的本身已形成一种图案。可以构成外观设计的组合有：产品的形状；产品的图案；产品的形状和图案的结合；产品的形状和色彩的结合；产品的图案和色彩的结合；产品的形状、图案和色彩的结合。

形状，是指对产品造型的设计，也就是指产品外部的点、线、面的移动、变化、组合而呈现的外表轮廓，即对产品的结构、外形等同时进行设计、制造的结果。图案，是指由任何线条、文字、符号、色块的排列或组合而在产品的表面构成的图形。图案可以通过绘图或其他能够体现设计者的图案设计构思的手段制作。产品的图案应当是固定、可见的，而不应是时有时无的或者需要在特定的条件下才能看见。色彩，是指用于产品上的颜色或者颜色的组合，制造该产品所用材料的本色不是外观设计的色彩。

但是，在一些情况下，即使表面看似属于外观设计的一些设计方案也不能受到外观设计专利保护。例如，取决于特定地理条件、不能重复再现的固定建筑物、桥梁等，以自然物原有形状、图案、色彩作为主体的设计，纯属美术范畴的作品等。我国《专利法》第三次修改还特别规定了对平面印刷品的图案、色彩或者二者的结合作出的主要起标识作用的设计不能授予专利权。

外观设计与实用新型都涉及产品的形状。二者的区别在于，实用新型是一种技术方案，它所涉及的形状是从产品的技术效果和功能角度考虑的；而外观设计是一种设计方案，它所涉及的形状是从产品美感的角度考虑的。

---

[1] 王迁、闻天吉，《专利法》保护图形用户界面外观设计的界限：兼评金山诉萌家案，载《知识产权》，2023年第9期，第63—87页。

（四）外观设计是适于工业应用的一种设计

所谓适于工业应用，是指该外观设计能应用于产业上并形成批量生产。不能应用于产业之上进行批量生产的设计，不能被授予外观设计专利权。这实际上是外观设计专利实用性的要求。

（五）外观设计是一种新设计

新设计，即外观设计的新颖性。根据《专利法》第23条的规定，所谓新设计是指不属于现有设计；也没有任何单位或者个人就同样的外观设计在申请日以前向国务院专利行政部门提出过申请，并记载在申请日以后公告的专利文件中。所谓现有设计，是指申请日以前在国内外为公众所知的设计。

与发明或者实用新型不同，外观设计是由产品的形状、图案、形状与图案的结合、色彩与形状的结合、色彩与图案的结合，以及色彩、形状与图案的结合等构成，这些很难用语言形象地表述清楚。所以，外观设计公开的方式不同于发明或者实用新型，一般只有两种公开方式，即在公开出版物上公开发表和公开使用。公开发表，是指外观设计以图片或者照片的方式在出版物上公开发表。公开使用是指应用外观设计的产品已经脱离了秘密状态，使公众能够得到或者看到该产品使用的外观设计。

（六）外观设计是一种富有美感的新设计

我国专利法对于"富有美感"的标准没有作出明确的界定。《专利审查指南2023》对富有美感的要求是：在判断是否属于外观设计专利权的保护客体时，关注的是产品的外观给人的视觉感受，而不是产品的功能特性或者技术效果。虽然我国以及很多其他国家的专利法都对美感提出一定要求，但是在实际工作中，对于"富有美感"的判断标准却一直存在争议。曾经有专家学者建议将定义中的"富有美感"修改为"具有装饰性"，其理由是："富有美感"属于人的主观感受，现实中不同人对同一设计方案的主观感受会有所不同，有人可能认为很美，有人可能认为不美，因而可能导致判断结论因人而异，难以有一个客观的标准。

实践中，判断是否具有美感，不能依靠审查员的个人标准，而应当以一般消费者的眼光来衡量。外观设计是关于产品外表的装饰性或艺术性的设计，只要外观设计有特点，能够与同类产品相区别，能够引起人们的注意，能够使人的视觉触及后产生一种愉悦的感受，就达到了"富有美感"的标准。"富有美感"在审查时，没有客观标准，通常的做法是只要不是极丑陋又不违反社会道德，并为大家所接受的，就认为是符合美感的要求。如外观设计中以骷髅形状、图案或其他相关设计为主要图案，则会令人感到恐怖反感，明显违反社会公德，应适用我国《专利法》第5条进行审查，不应被授予专利权。司法实践中几乎没有因不具有美感而被驳回或被无效的外观设计专利。

（七）与现有设计或者现有设计特征的组合相比，应当具有明显区别

《专利法》第三次修改增加规定，被授予专利权的外观设计与现有设计或者现有设计特征的组合相比，应当具有明显区别。该规定实际上是提高了外观设计专利的授权门槛，要求外观设计也应当具备一定的创造性。但是，外观设计的创造性要求与发明和实用新型专利不同。发明和实用新型的创造性主要体现在技术上的特点和进步方面，而外观设计专利的创造性则主要体现在与现有设计及现有设计特征的组合相比具有明显的区别。

案例：殷某某向国家知识产权局申请了名称为"大理石装饰纸"的外观设计专利，被授予外观设计专利权。本专利主视图显示，装饰纸产品呈方形，主体颜色为深色，间隔排列颜色基本相同的多条弯曲粗条纹，弯曲的条纹类似石头表面被水冲蚀后的痕迹，也有类似树皮上的纹路效果。第三人魏某某向国务院专利行政部门提出宣告该专利无效的申请。国务院专利行政部门经审查认为，该设计中的图案是以自然物大理石纹理为基础形成的，其上多条弯曲粗条纹由大理石的自然属性决定，整体上不能体现设计人员的创新设计，即涉案专利的图案属于以自然物原有图案作为主体的设计，整体上不属于设计人员设计出的具有自己特定创新设计的发明创造，因此涉案专利不属于外观设计专利保护的客体，作出宣告该专利无效的决定。殷某某不服，提起诉讼。一审和二审法院均维持了国务院专利行政部门的决定。[1]

还有前述的"仪表机壳"专利无效案中，该外观设计在与请求人提出的对比设计进行外观比对时，涉案专利背面的设计均为配合仪表接线或USB接口等需要所做的主要起功能作用的设计，相对而言对整体视觉效果不具有显著影响；对于涉案专利存在的卡槽设计和矩形孔设计等，因其均位于机身侧面，卡槽和矩形孔为功能型设计，与条形浅槽设计的区别细微，且其相对于仪表整体造型来说均属于局部细微变化；对于视窗内部结构的区别，因其属于内置结构设计，仪表机壳前方在使用时

---

1 参见北京市高级人民法院（2014）高行（知）终字第1964号行政判决书。

需安装显示屏，属于使用时看不到的部位，对整体视觉效果不具有显著影响。经审理，国家知识产权局作出第44432号无效宣告请求审查决定，宣告专利权无效。

三、外观设计中的权利冲突

（一）我国专利法关于外观设计中的权利冲突的规定

我国《专利法》第23条第3款规定，授予专利权的外观设计，不得与他人在申请日以前已经取得的合法权利相冲突。

此项规定主要是为了避免外观设计与商标权、著作权发生冲突，从而对外观设计的申请进行了必要的限制。在实践中，经常会有一些外观设计申请人未经他人许可，擅自将他人已经注册的商标或者将他人的美术作品与自己的产品相结合申请为外观设计专利。在2000年第二次修正之前，我国《专利法》没有"不得与他人在先取得的合法权利相冲突"的明确规定。因此，如果出现了将他人已经注册的商标或者将他人的作品申请为外观设计专利的情况，往往采用因丧失新颖性而宣告外观设计专利无效的办法。但是外观设计是否丧失新颖性的对比物同样是外观设计，注册商标和享有著作权的作品不能作为对比物。因此，以丧失新颖性为由宣告外观设计专利无效的办法实质上存在着很大的法律障碍。为了解决这一问题，2000年《专利法》第二次修正时，特别在第23条增加了"不得与他人在先取得的合法权利相冲突"的特别规定。

在2000年《专利法》修正之前，由于专利法中未明确规定外观设计专利不得与在先权利冲突，因此当时的国家专利行政部门无法对此类专利宣告无效。但在司法审判实践中，即便被控侵权一方享有外观设计专利权，但如果其专利权与在先的权利相冲突，被控侵权一方的不侵权抗辩法院也不予支持。

案例：原告瑞士甲公司享有乐高玩具块中的雕塑、文字、图片、绘画、摄影及文字作品和实用艺术品的著作权。原告发现被告乙商业城销售被告丙公司制造的玩具。原告以公证购买的方式进行了取证，并向人民法院起诉二被告，认为二被告侵犯其乐高玩具积木块实用艺术作品的著作权，请求法院判令停止侵权、销毁侵权物品、赔礼道歉、赔偿经济损失10万元及诉讼支出的合理费用、代理费。

被告丙公司曾于原告起诉前3年就其制造的部分玩具积木块申请了中国外观设计专利。瑞士甲公司曾请求国家知识产权局撤销上述外观设计专利，国家知识产权局经审查维持上述专利权有效。

一审法院认为，瑞士甲公司是该案涉及的乐高玩具积木块实用艺术作品在中国的著作权及相关权益的所有者。被告丙公司部分产品与原告享有著作权的实用艺术作品玩具积木块实质性相似，该部分构成侵权。丙公司关于其产品已获得中国外观设计专利的主张不影响该案侵权的认定，其抗辩理由不能成立。乙商业城从丙公司进货时已履行了必要的审查手续，主观上并无过错，其行为不构成侵权，但乙商业城应负有停止销售侵权产品的义务。判决：丙公司停止生产、销售侵权产品的行为，侵权产品模具交法院销毁，赔偿瑞士甲公司经济损失5万元等。被告丙公司不服，提起上诉，二审法院判决驳回上诉，维持原判。[1]

（二）关于在先权利的理解

所谓在先权利，是指在外观设计申请人提出外观设计专利申请日或者优先权日之前已经取得的权利。一般而言，《专利法》第23条规定的"他人在申请日以前已经取得的合法权利"主要是商标权和美术作品著作权。

对于商标权而言，判断其是否为在先权利比较容易。我国《商标法》第33条规定，对初步审定的商标，自公告之日起3个月内，任何人均可以提出异议。公告期满无异议的，予以核准注册，发给商标注册证，并予公告。第39条规定，注册商标的有效期为10年，自核准注册之日起计算。根据上述规定可知，我国商标权的取得时间是核准注册日。因此，如果外观设计专利申请人的申请日晚于商标的核准注册日，商标权人的权利就是在先权利。但是这里还存在一个问题，即在商标核准注册以前，商标申请人尚不能称为商标权人，只是一个有可能获得商标权的"准商标权人"；但是，按照我国商标法的规定，在授予商标权前有一个初步审查并进行公开的程序，在核准注册日之前3个月以前就已经进行了公告。因此，在这种情况下，对于与已经过初步审定并进行了公告的商标相同和相似的外观设计申请也不能授予专利权，以防止权利冲突问题的出现。

对于美术作品著作权而言，判定标准在理论上相对简单，即作品完成之日与外观设计申请日或优先权日进行比较，但是在实践中的认定困难较大。因为著作权是自动产生的，无须进行登记，当事人举证比较困难。

---

1 参见北京市高级人民法院（2002）高民终字第279号民事判决书。

| 第四节 | 不授予专利权的对象

并非所有的发明创造都能够被实际授予专利权。各国专利法一般都出于维护国家和社会公共利益或其他原因而不授予某些虽然表面符合专利法的要求的发明创造专利权。这样的立法例不仅在各国国内法中规定，而且在国际条约中也存在。例如，TRIPS协议第27条第2款和第3款分别从不同的角度作了规定。TRIPS协议第27条第2款规定，如果为保护公共秩序或公德，包括保护人类、动物或植物的生命与健康，或为避免对环境的严重破坏所必需，各成员均可排除某些发明于可获专利之外，可制止在该成员地域内就这类发明进行商业性使用，只要这种排除并非仅由于该成员的域内法律禁止该发明的使用。TRIPS协议第27条第3款规定，成员可以将下列各项排除于可获专利之外：（1）诊治人类或动物的诊断方法、治疗方法及外科手术方法；（2）除微生物之外的动、植物，以及生产动、植物的主要是生物的方法；生产动、植物的非生物方法及微生物方法除外。

我国专利法也有相应的规定。我国《专利法》第5条规定，对违反法律、社会公德或者妨害公共利益的发明创造不授予专利权。对违反法律、行政法规的规定获取或者利用遗传资源，并依赖该遗传资源完成的发明创造，不授予专利权。我国《专利法》第25条规定了不授予专利权的对象。

一、违反法律、社会公德或者妨害公共利益的发明

根据《专利法》第5条的规定，发明创造违反法律、社会公德或者妨害公共利益的，不能被授予专利权。这是一个基本原则。但是法律、社会公德和公共利益的含义比较广泛，同时也会随时间、地域的不同而有所变化。有时由于原有的法律作了修改，某些限制被解除，因此申请专利时应当随时注意这些变化。

（一）违反法律的发明创造

法律，是指由全国人民代表大会或者全国人民代表大会常务委员会依照立法程序制定和颁布的法律，行政法规和规章不属于这里所指的法律。例如，带有人民币图案的床单的外观设计，因违反《中国人民银行法》，不能被授予专利权。

案例：甲向国家知识产权局提交名为"液化罐电热式蒸汽加热装置"的专利申请，该申请被国家知识产权局驳回。驳回的理由是该装置缺少温压控制装置，违反

原国家城建总局颁发的《液化石油气安全管理暂行规定》。甲不服该驳回决定，向国务院专利行政部门提出复审申请，国务院专利行政部门撤销国家知识产权局驳回申请的决定，理由是原国家城建总局颁发的《液化石油气安全管理暂行规定》不属于《专利法》第5条规定的法律，法律适用不当。

如果一项发明创造本身的目的与法律相违背，不能被授予专利权。例如，专用于赌博、吸毒的器具、设备、机器、方法，专用于伪造国家货币的设备等，这些都属于违反法律的发明创造，不能被授予专利权。我们再看一则案例：

专利申请人向国家知识产权局提交的专利申请是一种用于公共场所的安检设备及其数据采集方法，要求保护的设备包括该类设备中常见的传送通道、X光成像单元和X光控制单元。本申请记载的技术方案可以被归纳为：被安检的物品被X光照射的同时，物品主人的身份信息也被获取，将身份信息与物品的X光图像数据相关联，然后存储在数据库中。根据本申请说明书的记载，该方案解决了现有技术中数据无法回溯，以及在人、物分离的情况下，即使是已知的不法分子，只要其携带的物品合法，便能进入公共场所的问题，有助于对公共安全事态进行有效的预判。国家知识产权局以违反法律为由，驳回该申请。申请人提出复审请求。

国家知识产权局在复审决定中认为：首先，本申请中的身份信息获取装置在获取物品主人的身份信息之前，没有向物品主人告知需要收集身份信息并取得物品主人的同意，而用户的身份信息属于用户的个人信息，在未向用户明示并取得同意的情况下收集个人信息违反了《网络安全法》第22条第3款、第41条第1款，以及《民法总则》（已废止）第111条的规定；其次，本申请采用基站切换的方式，强迫物品主人的手机在不验证基站身份的情况下登录基站并上传信息，剥夺了用户在特定范围内的自由通信权利，可能造成用户无法及时与外界沟通联络的间接损失；最后，身份信息获取装置获取身份信息时抢占了移动信道，使运营商无法正常向用户提供服务，会导致通信业务量下降以及运营商商业信誉受损；上述手段的应用会对公众和社会的私人信息和通信安全等造成危害，影响国家和社会的整体安全和正常秩序，属于妨害公共利益的情形，因此本申请属于《专利法》第5条第1款规定的违反法律和妨碍公共利益的情况，不能被授予专利权。[1]

---

[1] 参见国家知识产权局2022年9月21日作出的第329166号复审请求审查决定。

如果发明创造本身的目的并没有违反法律，但是其被滥用可能违反法律，则不属此列。例如，以医疗为目的的各种毒药、麻醉品、镇静剂、兴奋剂和以娱乐为目的的棋牌等，虽然可能被用于违法犯罪，但是它们本身并不违反法律，仍然可以被授予专利权。

仅其实施为法律所禁止的发明创造是可以获得专利的。即，如果仅是发明创造的产品的生产、销售或使用受到法律的限制或约束，则该产品本身及其制造方法并不属于违反法律的发明创造。例如，武器的生产、销售及使用虽然受到法律的限制，但武器本身及其制造方法仍然属于可给予专利保护的客体。

（二）违反社会公德的发明创造

社会公德，是指社会公众普遍认为是正确的并被接受的伦理道德观念和行为准则。它产生于一定的文化背景，符合该文化圈内的一般人的道德观念，并且随着时间的推移和社会的进步不断地发生变化，而且因地域不同而各异。在我国，暴力、凶杀或者淫秽的图片或者照片的外观设计不能被授予专利权；非医疗目的的人造性器官或者其替代物、克隆人方法等发明创造不能被授予专利权。

同时应当注意，我国专利法中所称的社会公德仅限于我国境内，外国的社会公众普遍接受的公德不一定属于我国的社会公德。

例如，一个名称为"人体艺术造型瓶起子"的外观设计专利，其外观造型为一线条极为明显的裸体女人，借助其头发和胳膊达到开启瓶盖的目的。该申请被以违反社会公德为由驳回申请。

但是，社会公德是一个道德标准，其随着时代的发展而变化，是否违反社会公德主要看其对社会是否具有危害性，是否为社会公众在道德上所谴责。在实践中一些发明表面看似乎违反社会公德，但其本身实质上对社会并不产生危害，不具有道德上的可谴责性，因此其不属于被排除的专利客体。

案例：对于包含骷髅形状或者图案的外观设计专利申请，是否违反社会公德？

国家知识产权局审查认为：对于包含骷髅形状或者图案的外观设计专利申请，在适用《专利法》第5条审查此申请时，应考虑社会影响，包括能否被社会公众普遍理解和接受，依法审查其是否明显"违反社会公德"。如果从整体来看是以宣扬暴力和凶杀为目的，令人感到恐怖和排斥，不能被大部分社会公众所接受，则明显违反社会公德，不能被授予专利权；如果外观设计是警示性的或以教学为目的，或者外观设计本身并非宣扬暴力和凶杀，而是属于社会公众能够普遍接受而不产生反感的装饰性设计，则通常不属于因明显违反社会公德而不能授予专利权的范畴。经过变形或者卡通化的装饰性设计，能够被公众所接受，不属明显违反社会公德的情形。[1]

（三）妨害公共利益的发明创造

妨害公共利益，是指发明创造的实施或使用会给公众或社会造成危害，或者会使国家和社会的正常秩序受到影响。例如，杀人机器及其方法，严重污染环境、破坏生态平衡的设备及其方法，涉及国家重大政治事件或宗教信仰、伤害人民感情或民族感情或者宣传封建迷信的设备、方法等，这些都不能被授予专利权。但是，如果因为对发明创造的滥用而可能造成妨害公共利益的，或者发明创造在产生积极效果的同时存在某种缺点的，例如对人体有某种副作用的药品，则不能以"妨害公共利益"为理由拒绝授予专利权。

例如，一种采用在车内特殊位置装设一种装置，在偷盗者开动汽车时就会从该装置内喷射出一种致人失明的化学物质的专利申请，因损害公共利益被驳回申请。

再如，一种从工业大麻中提取挥发油的方法及挥发油的应用能否被授予专利权？国家知识产权局审查认为：该案权利要求涉及在工业大麻中提取挥发油，并将挥发油应用于食品或日用品。工业大麻是行业中用于提取非精神活性成分的主要品种，我国允许工业大麻的种植开发。因此在工业大麻中提取挥发油本身不会妨害公共利益，因此权利要求1可以被授予专利权。但权利要求2请求保护工业大麻挥发油在食品中的应用。由于工业大麻挥发油不属于国家现行规定的食品添加剂，也没有相关证据证明其可以用作食品原料，因此，权利要求2中工业大麻挥发油在食品中的应用存在食品安全风险，会危害公众健康，妨害公共利益，属于《专利法》第5条第1款规定的不能被授予专利权的情形。[2]

（四）部分违反《专利法》第5条的申请

如果一项专利申请中部分内容违反法律、社会公德或者妨害公共利益，部分合法，专利申请人应当删除违法的部分。如果申请人不删除违法的部分，就不能被授予专利权。

---

[1] 国家知识产权局专利局审查业务管理部，《专利审查指导案例（第一辑）》，知识产权出版社2024年版，第7–8页。

[2] 国家知识产权局专利局审查业务管理部，《专利审查指导案例（第一辑）》，知识产权出版社2024年版，第8–10页。

例如，一项"投币式弹子游戏机"的发明申请，其技术特征之一是：游戏者如果达到一定的分数，机器则抛出一定数量的钱币。该发明中，机器抛出钱币的部分明显属于赌博行为，应当将其删除或修改，使之成为一个单纯的投币式游戏机后可以授权。如果不删除或修改该部分内容，则不能被授予专利权。

二、遗传资源的获取或者利用违反了有关法律、行政法规的规定

根据《生物多样性公约》的规定，遗传资源的利用应当遵循国家主权、知情同意、惠益分享的原则。该公约还明确规定，专利制度应有助于实现保护遗传资源的目标。目前，一些国家已经通过专利法律制度保护遗传资源。我国是遗传资源大国，为防止非法窃取我国遗传资源进行技术开发并申请专利，在对《专利法》进行第三次修正时，对依赖遗传资源完成的发明创造的专利授权进行了限制，新增加第5条第2款规定，"对违反法律、行政法规的规定获取或者利用遗传资源，并依赖该遗传资源完成的发明创造，不授予专利权"。

三、科学发现

科学发现，是指对自然界中客观存在的现象、变化过程及其特性和规律的揭示。科学发现的物质、现象、过程、特性和规律本来就是客观存在的事物，以前没有认识到，现在经过人类的研究、观察已经认识到的事物，它们不同于为改造客观世界而由人类有意识地创造的人为的技术方案，不属于专利法意义上的发明创造，因此不能被授予专利权。例如，卤化银在光照下有感光特性，发现的卤化银这一特性不能被授予专利权。但是根据卤化银这一特性造出的感光胶片以及此感光胶片的制造方法则可以被授予专利权。又如，某人在野外考察中发现了一种以前未知的物质，这种物质不是人为制造的，也不能被授予专利权。

发现本身虽然不能被授予专利权，但是根据已经发现的物质或者特性作出的"用途发明"可以被授予专利权。

四、智力活动的规则和方法

智力活动，是指人的思维运动，它源于人的思维，经过推理、分析和判断产生出抽象的结果，或者必须经过人的思维运动作为媒介才能间接地作用于自然产生结果。

智力活动仅是指导人们对信息进行思维、识别、判断和记忆的规则和方法，由于其没有采用技术手段或者利用自然法则，也未解决技术问题和产生技术效果，因而不构成技术方案，不能被授予专利权。具体而言，如果发明对于现有技术的贡献仅在于属于智力活动的规则和方法的部分，则应将该发明视为智力活动的规则和方法，不授予专利权；但是，如果发明中既包含智力活动的规则和方法，又包含技术方案，则不能排除其获得专利权的可能性。

例如，"一种新的促销方法"专利申请，其权利要求为"一种商品或服务的促销方法，其特征在于该方法采用在销售商品或服务过程中增加售后答题环节来促进商品或服务的销售"。该专利申请因其权利要求实质上是一种智力活动方法，被驳回申请。

五、疾病的诊断和治疗方法

疾病的诊断和治疗方法是指以有生命的人体或者动物体为直接实施对象，进行识别、确定或消除病因或病灶的过程。由于生命至关重要，根据人道主义，医生在诊断和治疗过程中为救治生命或者维护生命健康，应当有选择各种方法和条件的自由。同时出于社会伦理的考虑，这类方法直接以有生命的人体或动物体为实施对象，不能在产业上利用，不属于专利法意义上的发明创造。因此疾病的诊断和治疗方法不能被授予专利权。

例如，一项名为"一种治疗颈椎病方法"的专利申请，该专利最终目的是治疗颈椎病，采用的是利用人体构造、力学、手法技巧方法治疗颈椎病，因属于疾病治疗方法而被驳回申请。

但是，用于实施疾病诊断和治疗方法的仪器或装置，以及在疾病诊断和治疗方法中使用的物质或材料属于可被授予专利权的客体。

六、动物和植物品种

动物和植物是有生命的物体。根据《专利法》第25条第1款第4项的规定，动物和植物品种不能被授予专利权。专利法所称的动物，是指不能自己合成，只能靠摄取自然的碳水化合物及蛋白质来维系其生命的生物。专利法所称的植物，是指可以借助光合作用，以水、二氧化碳和无机盐等无机物合成碳水化合物、蛋白质来维系生存并通常不发生移动的生物。动物和植物新品种可以通过专利法以外的其他法律保护，例如，植物新品种可以通过《植物新品种保护条例》给予保护。

根据《专利法》第25条第2款的规定，对动物和植物品种的生产方法，可以授予专利权。但这里所说的生产方法是指非生物学的方法，不包括生产动物和植物的主要是生物学的方法。一种方法是否属于"主要是生物学的方法"，取决于在该方法中人类的技术介入程度。如果人类的技术介入对该方法所要达到的目的或者效果起了主要的控制作用或者决定性作用，这种方法便不属于"主要是生物学的方法"，可以被授予专利权。例如，采用辐照饲养法生产高产牛奶的乳牛的方法，改进饲养方法生产瘦肉型猪的方法等，可以被授予发明专利权。

微生物和微生物方法可以获得专利保护。所谓微生物发明是指利用各种细菌、真菌、病毒等微生物生产一种化学物质（如抗生素）或者分解一种物质等的发明。

值得注意的是，近年来，一些国家尤其是美国通过联邦最高法院的判例，实际上已经对其《美国专利法》第101条规定能够授予专利权客体的范围进行了扩大解释，而确认植物品种属于可授予专利权的客体。另外，德国、匈牙利、韩国也授予植物新品种专利。[1]

对于动物品种，也有一些国家授予专利权。1976年，澳大利亚最先授予动物品种专利权。随后匈牙利在1983年修改后的专利法中对动物品种授予专利权。此外，加拿大、美国、欧盟等也都授予动物品种专利权。最典型者，美国哈佛大学的两位教授菲利普（Philip）和蒂莫斯·A. 斯图尔特（Timothg A. Steward）发明的"转基因鼠"，在美国和欧盟都被授予了专利。[2]

七、原子核变换方法以及用原子核变换方法获得的物质

原子核变换方法以及用该方法所获得的物质关系到国家的经济、国防、科研和公共生活的重大利益，不宜为单位或私人垄断，因此不能被授予专利权。

（一）原子核变换方法

原子核变换方法不授予专利权是2020年修正的《专利法》新增加的内容。原子

---

1 吴汉东等，《知识产权基本问题研究》，中国人民大学出版社2005年版，第395–396页。
2 吴汉东等，《知识产权基本问题研究》，中国人民大学出版社2005年版，第396–397页。

核变换方法，是指使一个或几个原子核经分裂或者聚合，形成一个或几个新原子核的过程，例如：完成核聚变反应的磁镜阱法、封闭阱法以及实现核裂变的各种方法等，这些变换方法是不能被授予专利权的。但是，为实现原子核变换而增加粒子能量的粒子加速方法（如电子行波加速法、电子驻波加速法、电子对撞法、电子环形加速法等），不属于原子核变换方法，而属于可被授予发明专利权的客体。为实现核变换方法的各种设备、仪器及其零部件等，均属于可被授予专利权的客体。

（二）用原子核变换方法所获得的物质

用原子核变换方法所获得的物质，主要是指用加速器、反应堆以及其他核反应装置生产、制造的各种放射性同位素，这些同位素不能被授予发明专利权。但是这些同位素的用途以及使用的仪器、设备属于可授予专利权的客体。

八、平面印刷品的图案、色彩或者二者的结合作出的主要起标识作用的设计

这是我国2008年修正的《专利法》中的一项新规定，目的是将"平面印刷品"排除在专利权的客体之外。所谓"平面印刷品"主要指平面包装袋、瓶贴、标贴等用于装入被销售的商品或者用于附着于其他产品之上、不单独向消费者出售的二维印刷品。就平面印刷品的图案设计所起的作用而言，其本身并非对产品的外观设计，而是与商标的作用十分接近，容易导致在两种不同类型的知识产权之间产生混淆。进一步来看，"平面印刷品"更多地体现为一种视觉上的艺术美，而非技术上的创新和进步。该条款的增加明显缩小了授予外观设计的范围，提高了授权门槛。《专利法》的这一修正，一方面提高了外观设计专利的授权条件，另一方面也增加了外观设计专利的稳定性。当然根据法不溯及既往的原则，对于在2009年10月1日之前已经被授权的主要起标识作用的外观设计专利，仍然有效，法律仍然予以保护，任何其他人未经专利权人同意或法律特别规定不得侵犯其外观设计专利权。2009年10月1日后，申请人申请的外观设计专利，如仍属于"主要起标识作用"的平面印刷品，则不能被授予专利权，即便授权，也应属无效专利。

九、美国专利保护客体借鉴

美国作为世界上科技发达的国家，与其专利权的保护范围极为广泛有着巨大的关

系。特别是在金融和生物技术领域，美国以判例的形式将本不具有可专利性的一些客体纳入专利权的保护范围，极大地刺激了美国相关领域的研发。下面我们以美国联邦最高法院的一个案例来看美国联邦最高法院在涉及是否属于可专利客体问题上的审判思路。

美国保护植物新品种的成文法有《植物专利法》和《植物新品种保护法》，分别保护无性繁殖的植物新品种和有性繁殖的植物新品种。美国以实用专利方式保护植物新品种是通过判例形式发展起来的。1980年，美国联邦最高法院对戴蒙德诉查克拉巴蒂一案作出判决，认定具有生命的物质可以成为可专利性客体。但是在2000年，先锋高育国际有限公司（以下简称先锋公司）诉摩根股份有限公司（以下简称摩根公司）和农业优势公司（以下简称农业公司）等一案中，作为侵权人的被告摩根公司和农业公司又提出了一个新问题，即有性繁殖的植物是否属于美国专利法的可专利性客体。下面我们将该案的事实和美国联邦最高法院的判决情况作以下介绍。

（一）案件事实

美国专利商标局依照《美国专利法》第101条已经给先锋公司颁发了与植物、植物的组成部分和种子相关的17项专利。先锋公司的专利包括制造、使用、销售、许诺销售它们公司的纯生和杂交的玉米种子产品。其中一项纯生玉米种子的专利保护纯生的种子、植物和通过被保护的纯生玉米种子与另外的玉米种子杂交所产生的杂交种子。一项杂交玉米种子专利保护植物及其种子、变异体、突变异体和经过轻微修改后的杂交种子。先锋公司在一个标注了限制性的许可条款之下销售了它的专利杂交种子。该条款是"仅授权许可生产谷物和饲料"，许可"不包括使用这些从谷物或者其后代获得的种子为植物繁殖或者种子繁殖的目的"。它严格禁止"使用这些种子或者后代将它们用于植物繁殖或者种子繁殖，或者为了生产或发展其他不同的杂交品种"。摩根公司与农业公司之间有商业交易，购买了先锋公司的专利杂交种子，先锋公司在种子包装袋上贴有上述许可协议。虽然不是作为先锋公司的代表，但是农业公司仍然重新销售了这些种子。先锋公司随后提起诉讼，起诉农业公司和几个别的公司以及爱达荷州的公民侵犯其专利权。这些公司和个人被认为是农业公司的批发商和消费者（以下把它们都视为农业公司或者申请人）。

先锋公司声称农业公司过去曾经长期侵犯原告专利权，现在仍然在侵犯原告的专利权，其侵权的方式是制造、使用、销售、许诺销售这些该案中享有专利权的杂交玉米种子。农业公司答辩，否认专利侵权，并且提出了专利无效的反诉，认为授予玉米植物专利保护是无效的，其专利无效的理由是：根据《美国专利法》第101条的规定，有性繁殖植物不包括在具有可专利性的客体范围之内。农业公司坚持认为1930年的《植物专利法》和《植物新品种保护法》制定了排除性的规则，排除了对植物生命的保护。因为这些规定与第101条相比是特别规定，这些规定将植物生命客体从第101条中分离出来进行特殊的处理。联邦地区法院判决先锋公司胜诉。联邦上诉法院支持了地区法院的判决，联邦最高法院又通过调卷令对该案进行审理，托马斯（Thomas）大法官代表最高法院陈述了法庭的判决意见，并作出维持联邦地区和上诉法院判决的决定。

（二）判决理由

托马斯大法官认为，该案的核心问题是，依照《美国专利法》第101条之4的规定，实用专利是否可以授予给植物。

第一，《植物专利法》为无性繁殖植物提供的保护是非排他性的。托马斯大法官认为，在查克拉巴蒂一案中确立的原则是：第101条中最重要的规定"不是是否属于生物还是非生物，而是自然的产品（不论是生物还是非生物）还是人造发明"。而且随着生物技术知识和育种专门技术的提高，已经使得育种能够满足第101条所要求的书面描述的条件。

第二，《植物新品种保护法》也不排斥其他的法律保护有性繁殖植物品种，而且能够与第101条相互统一。托马斯大法官认为，两部重叠的法律"并不赋予当事人提出二者只能选择其一的主张的权利"，实用专利和植物品种证书包含了一些相似的保护，但是这种重叠仅是局部的。而且在其他的知识产权案件中已经允许双重保护。鼓励从事发明创造的专利政策当然不会被存在另一种激励发明创造的形式而被打乱，在这方面两个体系（商业秘密和专利保护）不存在并且从来也不会出现冲突。客体的可专利性并不排除版权客体成为艺术作品。

（三）不同意见

大法官布雷耶（Breyer）和史蒂文（Steven）持有异议，并认为应当驳回先锋公司的起诉。理由是"制造物"和"合成物"并不覆盖植物。具体理由是：

第一，查克拉巴蒂一案的判决中并没有涉及植物品种的可专利性问题；第二，《植物专利法》和《植物新品种保护法》排除了实用专利适用于植物品种；第三，将三部法律即《植物专利法》、《植物新品种保护法》和《美国专利法》结合起来看，实用专利并不适用于植物。

（四）对该案的评判

从美国现有的成文法规定看，关于植物品种的保护有两种形式，分别是植物专利和植物品种证书。以实用专利（即普通专利）形式保护植物品种是从判例中发展出来的。《美国专利法》第101条中，并没有明确规定什么客体具有可专利性、什么客体不具有可专利性，而是使用了"任何新的和有用的工艺程序、机器、制造物或者合成物，或者任何关于上述标的物的新的和有用的改进"这样含义非常广泛的语言来表述。在查克拉巴蒂一案中，美国联邦最高法院得出有生命的物在第101条下具有可专利性，判决人造的微生物落入法律规定的专利客体范围之内。查克拉巴蒂一案判决几年后，美国专利商标局申诉和冲突委员会坚持认为，植物符合"制造物"和"合成物"的意思，因此属于第101条的可专利性客体。

但是，在查克拉巴蒂一案中，其所争议的是人造的微生物是否具有可专利性的问题，并没有涉及植物品种的可专利性。更重要的一点是，对于植物新品种，美国有专门的成文法，以有别于实用专利的形式进行保护。该案所争议的也就是这个问题，即在有专门的成文法规定的特殊保护形式下，植物新品种能否再受到实用专利的保护。如果说在查克拉巴蒂一案中美国联邦最高法院没有明确回答这个问题，那么在该案中，美国联邦最高法院明确作出回答："植物新品种也可以受到实用专利的保护。"因此，现在美国植物新品种的保护形式明确为三种：植物专利、植物品种证书和实用专利。而且无论是有性繁殖的植物还是无性繁殖的植物，如果能够满足第101条规定的条件，都能获得实用专利的保护。

其实，从《美国专利法》、《植物专利法》和《植物新品种保护法》三部成文法所使用的语言含义以及其立法史看，在最早的专利法中可专利性客体并不包含植物等有生命的物。因为在《美国专利法》第101条中它所使用的可专利性客体的单词是"manufacture, or composition of matter"。这两个词的意思是"制造物"和"合成物"。"matter"一词仅指不具有生命的"物"，这一问题几乎是没有什么争议的。但是，美国联邦最高法院在查克拉巴蒂一案和本文所介绍的判例中都认为《美国专利法》第101条包含了有生命的物。我们认为，前文所介绍的案例中如果按照严格的逻辑推理和法律字面规定的意思看，植物不能受到《美国专利法》第101条的保护，布雷耶和史蒂文大法官的反对意见无疑是正确的。《美国专利法》第101条中的可专利客体不包括植物；《植物专利法》排除了对有性繁殖的植物的保护；《植物新品种保护法》仅对有性繁殖植物作出了类似专利的保护。但是他们的意见是少数意见，因此不能推翻该案的判决结果。

从该案判决的推论过程看，美国联邦最高法院对于《美国专利法》第101条的可专利客体的范围解释得非常宽泛，只要是人造物，不论其是否以生命形式表现出来，都具有可专利性，用美国国会的语言表述就是"任何阳光下的人造物"都具有可专利性，美国联邦最高法院的这一判决结果与《美国专利法》的立法政策是完全相吻合的。美国专利法的最基本的哲学原理就是激励机制，即赋予一切人造物的发明创造以专利权，以激励新兴的产业，尤其是高新技术产业在全世界范围内的领先地位。不仅在生物技术领域，在其他领域也是如此。例如，美国授予商业方法专利便是美国激励机制的又一体现。事实上，自从查克拉巴蒂一案判决以来，极大地刺激了美国生物技术领域的发展，使得美国在生物技术领域远远领先于欧盟、日本等发达国家/地区，而且在经济上也获得了巨大的利润，也可以说，查克拉巴蒂一案的判决发展出了美国的一个利润丰厚的产业。该案的判决进一步扫清了生物技术领域中的法律障碍，使得美国成文法中关于植物新品种的矛盾得以彻底解决。可以预见，该案的判决将会进一步刺激美国生物技术的发展，美国在生物技术领域的领先地位将会因该案判决而更加稳固。[1]

1　本部分基于董新中发表于《知识产权》2006年第5期的《美国植物新品种的专利保护——基于Pioneer Hi-bred案看美国植物新品种的可专利性》一文改编。

第四章

专利权主体
及其权利

| 引 言 |

专利制度缘起于对自然人的智力成果的奖励，因此迄今为止，即便各国专利法及相关国际专利公约也允许法人或非法人单位作为专利权人，但绝大多数国家的专利法都明确规定，专利的发明人必须为自然人。随着科学技术的进步，人工智能"AI"技术的发展，"AI"也能作出发明创造，因此可不可以将"AI"视为发明人，能否授予其专利权，已经成为知识产权界的一个热门话题，且已经产生了相关的诉讼。

2019年7月，美国计算机科学家斯蒂芬·泰勒向美国专利商标局提交了两项专利申请，该申请的特殊之处是将泰勒创造的人工智能系统DABUS（Device for the Autonomous Bootstrapping of Unified Sentience，统一感测自动引导设备）列为两项专利申请的唯一发明人。2020年4月，美国专利商标局以缺乏有效发明人为由拒绝了这两项申请。2021年8月，泰勒向美国弗吉尼亚东区联邦地区法院申请重新审查美国专利商标局的决定，败诉后随即上诉至联邦巡回上诉法院。2022年8月，联邦巡回上诉法院判决维持了初审法院作出的即决判决，驳回了原告泰勒的请求。2023年4月，美国联邦最高法院也驳回泰勒的请求。该法院裁决认为，专利只能颁发给人类发明者，其人工智能系统不能被认为是发明的合法创造者。

针对该案争议焦点问题，即人工智能能否成为发明人，美国法院认为，根据《美国专利法》第100条的规定，发明人是指发明或发现发明客体的个人（individual）或多人（individuals）。虽然个人（individual）一词在专利法中没有明确的定义，但法院认为法律术语中的个人（individual）应当仅指代自然人，不包括与其并列的公司、协会、合伙企业、社团和股份公司。

针对泰勒提出的鼓励创新的政策性目标，法院认为该案面对的问题并不是"人类在人工智能的帮助下作出的发明是否有资格获得专利保护"，而是人工智能是否有资格成为发明人。此外，该案的原告泰勒在多个国家和地区申请将人工智能作为专利发明人，英国、韩国等国同样拒绝了泰勒的请求，但南非专利局却授予了由

DABUS创造的发明以专利权。该案初审法院在判决结尾指出："随着技术的发展，人工智能系统可能在某个时间点达到足够的复杂程度，以至于它可能会满足发明人的资格要件。但这个时间还没有到来，如果到来了，届时将由国会来决定如何扩大专利法的范围。"由此，美国专利商标行政审查部门和司法机关达成了一致意见。目前，根据美国专利法的明确规定，只有自然人才有资格成为发明人。[1]

美国法院的上述裁判结果代表了大多数国家对人工智能是否应授予专利权的态度。该判决不授予专利权的主要理由是法律规定的发明人只能是自然人，但是不排除将来这一立场的改变，现已有很多学者提出建议，认为可以授予人工智能发明创造专利权，只是该类专利的专利权人不是人工智能本身，而是人工智能的创造者或使用者。

| 第一节 | 发明人、设计人

一、发明人、设计人的概念

我国专利法保护的发明创造除了发明之外，还包括实用新型和外观设计。为叙述简便，我们将发明人和设计人统称为发明人。

发明人是指对已经完成的发明创造的实质性特点作出创造性贡献的人。发明人可以是单独的一个人，也可以是共同完成发明创造的两个以上的人。

二、发明人应当具备的条件

（一）发明人只能是自然人

发明创造是智力活动的成果，完成一个发明创造需要有创造性思维。创造性思维只有自然人才有，而法律上拟制的法人、其他组织本身不具有进行创造性思维的能力，因此也就不可能成为专利法上的发明人。即使发明是以法人或者其他组织的名义进行发明创造活动获得的，但是，在发明创造过程中的创造性思维也是自然人的思维，而不是法人或者其他组织本身的思维。因此，职务发明中的发明人仍然是自然

---

1 本部分所述案件根据北京知识产权法院的"知产北京"公众号2023年2月10日发布的《美国联邦巡回上诉法院认定：人工智能系统不能成为专利的发明人》一文编写。本文所涉美国法院的初审案号是558 F. Supp. 3d 238 (E.D. Va. 2021)，终审案号是Case: 21-2347。网址：https://baijiahao.baidu.com/s?id=1757408674497364618&wfr=spider&for=pc，最后访问日期：2024年6月8日。

人，而不是法人或者其他组织。发明人完成发明创造是一个客观的事实，谁也无法改变。无论以后专利权转移给谁，都不能否定发明人的发明资格。

另外，发明是一种事实行为，而非法律行为，因此作为专利法上的发明人并不局限于完全民事行为能力人，限制民事行为能力人和无民事行为能力人也能成为专利法上的发明人。在现实生活中，限制民事行为能力人或者无民事行为能力人完成发明创造并被授予专利权的情况是经常出现的。

（二）发明人是实际直接参与发明创造活动的人

一项发明创造往往不是一个人能够完成的。在发明创造过程中，参与发明创造的人是多方面的：有直接参与发明创造活动的人，有负责组织管理工作的人，有提供物质保障的人，有提供资料的人，还有提供后勤保障的人。但是，由于专利法所保护的是具备新颖性、创造性和实用性的技术方案，而技术方案的形成是人类智力活动的结果，没有直接参与发明创造的人不可能对发明创造本身的完成提供智力支持。因此，发明人只能是直接参与了发明创造活动的人。那些仅为完成发明创造进行组织、管理的人和仅为完成发明创造提供物质、技术资料和后勤保障的人不能成为发明人。

（三）发明人是对发明创造作出实质性贡献的人

专利法保护的是比现有技术更先进的技术。因此，专利法所指的发明人只能是在完成发明创造的过程中发明创造或者设计了比现有技术更加先进的技术的人，即对该发明创造中的实质性特点作出了创造性贡献的人。反过来讲，在完成发明创造的过程中，只负责组织工作的人、为物质技术条件的利用提供方便的人或者从事其他辅助工作的人，虽然也可能参与了发明创造，但是由于他们的工作或者劳动没有对发明创造的实质性特点作出贡献，因而不是发明人或者设计人。

三、发明人的权利

（一）署名权

署名权就是发明人有在专利的相关文件上如专利申请书、权利要求书、专利证书等注明姓名的权利。根据我国《专利法》第16条第1款规定，发明人或者设计人有权在专利文件中写明自己是发明人或者设计人。因此，无论是在个人的发明中还是在职务发明中，发明人都有在专利文件中署名的权利。

案例：郭某某为某中医学院针灸科负责人，在其工作中研发成功"结肠炎丸"

处方并获奖。后郭某某与其所在单位某中医学院就该科研成果发生纠纷诉至法院。法院一审、二审均判决确认"结肠炎丸"技术成果为郭某某、某中医学院共同所有。后郭某某出具《承诺书》,载明:"本人郑重承诺,学院若奖励五十万元,我不再对结肠炎丸成果所引起的纠纷申诉、控告、上访,此事至此得到解决。"2012年1月19日,某中医学院向郭某某支付50万元。

2004年9月29日,某药业公司向国家知识产权局申请"一种治疗结肠炎症的药物及其制备方法"发明专利。2006年12月13日,国家知识产权局予以授权公告,发明名称为"一种治疗结肠炎症的药物及其制备方法",发明人为夏某某,专利权人为某药业公司。该专利权利要求书载明的药品配方与郭某某研究的中药结肠炎丸成分比例基本相同。

为此郭某某向法院提起诉讼,要求确认其为涉案专利的发明人。

一审法院经审理认为,《专利法实施细则》第13条规定,专利法所称发明人或者设计人,是指对发明创造的实质性特点作出创造性贡献的人。在完成发明创造过程中,只负责组织工作的人、为物质技术条件的利用提供方便的人或者从事其他辅助工作的人,不是发明人或者设计人。该案中,陕西省高级人民法院(2002)陕民三终字第20号民事判决已经认定郭某某系结肠炎丸处方的研制者,而某药业公司申请的专利载明的药物原料与结肠炎丸处方中的六味中药基本相同,制备方法也无显著差异,被告某中医学院也承认将结肠炎丸的职务技术成果转让给了某药业公司,该公司申请的专利技术方案与结肠炎丸有关联性。依据该案现有证据,可以认定"一种治疗结肠炎症的药物及其制备方法"发明专利与郭某某作为研制者的结肠炎丸处方具有因果关系,而被告也没有提交夏某某对涉案发明创造的实质性特点作出创造性贡献的证据,因此,应认定郭某某系该专利的发明人。至于被告抗辩认为,郭某某已经在2010年9月27日出具的《承诺书》中放弃就结肠炎丸成果引起的纠纷申诉、控告、上访权。但从《承诺书》的内容看,郭某某只是称其不再对结肠炎丸成果所引起的纠纷申诉、控告、上访,《承诺书》中并未明确放弃专利发明人署名权这一人身权利,对该抗辩主张,不予采信。被告应在该判决生效后一个月内将原告郭某某作为发明人登记于专利文件上。被告不服一审判决,提起上诉,二审法院驳回上诉,维持原判。[1]

---

1 参见陕西省高级人民法院(2016)陕民终624号民事判决书。

（二）专利申请权

除职务发明外，个人发明的发明人有权在发明创造完成后，由自己向国务院专利行政部门申请专利。发明人在进行发明创造活动的时候，其目的一般都是通过发明创造提高生产技术，进而生产出先进的或者新的产品，从而获得更大的利润。当然，专利申请权既然是一种权利，发明人也可以不向国家申请专利权，而是采取保密措施获得在经济竞争中的技术优势地位。但是没有向国家申请专利的发明创造，不能获得专利制度的保护。如果他人通过自己研制等合法手段获得并使用该技术，便不属于对未申请专利人的侵权。相反，如果申请人行使申请权，获得授权后就获得了垄断性的专利权利。

专利申请权既包括向中国申请专利的权利，也包括向国外申请专利的权利。但是在中国境内完成的发明或者实用新型向外国申请专利的，应当事先报经国务院专利行政部门进行保密审查。

（三）转让申请权

专利申请权具有财产权的属性，权利人可以自由处分。我国《专利法》第10条规定，专利申请权可以转让。专利申请权作为财产权是私权，因此从一般私法角度看，其转让只要不违反国家强制性和禁止性规定，都是合法有效的。我国《专利法》第10条第3款规定，在转让专利申请权时，当事人应当订立书面合同，并向国务院专利行政部门登记，由国务院专利行政部门予以公告。专利申请权的转让自登记之日起生效。此外，我国《专利法》第10条第2款还规定，中国单位或者个人向外国人转让专利申请权或者专利权的，应当依照有关法律、行政法规的规定办理手续。

第二节 ｜ 专利申请人

一、专利申请人的概念

专利申请人是指按照法律规定有权对发明创造或者设计提出专利申请的人。一般情况下，专利申请人包括发明人或者设计人、共同完成发明创造或者设计的人、职务发明中的单位、完成发明创造的外国人，以及继受取得申请权的人等。通常，申请人与发明人是同一人，但有时不是。

二、专利申请人的种类

根据我国专利法的规定，可以将专利申请人分为以下几种类型。

（一）非职务发明的专利申请人

对于非职务发明创造而言，对发明创造作出实质性贡献的发明人有申请专利的权利，即申请人与发明人是同一人。根据完成非职务发明的人数，非职务发明的专利申请人可以分为单独申请人和共同申请人。如果对于已经完成的发明创造的实质性特点作出创造性贡献的人有两个以上，他们有权作为共同申请人向国务院专利行政部门提出专利申请。

（二）通过合同等方式继受取得申请权的专利申请人

通过合同取得申请权的情况分为两种：一种是通过委托合同取得，另一种是通过专利申请权转让合同取得。

通过委托合同取得是指双方在合同中约定，一方提供研究的经费等物质条件，另一方进行发明创造，发明创造的专利申请权归属于提供经费等物质条件的一方。

通过专利申请权转让合同取得是指对于已经完成的发明创造，双方当事人在合同中约定发明人将其已经完成的发明创造的专利申请权转让给受让方。

根据我国专利法的规定，发明人有权将其发明创造申请专利的权利转让给他人。因此，通过合同取得专利申请权的人也属于专利法上的专利申请人。

（三）通过继承取得专利申请权的专利申请人

一个自然人完成一项发明创造以后，法律就赋予其申请专利的权利。这种申请专利的权利虽然不是现实的财产权，但是包含将来实现财产利益的可能性，因此专利申请权也是自然人的一种财产性权益。按照民法的一般原理，财产性权益可以被继承。世界各国立法几乎都承认这一权利的可继承性。我国《继承法》第3条第6项明确规定了专利权中的财产权可以被继承。因此，通过继承而获得专利申请权的人也属于专利法上的申请人。

（四）职务发明的单位申请人

在劳动、雇佣关系中形成的发明创造，原则上申请专利的权利归属于雇佣单位。但是，职务发明的含义、申请权的归属以及发明人的权利等问题比较复杂，本章将单列一节论述，此处不再赘述。

（五）外国申请人

外国申请人一般包括具有外国国籍的自然人、法人和非法人组织。由于专利的地域性效力，外国人在外国的专利权对本国没有法律效力。但是随着国际经济、技术交流的扩大，对于外国人的发明创造的保护显得格外重要。为解决专利的地域性效力所带来的问题，世界各国一般都给予外国人在国内申请专利的权利。我国专利法关于外国人申请专利的规定基本上采用的是在互惠基础上给予外国人国民待遇的原则。

三、专利申请人的权利

专利申请人依法提出专利申请并被专利行政部门受理后享有以下权利。

（一）取得在先申请人的地位

由于我国实行先申请原则，即不同申请人就两个相同的发明创造向专利行政部门提出专利申请时，只能将专利权授予最先提出申请的人。因此，完成发明创造的发明人在他人之前向专利行政部门提出专利申请的，就取得了在先申请人的地位。如果以后他人有相同的发明创造再向专利行政部门提出申请，在先的申请人有权要求专利行政部门不予受理，或者要求予以驳回。

（二）要求优先权的权利

所谓优先权，是指专利申请人就其发明创造自第一次提出专利申请以后，在法定期限内又就相同主题的发明创造提出专利申请的，在后的申请以第一次申请的日期为其申请日。专利申请人所享有的这种权利即为优先权。

（三）受到临时保护的权利

发明创造自申请之日起到最后的授权需要经历一段时期，而在授权之前须将技术公开。按照专利法的规定，在公开专利技术的说明书中技术公开应当达到清楚、完整的程度，并以所属技术领域的技术人员能够实现为准；必要时，还应当有附图。根据我国专利法规定，发明专利申请后，专利行政部门经初步审查认为符合专利法要求的，自申请日起满18个月，即行公布，也可以根据申请人的请求早日公布其申请。发明专利申请自申请日起3年内，可以根据申请人随时提出的请求，对其进行实质审查；发明专利申请经实质审查没有发现驳回理由的，专利行政部门才作出授予发明专利权的决定，颁发发明专利证书，同时予以登记和公告。发明专利权自公告之日起生效。这个期限短则两三年，长则八九年，甚至十年以上。

在专利申请公开以后到专利权被授予之前，其他人完全有可能按照公开的说明书的内容以与申请的发明创造相同的技术进行生产活动。为保护申请人的权益，专利法规定，在发明专利申请公布后，申请人有权要求实施其发明的单位或者个人支付适当的费用。

（四）转让专利申请权

专利申请在被批准、驳回或者撤回以前，专利申请人有权将其专利申请权转让给他人。但是专利申请权向国外转让的要受到限制。根据我国《专利法》第10条的规定，中国单位或者个人向外国人、外国企业或者外国其他组织转让专利申请权或者专利权的，应当依照有关法律、行政法规的规定办理手续。这里的相关手续是指，请求专利行政部门对该转让的专利技术进行保密审查，经审查确无保密需要的，方可转让该专利申请权。

转让专利申请权或者专利权的，当事人应当订立书面合同，并向专利行政部门登记，由专利行政部门予以公告。专利申请权或者专利权的转让自登记之日起生效。

（五）其他权利

在专利审查过程中，申请人有权撤回其专利申请、修改专利内容及专利文件、向专利行政部门陈述意见、请求实质审查、放弃专利申请，此外，还享有不受他人非法干涉的权利等。

| 第三节 | 专利权人

一、专利权人的概念

所谓专利权人是指对于专利行政部门授予的专利享有独占使用、收益和处分权的人。

专利权人与发明人、申请人是三个不同的概念。发明人是对发明创造的实质性特点作出创造性贡献的人；申请人是向专利行政部门提出专利申请的人；专利权人是获得专利行政部门授予专利权的人。这三类主体可以是同一人，也可以是不同的人。例如，发明人自己申请专利，并获得专利行政部门的批准，那么发明人、申请人和专利权人就是同一人；如果是职务发明或者发明人将专利申请权转让给他人，由单位或者专利申请权受让人申请并获得专利授权，那么，申请人和专利权人是同一人，而发明人是另一人；如果职务发明的单位或者受让人提出专利申请以后，将专利申请权转让给他人，那么发明人、申请人和专利权人就是三个人。

二、专利权人的权利

（一）专利权人权利的类型

从学理上划分，专利权人的权利可以分为专利实施权、禁止权（也叫许可权）、处分权和注明专利标记权四大类型。

1.实施权

实施权是指把获得专利权的发明创造应用于工业生产的权利。不论是专利权人自己应用，还是许可他人应用，只要将专利技术真正应用于工业生产中，就是专利的实施。例如，对于产品专利，实施即指制造专利产品；对于方法专利，实施就是使用专利方法，或者直接使用专利方法制造产品。由于专利权人的利益与专利的实施紧密相连，因此，各国专利法都规定，实施专利是专利权人的权利。

2.禁止权（许可权）

禁止权是指专利权人有禁止他人实施自己专利的权利。许可权是指专利权人许可他人实施其专利技术的权利。专利权是一种垄断性权利，只有专利权人有权实施自己的专利，除特殊情况外，其他任何人未经专利权人许可均不得实施该专利。反之，如果经过专利权人的许可，其他人就可以实施该项专利。因此，专利权中的禁止权与许可权其实是一个问题两个方面的不同表述。实质上，禁止权就是许可权。

许可权与专利转让权的最本质区别在于专利转让权行使以后，专利权不再属于原来的专利权人，而转移至受让人手中；但专利许可权行使后专利权本身仍然归属于专利权人，被许可人仅获得了在一定期限、一定地域范围内实施该项专利的权利，被许可人并未获得专利权本身，无权允许合同规定以外的任何单位或者个人实施该专利。

专利权人在行使专利实施权的时候，除了自己可以亲自实施其专利技术，还可以许可他人实施其专利技术。这也是专利实施权的一项权能。专利权人许可他人实施其专利技术，一般都与被许可人签订专利许可合同。根据许可合同的内容，可以将专利实施许可分为普通许可、排他许可和独占许可。

所谓普通许可，是指专利权人许可被许可人实施其专利技术，但是专利权人仍然有权自己实施该专利技术，也有权许可被许可人之外的第三人实施。

所谓排他许可，是指专利权人除许可被许可人实施其专利技术外，只有专利权人自己能实施该项专利技术，不得再许可其他任何第三人实施。

所谓独占许可，是指专利权人在许可被许可人实施其专利后，包括专利权人自己在内的任何人都不得再实施该项专利技术，只有被许可人一人能够实施。

当然，上述普通许可、排他许可以及独占许可，都可以通过合同约定一定的时间、地域范围。例如专利权人甲许可乙公司在北京地区5年内独占实施其专利技术。这就意味着乙公司在北京地区5年之内对该项专利技术享有独占实施权，包括专利权人在内的任何人在这5年内都不得在北京地区实施该专利技术。但是专利权人可以许可他人或者自己在北京以外的地区实施该项专利技术。5年期限届满后，如专利权还在法定保护期限之内，专利权人仍有权在北京地区自己实施或者许可第三人实施该项专利技术。

3.处分权

处分权是指专利权人有权对自己的专利权进行处分。处分的方式既可以是将专利权转让给他人，也可以是放弃专利，使之进入公有领域。

4.注明专利标记权

注明专利标记权是指专利权人有权在其专利产品或者以专利方法生产的产品上标明是专利产品或者是以专利方法生产的产品。该项权利的功能主要有两个方面，一是向公众表明该产品是专利产品或者是用专利方法制造的产品，其含有一定的高科技内容。这项功能类似于商标的广告功能。二是提醒公众，该产品是专利产品，不可仿冒，否则构成侵权。这是此项权利的警示功能，也是此项权利的主要功能。

（二）共有专利权人的权利

专利权共有人是指两个或者两个以上的人共同拥有同一项专利权，即该项专利权的主体是两人或者两人以上，但是其权利的客体是同一的。

共有专利权人在行使其共有的专利申请权或者专利权时，如果有约定，按照约定的方式行使。如果没有约定，共有人可以单独实施或者以普通许可方式许可他人实施该专利。以普通许可方式许可他人实施该专利的，收取的使用费应当在共有人之间分配。除上述情形外，行使共有的专利申请权或者专利权应当取得全体共有人的同意。

（三）我国专利法中专利权人的权利

我国《专利法》第11条规定："发明和实用新型专利权被授予后，除本法另有规定的以外，任何单位或者个人未经专利权人许可，都不得实施其专利，即不得为生产经营目的制造、使用、许诺销售、销售、进口其专利产品，或者使用其专利方法以及使用、许诺销售、销售、进口依照该专利方法直接获得的产品。外观设计专利权被授予后，任何单位或者个人未经专利权人许可，都不得实施其专利，即不得为生产经营目的制造、许诺销售、销售、进口其外观设计专利产品。"

根据上述规定，发明和实用新型专利权人的权利比外观设计专利权人多了一项，即未经专利权人许可，发明和实用新型专利权人有权禁止他人使用专利产品或者使用其专利方法以及使用依照该专利方法直接获得的产品。而外观设计专利权人无权禁止他人使用其专利产品。

案例：原告曾某某获得"型材"外观设计专利权，该专利设计的主视图呈"X"形状，处于有效期。被告甲公司与乙公司签订《建筑装饰工程施工合同》，约定由被告甲公司承包乙公司经贸中心大厦48层、49层的装饰工程，采用包工包料方式。被告甲公司从市场上购买建材产品，其中一款建材产品之外观设计与原告的专利设计相近似，落入原告专利权的保护范围。经现场勘验，查明：该款产品是作为装饰工程墙壁隔断的建材，其无法单独直接使用，而是必须与木板、固定胶条等其他建材进行结合、加工，固定在一起后形成一个结合紧密的整体，这样才能实现该款建材产品的支撑、隔断墙壁的功能；被控侵权产品安装于装修工程的墙板内，从外部无法被看见。原告认为被告未经许可在上述装饰工程中使用涉案专利产品，侵害了其外观设计专利权，要求被告承担责任。深圳市中级人民法院经审理认为，被告甲公司在装修工程中使用被控侵权产品应定性为专利法上的使用行为，被告使用原告的外观设计专利产品不侵权，判决驳回原告的诉讼请求。广东省高级人民法院维持一审判决。[1]

从本质上说，使用外观设计专利产品通常仅是使用该产品的实用功能，从而实现外观设计专利产品的使用价值，但外观设计专利保护的不仅是其实用性，也保护其"美感"。通常情况下外观设计专利产品使用行为的对象不大可能是外观设计专利产品的美感，而应是该产品的使用价值。正是基于这一原因，我国专利法规定，外观设计专利权中并不包含使用权，仅使用外观设计专利产品的行为并不侵犯外观设计专利权。

三、专利权人的义务

专利权人在享有专利权的同时，还承担着相应的义务，主要包括以下几个方面。

（一）按期缴纳专利年费的义务

我国专利法规定，专利权人在获得专利权后，每年应当向专利行政部门缴纳年费。除授予专利权当年的年费应当在办理登记手续的同时缴纳外，以后的年费应当在前一年度期满前1个月内预缴。专利权人未按时缴纳授予专利权当年以后的年费或者缴

---

1 祝建军，装修使用外观设计专利产品是否构成侵权，载《人民法院报》，2014年4月24日，第7版。

纳的数额不足的，专利行政部门应当通知专利权人自应当缴纳年费期满之日起6个月内补缴，同时缴纳滞纳金；滞纳金的金额按照每超过规定的缴费时间1个月，加收当年全额年费的5%计算；期满未缴纳的，专利权自应当缴纳年费期满之日起终止。

（二）公开发明创造的义务

专利制度就是赋予将其发明创造的内容公开的人在一定期限内对该发明创造的垄断权利。国家赋予发明人或者其他继受者对该发明创造一定期限的垄断权，换得发明创造人将发明创造的内容公开。因此，专利权人获得专利权，同时就要承担公开发明创造的义务。如果申请人没有将其发明创造的内容公开，就会破坏专利制度设计的权利义务架构，即专利权人只享有权利而没有尽到应尽的义务，因而是不公平的。

公开发明创造的义务从申请专利时就存在，而且这一义务一直延续到被授予专利权以后的整个专利存续期间。没有充分公开的法律后果就是专利无效。这一效力也会一直延续到整个专利存续期间。如果申请人没有充分公开发明创造内容，专利申请就会被驳回；即使被授予了专利权也会被宣告无效。按照我国专利法的规定，对于没有充分公开的专利，任何人都有权利向国家知识产权局提出专利权无效宣告请求。

| 第四节 | 职务发明

一、职务发明的概念

职务发明也称雇员发明，是指雇员为完成雇主交付的工作任务所完成的发明创造。我国专利法规定，执行本单位的任务或者主要是利用本单位的物质技术条件所完成的发明创造为职务发明。

职务发明是随着社会经济和技术发展而产生的。随着社会化大生产的出现，许多大型的、高精尖的技术凭借个人的能力无法完成，而必须由多人甚至成百上千人组织在一起才能实现。同时，在西方的法律制度中出现的以公司为典型代表的法人制度，为完成这些大型的、高精尖的技术提供了组织上的便利。

二、职务发明的专利申请权及其归属

职务发明所涉及的利益既包括雇主的利益，也包括雇员的利益。由于享有专利申请权和专利权的一方能够依该专利的申请或者实施获得利益，因此，确定职务发明的

专利申请权归属是职务发明法律制度的核心内容。

我国《专利法》第6条规定，执行本单位的任务或者主要是利用本单位的物质技术条件所完成的发明创造为职务发明创造。职务发明创造申请专利的权利属于该单位，申请被批准后，该单位为专利权人。2020年修正的《专利法》第6条第1款中新增加了一项规定，即该单位可以依法处置其职务发明创造申请专利的权利和专利权，促进相关发明创造的实施和运用。该条第3款还规定，利用本单位的物质技术条件所完成的发明创造，单位与发明人或者设计人订有合同，对申请专利的权利和专利权的归属作出约定的，从其约定。亦即，我国专利法对职务发明的归属规定了三种情况：首先，原则上，职务发明的专利申请权和专利权归单位；其次，为了促进专利实施和运用，单位可以依法处置专利申请权和专利权，即单位可以依法将专利申请权或专利权转让给包括发明人在内的其他任何人；最后，发明人和单位也可以通过合同约定职务发明专利权的归属。

三、职务发明的奖励与报酬

为了进一步促进职务发明和平衡单位与发明人之间的利益关系，我国专利法对于职务发明的奖励、报酬作出了明确的规定。关于对职务发明创造的发明人或者设计人的奖励和报酬问题，我国《专利法》第15条规定，被授予专利权的单位应当对职务发明创造的发明人或者设计人给予奖励；发明创造专利实施后，根据其推广应用的范围和取得的经济效益，对发明人或者设计人给予合理的报酬。2020年修正的《专利法》第15条还增加了一条奖励办法，即国家鼓励被授予专利权的单位实行产权激励，采取股权、期权、分红等方式，使发明人或者设计人合理分享创新收益。

对于职务发明的发明人的奖励、报酬，《专利法实施细则》进行了详细规定：

（1）约定或在规章制度中规定奖励、报酬的方式和数额。《专利法实施细则》第92条规定，被授予专利权的单位可以与发明人、设计人约定或者在其依法制定的规章制度中规定《专利法》第15条规定的奖励、报酬的方式和数额。鼓励被授予专利权的单位实行产权激励，采取股权、期权、分红等方式，使发明人或者设计人合理分享创新收益。

（2）法定数额奖金。《专利法实施细则》第93条规定，被授予专利权的单位未与发明人、设计人约定也未在其依法制定的规章制度中规定《专利法》第15条规定的奖励的方式和数额的，应当自公告授予专利权之日起3个月内发给发明人或者设计人奖金。一项发明专利的奖金最低不少于4000元；一项实用新型专利或者外观设计专利的奖金最低不少于1500元。由于发明人或者设计人的建议被其所属单位采纳而完成的发明创造，被授予专利权的单位应当从优发给奖金。

（3）法定比例报酬。《专利法实施细则》第94条规定，被授予专利权的单位未与发明人、设计人约定，也未在其依法制定的规章制度中规定《专利法》第15规定的报酬的方式和数额的，应当依照《促进科技成果转化法》的规定，给予发明人或者设计人合理的报酬。《促进科技成果转化法》第45条规定，科技成果完成单位未规定，也未与科技人员约定奖励和报酬的方式和数额的，按照下列标准对完成、转化职务科技成果作出重要贡献的人员给予奖励和报酬：（1）将该项职务科技成果转让、许可给他人实施的，从该项科技成果转让净收入或者许可净收入中提取不低于50%的比例；（2）利用该项职务科技成果作价投资的，从该项科技成果形成的股份或者出资比例中提取不低于50%的比例；（3）将该项职务科技成果自行实施或者与他人合作实施的，应当在实施转化成功投产后连续三至五年，每年从实施该项科技成果的营业利润中提取不低于5%的比例。国家设立的研究开发机构、高等院校规定或者与科技人员约定奖励和报酬的方式和数额应当符合前款第一项至第三项规定的标准。国有企业、事业单位依照《促进科技成果转化法》规定对完成、转化职务科技成果作出重要贡献的人员给予奖励和报酬的支出计入当年本单位工资总额，但不受当年本单位工资总额限制、不纳入本单位工资总额基数。

四、职务发明类型及认定的标准

根据我国专利法的相关规定，职务发明有三种类型，其认定标准各有所不同。

（一）职责与岗位发明

岗位发明的判断标准是发明是否为雇员在本单位的本职工作中作出的且与本职工作相关。

1.关于本单位的认定

（1）职工人事关系所在单位即为职工的"本单位"；（2）一个单位从外单位借用的工作人员，借用单位也应视为被借用工作人员的"本单位"；（3）专职受聘人员聘任单位视为"本单位"；（4）兼职受聘人员与聘任单位是合同关系，以合同约定本单位。

2.关于本职工作的认定

本职工作是指发明人或设计人的工作职责范围。但是本职工作不应简单地按上班或下班时间进行划分，在上班时间作出的发明创造不一定就是职务发明；而在工作时间之外作出的发明创造也不一定就是非职务发明，还要结合其他情况来确定，例如，是否为履行本人的工作职责，是否为完成本单位交付的任务。发明创造的完成时间无关紧要，只要是某一发明属于发明创造者的本职工作内容，或者与本职工作密切相关，都视为职务发明创造。

仅是利用了在工作职责范围内获得的知识、技术、经验和信息完成的发明创造，不能视为本职工作中的发明创造。在个人所学的专业领域、本岗位工作所属行业中的发明创造，也不能一概认定为本职工作中的发明创造。

3.关于本岗位的职责的认定

本岗位的职责，是指根据单位的规定，职工所在岗位的工作任务和责任范围。如果职工在该单位所在岗位的工作任务和责任范围与某项技术成果的研究开发没有直接关系，在其完成本职工作的情况下，利用专业知识、经验和信息完成的该技术成果就不属于"履行本岗位的职责"。

4.关于退职、退休或者调动工作后的职务发明问题

退职、退休或者调动工作后1年内作出的，与其在原单位承担的本职工作或者原单位分配的任务有关的发明创造，也属于职务发明。反过来，如果发明创造即使与发明人在原单位承担的本职工作或者原单位分配的任务有关，但是完成发明创造的时间是在退职、退休或者调动工作1年以后，也不属于职务发明。

（二）任务发明

任务发明的认定标准是发明是否为雇员在完成本单位特别交付的非本职工作中完成的。

如果单位交付给某个雇员一项特殊的任务，虽然该特殊工作不在该工作人员的本职工作范围之内，但是该雇员是在执行本单位的意志，代表本单位的意志从事特殊的工作，因此，其完成的发明创造应当属于职务发明。

（三）主要利用本单位物质技术条件的发明

该类发明的认定标准是雇员在作出发明创造时是否主要利用了本单位的物质技术条件。

本单位的物质技术条件，是指职工在完成技术成果的研究开发过程中，全部或者大部分利用了单位的资金、设备、器材或原材料，或者该项技术成果的实质性内容是在本单位尚未公开的技术成果、阶段性成果或者关键技术基础上完成的。但是在技术成果完成后，对其技术方案进行验证性的不包含后续开发内容的试验、小试、中试而利用的物质条件，或者在研究开发过程中利用本单位已经向社会公开或已为本领域专业人员公知的技术信息，不属于"主要利用本单位物质技术条件"。

我们下面看最高人民法院的一则指导案例，全面了解职务发明的司法认定规则。

案例：深圳市某科技有限公司（以下简称科技公司）是一家专业从事医院静脉配液系列机器人产品及配液中心相关配套设备的研发、制造、销售及售后服务的高科技公司，其申请的多项专利均涉及自动配药设备和配药装置。其中，科技公司于2012年9月4日申请的102847473A号专利主要用于注射科药液自动配置。李某某于2012年9月24日入职科技公司生产制造部门，并与科技公司签订《深圳市劳动合同》《员工保密合同》，约定由李某某担任该公司生产制造部门总监，主要工作是负责研发"输液配药机器人"相关产品。李某某于2013年4月17日与科技公司解除劳动关系，并于2013年7月12日向国家知识产权局申请名称为"静脉用药自动配制设备和摆动型转盘式配药装置"、专利号为201310293690.X的发明专利（以下简称涉案专利）。李某某为涉案专利唯一的发明人。科技公司于2016年12月8日向一审法院提起诉讼，请求确认涉案专利的发明专利权归科技公司所有。

该案一审、二审法院均支持科技公司的诉讼请求，李某某不服，向最高人民法院申请再审。最高人民法院在判决书中认为：

在涉及与离职员工有关的职务发明创造的认定时，综合考虑以下因素：一是离职员工在原单位承担的本职工作或原单位分配的任务的具体内容；二是涉案专利的具体情况；三是原单位是否开展了与涉案专利有关的技术研发活动，或者是否对有关技术具有合法的来源；四是涉案专利（申请）的权利人、发明人能否对于涉案专利的研发过程或者技术来源作出合理解释等。

该案中，首先，根据李某某在科技公司任职期间承担的本职工作或分配的任务，其能够直接接触、控制、获取科技公司内部与用药自动配制设备和配药装置技术研发密切相关的技术信息，且这些信息并非本领域普通的知识、经验或技能。因此，李某某在科技公司承担的本职工作或分配的任务与涉案专利技术密切相关。其次，涉案专利与李某某在科技公司承担的本职工作或分配的任务密切相关。再次，科技公司在静脉用药自动配制设备领域的技术研发是持续进行的。最后，根据涉案专利说明书，涉案专利涉及"静脉用药自动配制设备和摆动型转盘式配药装置"，共有13页附图，约60个部件，技术方案复杂，研发难度大。李某某作为涉案专利唯一的发明人，从科技公司离职后不到3个月即以个人名义单独申请涉案专利，且不能对技术研发过程或者技术来源作出合理说明，不符合常理。综上，一审、二审法院认定涉案专利属于李某某在科技公司工作期间的职务发明创造并无不当。[1]

1 最高人民法院指导案例158号：深圳市卫邦科技有限公司诉李坚毅、深圳市远程智能设备有限公司专利权权属纠纷案。

第五章

专利申请、审查与授权

引 言

一项发明创造能否被授予专利权，各国专利法均规定了一定的授权条件，通常包括形式条件和实质性条件。形式条件主要是指专利申请文件的格式和具体写法。实质性条件一般是关于发明创造本身应当具备的条件。实质性条件可以分为消极条件和积极条件。消极条件是指不能取得专利权的条件，如我们上一章所讲的不能授予专利权的客体实际就是授予专利权的消极条件，主要包括违反国家法律、社会公德或损害社会公共利益，以及科学发现等不能授予专利权的情况。积极条件是指授予专利权的客体应当具备的法定条件，即新颖性、创造性、实用性。我国专利法将专利的客体分为发明、实用新型和外观设计。在专利权的授权条件上，这三类客体所要求的实质性条件有所不同。发明和实用新型的实质性条件基本相同，都是要求具备新颖性、实用性和创造性，但是这二者在创造性的条件上程度有所区别，实用新型的创造性比发明要求的程度低。外观设计的实质性条件与发明、实用新型所要求的条件还是有很大差别的，外观设计要求的实质性条件是新颖性、实用性、区别（创造）性、美感。

特别提醒读者注意，在申请专利时大多数权利人和专利文献撰写者更多关注的是专利能否授权，但专利授权后能否真正保护所创新的技术更为重要，因此在撰写权利要求书及说明书、附图时，既要符合技术要求，也要关注授权后的法律保护技术的范围，两者充分结合才能使授权后的专利真正保护权利人所创新的技术。下面我们看一则典型的案例，该案例中因权利要求撰写错误，导致法院已经判决的3000万元赔偿打了水漂。

该案中西安某电信材料有限责任公司（简称电信公司）是名称为"平滑型金属屏蔽复合带的制作方法"发明专利的专利权人。该专利的独立权利要求1中记载了一项技术特征："使塑料膜的表面形成0.04～0.09mm厚的凹凸不平粗糙面。"但其说明书中给出了实施例1～4，给出的都是塑料膜的厚度分别为0.04mm、0.09mm、0.07mm、0.05mm，而并没有提到粗糙面的厚度。而权利要求1中写的却是塑料膜的表面形成的粗糙面的厚度为0.04～0.09mm。结合说明书的实施例理解，该技术特征应表述为：

"使塑料膜表面形成凹凸不平粗糙面，所述塑料膜的厚度为0.04~0.09mm。"

无锡市某电缆材料厂（简称某电缆厂）生产了与电信公司相似的产品，电信公司向法院起诉，要求某电缆厂停止侵权，赔偿损失。在侵权诉讼中，专业机构对被诉侵权产品进行了鉴定，一审、二审法院均采信鉴定意见关于权利要求1记载的"0.04mm~0.09mm"为塑料膜的厚度，认定侵权。

在该案再审中，最高人民法院认为，就"使塑料膜的表面形成0.04~0.09mm厚的凹凸不平粗糙面"这一用语而言，本领域普通技术人员可以理解，其含义是指塑料膜表面凹凸不平粗糙面的厚度为0.04~0.09mm，即塑料膜表面形成0.04~0.09mm（40~90μm）的凹凸落差表面结构，这一含义是清楚、确定的。如果本领域普通技术人员阅读说明书及附图后可以立即获知，权利要求特定用语的表述存在明显错误，并能够根据说明书和附图的相应记载明确、直接、毫无疑义地修正权利要求的该特定用语的含义的，可以根据说明书或附图修正权利要求用语的明显错误。但是，该案中的权利要求用语并不属于明显错误的情形。申请再审人使用的塑料膜表面粗糙度为 $Ra1.8~5\mu m$（实测为 $Ra2.47~3.53\mu m$）。这与该案专利权利要求1所要求的塑料膜表面形成0.04~0.09mm（40~90μm）的凹凸落差表面结构相差很大，与该案专利方法既不相同，也难以认定等同。由于被诉侵权方法技术方案有一项以上的技术特征与该案专利权利要求1的相应技术特征既不相同又不构成等同，被诉侵权方法技术方案没有落入专利权利要求1的保护范围。原一审、二审判决认定被诉侵权方法技术方案落入专利权利要求1的保护范围，结论有误。最终撤销原一审、二审判决，驳回原告诉讼请求。[1]此裁决最终使得2008年1月西安市中级人民法院作出的（2006）西民四初字第53号民事判决中判赔的3000万元化为乌有。

| 第一节 | 专利的申请、审查与代理

一、专利申请概述

（一）专利申请原则

1.书面申请原则

根据我国专利法的规定，申请专利必须以书面方式提出。专利法律制度最重要的

---

1 参见最高人民法院（2012）民提字第3号民事判决书。

内容之一就是专利申请人应当将其所申请的专利技术向社会公开，使全社会的公众可以通过阅读专利文献而了解该发明的全部技术内容，可以以该申请的发明为基础进一步进行研究，使科学技术进一步得到发展。因此，只有申请人采取书面形式，将其发明内容清楚、准确、完整地表达出来，才能够实现专利法律制度的此项目的。目前，包括我国在内的世界上绝大多数国家的专利法均明确规定专利申请应当采用书面形式。我国《专利法实施细则》第17条规定，申请专利的，应当向国务院专利行政部门提交申请文件。申请文件应当符合规定的要求。该规定即明确了我国专利申请采取书面申请原则。

2.先申请原则

所谓先申请原则，即两个以上的人分别就同样的发明创造申请专利时，专利权授予最先申请人。我国专利法采用先申请原则。与先申请原则相对应的是先发明原则。所谓先发明原则，是指两个以上的人分别就同样的发明创造申请专利时，专利权授予最先作出发明创造的人，而非第一个申请专利的人。

先申请原则的目的在于鼓励人们将自己的发明创造及早公布出来，使社会公众了解其发明创造的内容，避免他人重复研究，从而减少科研资源的浪费。

两个不同的申请人就同一发明同日申请专利如何处理？《专利法实施细则》第47条规定："两个以上的申请人同日（指申请日；有优先权的，指优先权日）分别就同样的发明创造申请专利的，应当在收到国务院专利行政部门的通知后自行协商确定申请人。"如果协商不成，如何处理？

《专利审查指南2023》第二部分第三章第6.2.1.1节中规定，在审查过程中，对于同一申请人同日（指申请日，有优先权的指优先权日）就同样的发明创造提出两件专利申请，并且这两件申请符合授予专利权的其他条件的，应当就这两件申请分别通知申请人进行选择或者修改。申请人期满不答复的，相应的申请被视为撤回。经申请人陈述意见或者进行修改后仍不符合《专利法》第9条第1款规定的，两件申请均予以驳回。

《专利审查指南2023》第四部分第七章第3节中规定，任何单位或者个人认为属于不同专利权人的两项具有相同申请日（有优先权的，指优先权日）的专利权不符合《专利法》第9条第1款规定的，可以分别请求宣告这两项专利权无效。两项专利权均被提出无效宣告请求的，一般应合并审理。经审查认为构成同样的发明创造的，合议组应当告知两专利权人上述两项专利权构成同样的发明创造，并要求其协商选择仅保留其中一项专利权。两专利权人经协商共同书面声明仅保留其中一项专利权的，在不存在其他无效宣告理由或者其他理由不成立的情况下，合议组应当维持该项专利权有效，宣告另一项专利权无效。专利权人协商不成未进行选择的，合议组应当宣告两项专利权无效。

无效宣告请求人仅针对其中一项专利权提出无效宣告请求，合议组经审查认为构成同样的发明创造的，应当告知双方当事人。专利权人可以请求宣告另外一项专利权无效，并与另一专利权人协商选择仅保留其中一项专利权。专利权人请求宣告另外一项专利权无效的，按照本节前述规定处理；专利权人未请求宣告另一项专利权无效的，合议组应当宣告被请求宣告无效的专利权无效。

3. 一申请一发明原则

一申请一发明原则是指一份申请文件只能就一项发明、实用新型或者属于一个总的发明构思的两项以上的发明或者实用新型提出专利申请；一件外观设计专利的申请应当限于一种产品所使用的一项外观设计，同一产品两项以上的相似外观设计或者用于同一类别并且成套出售或者使用的产品的两项以上外观设计，可以作为一件申请提出，且只能授予一项专利权。该原则又被称为申请单一性原则。

该原则解决了因专利分类极为详细，不同的发明创造如果放在一件申请中提出，将给审查工作带来的检索困难；同时，该原则也解决了办理专利申请、审批和专利维持过程中应当按照两项以上专利进行办理而按一项专利缴纳费用的问题。

对于属于同一构思的两项以上的发明和实用新型或者用于同一类别并且成套出售或使用的产品的两项以上的外观设计，可以作为一件申请提出，这称为合案申请。专利行政部门经审查认为专利申请不符合发明创造单一性原则时，应当通知申请人在规定的期限内将其专利申请分案，即分为几个申请。分案申请保留原申请日，但不得超出原说明书记载的范围。

案例：2017年10月31日，某公司向国家知识产权局提交了一件名称为"一种省力操作的旋转拖把"的实用新型专利申请（下称原申请）。根据申请文件的记载，原申请对现有技术的贡献在于改善了旋转拖把的锁紧结构，原申请的说明书和说明书附图仅记载了一项关于旋转拖把的技术方案。2018年11月14日，该公司以原申请为基础，提交相同名称的分案申请（下称分案申请）。分案申请说明书的背景技术部分、实施例部分、说明书附图部分与原申请相同，权利要求书部分与原申请的差异在于分案申请删除特征"旋转拖把杆包括拖把杆和旋转驱动机构"，增加特征"清洁体连接件上设有可让挂钩钩牢的台阶部或凹部"，上述删除的特征和增加的特征均为本领域常见的甚至是通用的设计，并不足以构成特定的技术特征，分案申请的权利要求与原申请的权利要求保护的技术方案差异较小，含有且仅含有相同的特定技术特征，仍属于同一发明构思。

2018年12月14日，国家知识产权局针对原申请发出授予实用新型专利权通知书；2019年10月14日，国家知识产权局针对分案申请发出分案申请视为未提出通知书，通知申请人：原申请不包括两项以上的实用新型，不符合我国《专利法实施细则》第42条第1款的规定，该分案申请视为未提出。

该公司对上述分案申请视为未提出通知书不服，向国家知识产权局申请行政复议。因行政复议维持前述分案申请视为未提出通知书，申请人不服上述行政复议决定，依法向北京知识产权法院起诉。北京知识产权法院维持了前述分案申请视为未提出通知书，并在判决中指出：《专利法实施细则》中的"两项以上发明、实用新型或者外观设计"指的是两项或两项以上彼此独立、不同的发明创造，并不表示申请人可随意将原申请权利要求的技术特征简单修改或组合后，另行作为分案申请提出，驳回了原告的诉讼请求。[1]

依据我国《专利法》、《专利法实施细则》及《专利审查指南2023》相关规定，分案申请指的是一件申请包括"两项以上"发明、实用新型或者外观设计；分案以后的原申请与分案申请的权利要求书应当分别要求保护"不同的发明"。分案申请需要具备三个条件：第一，原申请包括两项以上发明构思；第二，原申请文件中已经披露该申请包含两项以上发明构思；第三，分案以后的原申请与分案申请应当分别保护"不同的发明创造"，即二者的权利要求保护的技术方案不相同，即分案申请后的两项发明技术特征不同。

我们看一则成功进行分案申请的案例。

专利号ZL202110172158.7，发明名称"穿山甲冠状病毒xCoV及其应用和药物抗冠状病毒感染的应用"的发明专利分案申请就是一个成功案例。该专利申

1　参见北京知识产权法院（2020）京73行初3088号民事判决书。该案一审判决后，原告未提出上诉。

请原始公开文本的多个独立权利要求包括：一种穿山甲冠状病毒xCoV；穿山甲冠状病毒xCoV的应用：用于抗SARS-COV-2病毒的活性药物的筛选与评价，抗SARS-COV-2病毒的疫苗的筛选与评价，以及用于制备抗SARS-COV-2病毒的减毒疫苗或灭活疫苗；千金藤素（千金藤碱）、西拉菌素、盐酸甲氟喹和甲氟喹中的任一种、两种或三种用于制备治疗冠状病毒感染性疾病的药物的用途；用于筛选和/或评价抗冠状病毒活性药物的药物筛选模型；筛选和/或评价抗冠状病毒活性药物的方法等主题。后申请人于2022年4月11日提交了三个分案申请，分别为申请号为202210375336.0号名称为"穿山甲冠状病毒xCoV及其应用"发明专利、202210377234.2号名称为"盐酸甲氟喹或甲氟喹在制备治疗冠状病毒感染性疾病的药物的用途"发明专利、202210386551.0号名称为"西拉菌素在制备治疗冠状病毒感染性疾病的药物的用途"发明专利的专利申请。涉案申请于2022年5月10日被授予专利权。被授予专利权的该母案申请只保留了一个授权权利要求，即，千金藤素用于制备治疗SARS-COV-2病毒感染性疾病的药物的用途。

另外需要特别注意的是，我国《专利法》第9条第2款还特别规定："同一申请人同日对同样的发明创造既申请实用新型专利又申请发明专利，先获得的实用新型专利权尚未终止，且申请人声明放弃该实用新型专利权的，可以授予发明专利权。"根据这一规定，在实践中，申请人可以就同一发明同时提出发明专利申请和实用新型专利申请。由于对实用新型申请不进行实质审查，发明人可以较快获得实用新型专利保护。当发明专利进入授权程序时，申请人通过放弃实用新型专利，可以获得保护期限更长的发明专利。

（二）申请日

专利申请日，也称关键日。它是专利行政部门及其指定的专利申请受理代办处收到完整专利申请文件的日期。我国《专利法》第28条规定："国务院专利行政部门收到专利申请文件之日为申请日。如果申请文件是邮寄的，以寄出的邮戳日为申请日。"《专利法实施细则》第4条规定："向国务院专利行政部门邮寄的各种文件，以寄出的邮戳日为递交日；邮戳日不清晰的，除当事人能够提出证明外，以国务院专利行政部门收到日为递交日。以电子形式向国务院专利行政部门提交各种文件的，以进入国务院专利行政部门指定的特定电子系统的日期为递交日。"由于我国实行先申请原则，因此，在专利申请中，专利申请日对专利申请人极为重要。只有先申请者才可能获得专利权，因而专利申请日对申请专利能否获得专利权产生直接影响。申请日在专利法中具有重要的法律意义：

第一，此后再有相同的发明创造申请专利，在先申请就属于抵触申请，在后申请就会因为丧失新颖性而不能获得专利；第二，自首次申请日以后，发明人或申请人就可以实施申请案中的发明创造或在出版物上发表有关的技术信息，不会由此而破坏专利申请的新颖性；第三，在以后进行的专利审查中，判定新颖性和创造性的"现有技术"都是以首次申请日以前的技术为准；第四，当申请人要求专利申请程序中的优先权及分案申请时，首次申请日可以作为"优先权日"与分案申请专利的申请日；第五，如果获得了专利权，专利权的期限也从申请日起算。

（三）优先权

1.优先权的概念

专利申请人就其发明创造第一次提出专利申请后，在法定期限内又就相同主题的发明创造提出专利申请的，根据有关法律规定，在后申请以第一次申请的日期作为申请日。专利申请人依法享有的这种权利，就是优先权。

专利优先权的作用在于专利申请人就其发明创造第一次提出申请后，有适当的时间考虑是否向其他国家提出专利申请，并且有时间选择在其他国家的专利代理人，办理必要的手续；或者有适当的时间对申请专利的发明创造进行修改、改进，而不必担心在此期间被第三人抢先申请。

2.优先权的类型

优先权可分为国际优先权和国内优先权。

国际优先权，是指申请人就其发明创造第一次在一国提出专利申请后，在优先权期限内，就相同主题的发明创造向另一国提出专利申请的，依照有关国家的法律规定而享有的优先权。

国内优先权，是指申请人就其发明或者实用新型在本国第一次提出专利申请后，在优先权期限内，就相同主题的发明或者实用新型又向专利行政部门提出后一申请时依法享有的优先权。

3.优先权的期限及提出

我国《专利法》第29条规定："申请人自发明或者实用新型在外国第一次提出专利申请之日起十二个月内，或者自外观设计在外国第一次提出专利申请之日起六个月内，又在中国就相同主题提出专利申请的，依照该外国同中国签订的协议或者共同参加的国际条约，或者依照相互承认优先权的原则，可以享有优先权。申请人自发明或者实用新型在中国第一次提出专利申请之日起十二个月内，或者自外观设计在中国第一次提出专利申请之日起六个月内，又向国务院专利行政部门就相同主题提出专利申请的，可以享有优先权。"

申请人要求发明专利、实用新型专利优先权的，应当在申请的时候提出书面声明，并且在第一次提出发明、实用新型专利申请之日起16个月内，提交第一次提出的专利申请文件的副本。同时，《专利法》第30条规定了外观设计专利优先权提交第一次专利申请文件的时间，即申请人要求外观设计专利优先权的，应当在申请的时候提出书面声明，并且在3个月内提交第一次提出的专利申请文件的副本。申请人未提出书面声明或者逾期未提交专利申请文件副本的，视为未要求优先权。

《专利法实施细则》第36条还规定，申请人超出专利法规定的期限，向国务院专利行政部门就相同主题提出发明或者实用新型专利申请，有正当理由的，可以在期限届满之日起2个月内请求恢复优先权。

二、发明或者实用新型申请文件

在专利申请中，发明和实用新型的申请文件基本一致，外观设计的申请文件则存在较大差异，因此下文将发明和实用新型专利与外观设计专利的申请文件分开进行介绍。

（一）请求书

请求书，是指专利申请人向专利行政部门提交的请求授予其发明或者实用新型专利权的一种书面文件。发明、实用新型专利申请的请求书应当写明下列事项：（一）发明、实用新型的名称；（二）申请人是中国单位或者个人的，其名称或者姓名、地址、邮政编码、统一社会信用代码或者身份证件号码；申请人是外国人、外国企业或者外国其他组织的，其姓名或者名称、国籍或者注册的国家或者地区；（三）发明人的姓名；（四）申请人委托专利代理机构的，受托机构的名称、机构代码以及该机构指定的专利代理师的姓名、专利代理师资格证号码、联系电话；（五）要求优先权的，在先申请的申请日、申请号以及原受理机构的名称；（六）申请人或者专利代理机构的签字或者盖章；（七）申请文件清单；（八）附加文件清单；（九）其他需要写明的有关事项。

（二）说明书

说明书是发明或者实用新型专利申请人必须提交的基本文件，这是对发明或者实用新型的技术内容进行具体说明的陈述性书面文件。说明书及其附图主要用于清楚、完整地公开发明或者实用新型，以使所属技术领域的技术人员能够理解和实施该发明或者实用新型。说明书及其附图还用于支持权利要求，并在确定发明或者实用新型专利权的保护范围时，解释权利要求。

说明书一般包括要求保护的技术方案所属的技术领域，对发明或者实用新型的理解、检索、审查所需的背景技术，所要解决的技术问题以及解决该技术问题采用的技术方案、有益效果、附图说明、具体实施方式等内容。

2008年修正的《专利法》还特别增加了一项规定，即依赖遗传资源完成的发明创造，申请人应当在专利申请文件中说明该遗传资源的直接来源和原始来源；申请人无法说明原始来源的，应当陈述理由。

我们看一个说明书实例：

200420003450.8号实用新型专利说明书

吊篮断绳保护装置

技术领域

本实用新型涉及一种吊篮断绳保护装置，主要用于电动存衣吊篮，防止由于断绳、断销以及断轴造成的安全事故。

背景技术

存衣吊篮是一种新型的更衣存衣装置，代替传统的落地式衣柜，取放衣物时使其落下，然后吊在上方，具有节约地面空间等优点。现有的电动存衣吊篮的篮体通过吊绳与上方的电动升降机构连接，其缺点是万一吊绳断开，可能造成吊篮脱落的安全事故。

发明内容

本实用新型的目的就是提供一种吊篮断绳保护装置，以防止现有吊篮由于断绳、断销以及断轴造成的安全事故。

本实用新型的技术方案是：包括架体、卡板和扭簧，卡板的中部通过销轴转动连接在架体中部的一侧，在所述的销轴上装有扭簧，该扭簧的两端分别连接在所述的卡板和架体之间；在所述的架体上设有卡板限位销钉；在所述的卡板的一端附近设有挂绳机构。所述的挂绳机构为挂绳销钉。

本实用新型在使用时安装在吊篮下部的两侧，不管是出现任何由于断绳、断销以及断轴造成吊篮脱落的情况，与吊绳连接的卡板在扭簧的作用下偏转一定角度（约90度），并由于限位销钉的作用，卡板的下端伸向吊篮的外侧并挂在吊篮周围的框架上，使吊篮停止下落，防止了安全事故的发生。

附图说明

图1是本实用新型安装在吊篮上的总体结构示意图；图2是本实用新型在吊篮发生脱落后的挂在框架上的结构示意图。

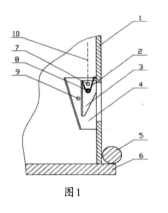
图1

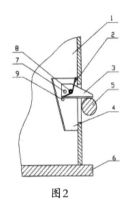
图2

具体实施方式

参见图1和图2，本实用新型包括架体4、卡板3和扭簧2，卡板3的中部通过销轴8转动连接在架体4约中部的一侧，在所述的销轴8上装有扭簧2，该扭簧2的两端分别连接在（搭在）所述的卡板3和架体4之间，其作用是能够使卡板3绕销轴8转动。在所述的架体4上设有卡板限位销钉9，其作用是限制卡板3转动的角度。在所述的卡板3的一端（图1中的上端）附近设有挂绳机构，该实施例的挂绳机构为挂绳销钉7，用来与吊绳10连接。

本实用新型在使用时安装在吊篮1的下部两个相对内侧，卡板3上的挂绳销钉7与吊绳10连接。在吊篮重力的作用下，卡板3呈纵向。一旦出现由于断绳、断销以及断轴造成吊篮1脱落的情况，与吊绳10连接的卡板3在扭簧2的作用下偏转一定角度（约90度，如图2所示），并由于限位销钉9的阻挡作用，卡板3的下端伸向吊篮的外侧并挂在吊篮周围的框架5上，使吊篮1停止下落，防止了安全事故的发生。

吊篮1处在吊起的位置时，其底部6位于框架5的下侧，如图1所示。当吊篮因断绳刚开始下落时，本实用新型的卡板3伸出挂在框架5上。

（三）说明书摘要

说明书摘要应当写明发明或者实用新型专利申请所公开的内容的概要，即发明或者实用新型的名称和所属技术领域，并清楚地反映所要解决的技术问题、解决该问题的技术方案的要点以及主要用途。说明书摘要可以包含最能说明发明的化学式；有附图的专利申请，还应当在请求书中指定一幅最能说明该发明或者实用新型技术特征的说明书附图作为摘要附图。摘要中不得使用商业性宣传用语。附图的大小及清晰度应当保证在该图缩小到4厘米×6厘米时，仍能清楚地分辨出图中的各个细节。摘要文字部分不得超过300字。

摘要是说明书公开内容的概述，它仅是一种技术情报，不具有法律效力。摘要的内容不属于发明或者实用新型原始公开的内容，不能作为以后修改说明书或者权利要求书的根据，也不能用来解释专利权的保护范围。

我们再看一个说明书实例：

CN 2613213Y号实用新型专利说明书

一种全自动电饭锅

摘要

本实用新型公开了一种全自动电饭锅，尤其是涉及一种能自动煮饭自动保温的电饭锅。本实用新型的任务是，提供一种有自动供米，自动冲洗米和自动煮饭与自动保温的电饭锅。本实用新型一种全自动电饭锅，主要由一个储洗米装置构成，其特征是：在储洗米装置内设置了储米仓，洗米仓，电锅仓，并且在储米仓内设置了送米控制器，在洗米仓内设置了变速电机传动旋转的碟形洗米盘，在电锅仓内设置了杠杆机构。在储洗米装置内设置了程控器，人们启动程控面板上按钮可按预置程序完成自动供米、自动冲洗米、自动装米并自动补水、自动煮饭、自动保温的任务。本实用新型产品，结构简单。

（四）权利要求书

权利要求书是专利申请人向专利行政部门提交的，用以确定专利权保护范围的书面文件。它是判定他人是否侵犯专利权的依据，具有直接的法律效力。权利要求书应当以说明书为依据，说明发明或者实用新型的技术特征，清楚并简要地限定专利权的保护范围。权利要求书中的权利要求分为独立权利要求和从属权利要求。

1.独立权利要求及其撰写要求

一份权利要求书中应当至少包括一项独立权利要求，还可以包括从属权利要求。独立权利要求应当从整体上反映发明或者实用新型的技术方案，记载解决技术问题的必要技术特征。

必要技术特征是指，发明或者实用新型为解决其技术问题所不可缺少的技术特征，其总和足以构成发明或者实用新型的技术方案，使之区别于背景技术中所述的其他技术方案。

判断某一技术特征是否为必要技术特征，应当从所要解决的技术问题出发并考虑说明书描述的整体内容，不应简单地将实施例中的技术特征直接认定为必要技术特征。在一件专利申请的权利要求书中，独立权利要求所限定的一项发明或者实用新型的保护范围最宽。一件专利申请的权利要求书中，应当至少有一项独立权利要求。当有两项或者两项以上独立权利要求时，写在最前面的独立权利要求被称为第一独立权利要求，其他独立权利要求被称为并列独立权利要求。

发明或者实用新型的独立权利要求应当包括前序部分和特征部分，按照下列规定撰写：

前序部分：写明要求保护的发明或者实用新型技术方案的主题名称和发明或者实用新型主题与最接近的现有技术共有的必要技术特征。

特征部分：使用"其特征是……"或者类似的用语，写明发明或者实用新型区别于最接近的现有技术的技术特征。这些特征和前序部分写明的特征合在一起，限定发明或者实用新型要求保护的范围。

我们看两个专利独立权利要求的内容：

200420003450.8号实用新型权利要求书

1.一种吊篮断绳保护装置，其特征在于：包括架体、卡板和扭簧，卡板的中部通过销轴转动连接在架体约中部的一侧，在所述的销轴上装有扭簧，该扭簧的两端分别连接在所述的卡板和架体之间；在所述的架体上设有卡板限位销钉；在所述的卡板的一端附近设有挂绳机构。

200510058991.X号发明专利独立权利要求书

1.一种进入目标地质体的方法，其包括：

设置辅助通道，通过该通道注入流体从而在目标地质体部分产生有利的钻探条件；

　　设置钻探通道，其与所述辅助通道在目标地质体处或其上方连通；

　　其特征在于：

　　钻辅助通道或钻探通道时，穿过目标地质体继续从一钻探通道向下钻出多个口袋；

　　通过钻探通道在目标地质体内钻出与钻探通道相连通的水平主井眼和与水平主井眼连通的若干分支井眼；

　　所述辅助通道和所述钻探通道都设置在同一个井内。

　　在撰写权利要求书时应当特别注意，权利要求书记载的技术方案必须是清楚、简要地限定要求专利保护的范围，如果权利要求书中记载的权利要求不清楚，将会导致不利的法律后果。下面一则案例就是典型的权利要求记载不清楚导致其侵权诉讼败诉的案例。

　　柏某某系专利号为200420091540.7、名称为"防电磁污染服"实用新型专利的专利权人。涉案专利的权利要求1可以归纳为以下技术特征：A、一种防电磁污染服，包括上装和下装；B、服装的面料里设有起屏蔽作用的金属网或膜；C、起屏蔽作用的金属网或膜由导磁率高而无剩磁的金属细丝或者金属粉末构成。成都某营销服务中心销售了由上海某实业有限公司生产的添香牌防辐射服上装（以下简称被诉侵权产品）。柏某某以被诉侵权产品侵犯其实用新型专利权为由，向成都市中级人民法院提起该案诉讼。一审法院驳回柏某某的诉讼请求，四川省高级人民法院二审维持一审判决。柏某某不服，向最高人民法院申请再审。

　　最高人民法院审查认为，准确界定专利权的保护范围，是认定被诉侵权技术方案是否构成侵权的前提条件。如果权利要求的撰写存在明显瑕疵，结合涉案专利说明书、本领域的公知常识以及相关现有技术等，仍然不能确定权利要求中技术术语的具体含义，无法准确确定专利权的保护范围的，则无法将被诉侵权技术方案与之进行有意义的侵权对比。因此，对于保护范围明显不清楚的专利权，不应认定被诉侵权技术方案构成侵权。关于涉案专利权利要求1中的技术特征"导磁率高"，根据涉案专利说明书以及柏某某提供的有关证据，本领域技术人员难以确定权利要求1中技术特征"导磁率高"的具体范围或者具体含义，不能准确确定权利要求1的保护范围，无法将被诉侵权产品与之进行有意义的侵权对比。据此驳回柏某某的再审申请。[1]

2.从属权利要求的撰写要求

如果一项权利要求包含了另一项同类型权利要求中的所有技术特征，且对该另一项权利要求的技术方案作了进一步的限定，则该权利要求为从属权利要求。由于从属权利要求用附加的技术特征对所引用的权利要求作了进一步的限定，所以其保护范围落在其所引用的权利要求的保护范围之内。从属权利要求中的附加技术特征，可以是对所引用的权利要求的技术特征作进一步限定的技术特征，也可以是增加的技术特征。

发明或者实用新型的从属权利要求应当包括引用部分和限定部分，按照下列规定撰写：

引用部分：写明引用的权利要求的编号及其主题名称。

限定部分：写明发明或者实用新型附加的技术特征。

从属权利要求只能引用在前的权利要求。引用两项以上权利要求的多项从属权利要求，只能以择一方式引用在前的权利要求，并不得作为另一项多项从属权利要求的基础。

如200510058991.X号发明专利权利要求书：

1.一种进入目标地质体的方法，其包括：

设置辅助通道，通过该通道注入流体从而在目标地质体部分产生有利的钻探条件；

设置钻探通道，其与所述辅助通道在目标地质体处或其上方连通；

其特征在于：

钻辅助通道或钻探通道时，穿过目标地质体继续从一钻探通道向下钻出多个口袋；

通过钻探通道在目标地质体内钻出与钻探通道相连通的水平主井眼和与水平主井眼连通的若干分支井眼；

所述辅助通道和所述钻探通道都设置在同一个井内。

2.如权利要求1所述的进入目标地质体的方法，其特征在于：所述的同一个井包括垂直或倾斜段、弯曲过渡段和水平段。

---

1 参见最高人民法院（2012）民申字第1544号民事裁定书。

3.如权利要求1所述的进入目标地质体的方法，其特征在于，沿着钻水平主井眼的方向，在所述辅助通道和所述钻探通道连通处的前方和后方的适当位置处均钻出若干分支井眼。

4.如权利要求3所述的进入目标地质体的方法，其特征在于，所述若干分支井眼的钻探方向包括朝左前侧和/或右前侧，和/或包括朝上前侧和/或下前侧。

上述权利要求2、3、4均为从属权利要求，每一项从属权利要求与其引用的权利要求结合起来也是各自独立的。独立权利要求的保护范围最大，从属权利要求的作用是进一步限定独立权利要求的保护范围。

再如200420003450.8号实用新型专利从属权利要求：

1.一种吊篮断绳保护装置，其特征在于：包括架体、卡板和扭簧，卡板的中部通过销轴转动连接在架体约中部的一侧，在所述的销轴上装有扭簧，该扭簧的两端分别连接在所述的卡板和架体之间；在所述的架体上设有卡板限位销钉；在所述的卡板的一端附近设有挂绳机构。

2.根据权利要求1所述的吊篮断绳保护装置，其特征在于：所述的挂绳机构为挂绳销钉。

上述权利要求2为从属权利要求。

当一项专利的独立权利要求无效而从属权利有效时，专利权人主张被控侵权产品侵权时，应当以从属权利要求记载的技术特征为其专利权保护范围。该权利要求保护的范围是以被引用的权利要求（包括被无效的权利要求）记载的全部必要技术特征再加上从属权利要求记载的全部必要技术特征之和为其权利保护范围。下面我们看一则案例。

原告拥有专利号为201820257324.7的专利，起诉被告侵犯其专利权。该专利的权利要求如下：

1.一种保留传统工艺的石头饼生产线，其特征在于，包括：

石子运输通道，所述石子运输通道具有对石子预加热的石子预热段，并设有将其自身分成第一分道和第二分道的分道装置，所述第一分道用于输送在面饼下表面铺设的石子，所述第二分道用于输送在面饼上表面铺设的石子；

承接并运输面饼和所述石子运输通道运来的石子的石头饼成型运输平台，所述石头饼成型运输平台具有烘烤石子和面饼的烘烤段；

与所述石头饼成型运输平台相连接的石子面饼分离设备，所述石子面饼分离设备用于筛除石子并运输烘烤后的面饼。

2.根据权利要求1所述的保留传统工艺的石头饼生产线,其特征在于,所述石子面饼分离设备包括机架、驱动轮组、分离网链、石子导向槽及石子回收仓,所述驱动轮组与机架相连接并在驱动电机的带动下转动,所述分离网链为带有孔洞的传送带,所述孔洞的尺寸介于石子和石子面饼之间,所述分离网链套接在驱动轮组上,所述石子导向槽倾斜设置,并与机架相连接且位于分离网链的下方,所述石子回收仓与机架相连接,所述石子回收仓位于石子导向槽的较低端的下方。

诉讼中被告向原专利复审委员会提起该专利的无效宣告请求。原专利复审委员会作出的决定为:宣告201820257324.7号实用新型专利权利要求1无效,在权利要求2的技术方案的基础上继续维持该专利权有效。原告随即变更诉讼请求,主张在权利要求2的基础上被告仍然构成侵权。

法院经审理认为:原告上述专利虽然被原专利复审委员会宣告部分无效,但原告主张的权利要求仍属有效,且该专利尚在有效期内,原告亦按期缴纳了专利年费,其专利权应当得到法律的保护。关于被告的行为是否侵害了原告的专利权的问题。原告拥有的201820257324.7号实用新型专利的保护范围以权利要求2记载的特征为限。根据原告提交的公证文书光盘、照片及法院在被告公司设备现场拍摄的视频,对比原告201820257324.7号实用新型专利权利要求2记载的特征与被控侵权设备构造,被控侵权设备与原告权利要求书中记载的技术特征存在以下相同点:1.石子面饼分离设备包括了机架、驱动轮组、分离网链、石子导向槽及石子回收仓;2.驱动轮组与机架相连接并在驱动电机的带动下转动;3.分离网链为带有孔洞的传送带,孔洞的尺寸介于石子和石子面饼之间;4.分离网链套接在驱动轮组上;5.石子导向槽带有一定的倾斜度,并与机架相连接且位于分离网链的下方;6.石子回收仓与机架相连接,石子回收仓位于石子导向槽的较低端的下方。201820257324.7号实用新型专利权利要求2记载的全部必要技术特征在被告产品中全部再现,被告公司构成了对原告201820257324.7号实用新型专利的侵权,应当承担相应的侵权责任。[1]

---

[1] 参见山西省太原市中级人民法院(2018)晋01民初847号民事判决书。该案被告未提出上诉,一审判决为生效判决。

为了确定专利权的保护范围，一般在权利要求书中按照性质将权利要求分为两种基本类型，即产品权利要求和方法权利要求。产品权利要求包括技术生产的物，例如物品、物质、材料、工具、装置、设备等的权利要求；方法权利要求包括有时间过程要素的活动，例如制造方法、使用方法、通信方法、处理方法以及将产品用于特定用途的方法等的权利要求。

（五）生物材料的保藏

专利法所称遗传资源，是指取自人体、动物、植物或者微生物等含有遗传功能单位并具有实际或者潜在价值的材料和利用此类材料产生的遗传信息；专利法所称依赖遗传资源完成的发明创造，是指利用了遗传资源的遗传功能完成的发明创造。就依赖遗传资源完成的发明创造申请专利的，申请人应当在请求书中予以说明，并填写国务院专利行政部门制定的表格。

依据《专利法》及其实施细则的规定，申请专利的发明涉及新的生物材料，该生物材料公众不能得到，并且对该生物材料的说明不足以使所属领域的技术人员实施其发明的，除应当符合《专利法》及其实施细则的有关规定外，申请人还应当办理下列手续：（1）在申请日前或者最迟在申请日（有优先权的，指优先权日），将该生物材料的样品提交国务院专利行政部门认可的保藏单位保藏，并在申请时或者最迟自申请日起4个月内提交保藏单位出具的保藏证明和存活证明；期满未提交证明的，该样品视为未提交保藏。（2）在申请文件中，提供有关该生物材料特征的资料。（3）涉及生物材料样品保藏的专利申请应当在请求书和说明书中写明该生物材料的分类命名（注明拉丁文名称），以及保藏该生物材料样品的单位名称、地址、保藏日期和保藏编号；申请时未写明的，应当自申请日起4个月内补正；期满未补正的，视为未提交保藏。

发明专利申请人依规定保藏生物材料样品的，在发明专利申请公布后，任何单位或者个人需要将该专利申请所涉及的生物材料作为实验目的使用的，应当向国务院专利行政部门提出请求。

三、外观设计专利申请文件

（一）请求书

外观设计专利请求书应当包括外观设计的产品名称、设计人、申请人、专利代理机构的名称和专利代理师的姓名、地址等。

（二）图片或照片

申请人应当就每件外观设计产品所需要保护的内容提交有关图片或者照片。申请局部外观设计专利的，应当提交整体产品的视图，并用虚线与实线相结合或者其他方式表明所需要保护部分的内容。申请人请求保护色彩的，应当提交彩色图片或者照片。申请人提交的有关图片或者照片应当清楚地显示要求专利保护的产品的外观设计。就立体外观设计产品而言，应当提交正投影六面视图和立体图（或者照片）。如下图所示：

| 件1主视图 | 件1右视图 | 件1立体参考图 | 件1后视图 | 件1俯视图 |

就平面外观设计产品而言，应当提交该产品的两面视图。如下图：

主视图　　　　　　　　　后视图

国务院专利行政部门认为必要时，可以要求外观设计专利申请人提交使用外观设计的产品样品或者模型。样品或者模型的体积不得超过30厘米×30厘米×30厘米，重量不得超过15千克。易腐、易损或者危险品不得作为样品或者模型提交。

（三）简要说明

外观设计的简要说明应当写明外观设计产品的名称、用途，外观设计的设计要点，并指定一幅最能表明设计要点的图片或者照片。省略视图或者请求保护色彩的，应当在简要说明中写明。对同一产品的多项相似外观设计提出一件外观设计专利申请的，应当在简要说明中指定其中一项作为基本设计。申请局部外观设计专利的，应当在简要说明中写明请求保护的部分，已在整体产品的视图中用虚线与实线相结合方式表明的除外。简要说明不得使用商业性宣传用语，也不得说明产品的性能。例如，地铁头车外观设计简要说明：

1.本外观设计产品的名称：地铁头车。2.本外观设计产品的用途：用于轨道车辆（地铁）头车部分。3.本外观设计的设计要点：形状和色彩的结合。4.最能表明本外观设计要点的图片和照片：立体图。5.省略图：仰视图和后视图无设计亮点，故省略仰视图和后视图；右视图与左视图对称，故省略右视图。6.请求保护的外观设计包含有色彩。

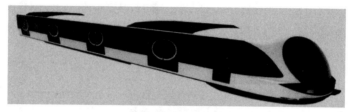

地铁头车立体图

四、专利代理

（一）专利代理概念

依据《专利代理条例》规定，所谓专利代理是指专利代理机构接受委托，以委托人的名义在代理权限范围内办理专利申请、宣告专利权无效等专利事务的行为。

（二）专利代理类型

依据《专利法》第18条的规定，在中国没有经常居所或者营业所的外国人、外国企业或者外国其他组织在中国申请专利和办理其他专利事务的，应当委托依法设立的专利代理机构办理。中国单位或者个人在国内申请专利和办理其他专利事务的，可以委托依法设立的专利代理机构办理。另外，在中国内地没有经常居所或者营业所的香港、澳门、台湾地区的申请人向专利局提出专利申请和办理其他专利事务，或者作为第一署名申请人与中国内地的申请人共同申请专利和办理其他专利事务的，应当委托专利代理机构办理。因此，根据我国专利法的规定，专利代理分为两种情况：

一是意定代理。即申请人可以委托代理机构代理其申请专利，也可以不委托代理机构而是申请人自己直接向专利行政部门申请专利。对于是否委托专利代理机构申请专利，法律没有作出强制性规定，完全由申请人自己决定。

二是指定代理。即专利申请人在申请专利的时候，必须委托专利行政部门指定的代理机构代理其申请专利的事项。

（三）专利代理师与专利代理机构

在我国，具有高等院校理工科专业大专以上学历的中国公民可以参加全国专利代理师资格考试；考试合格的，由国务院专利行政部门颁发专利代理师资格证。取得专利代理师资格证且在专利代理机构实习满1年者，可在一家专利代理机构从业。专利代理师首次执业，应当自执业之日起30日内向专利代理机构所在地省、自治区、直辖市人民政府管理专利工作的部门备案。

专利代理机构的组织形式应当为合伙企业、有限责任公司等。合伙企业、有限责任公司形式的专利代理机构从事专利代理业务应当具备下列条件：（1）有符合法律、行政法规规定的专利代理机构名称；（2）有书面合伙协议或者公司章程；（3）有独立的经营场所；（4）合伙人、股东符合国家有关规定。

从事专利代理业务，应当向国务院专利行政部门提出申请，提交有关材料，取得专利代理机构执业许可证。国务院专利行政部门应当自受理申请之日起20日内作出是否颁发专利代理机构执业许可证的决定。

（四）专利代理执业

1.专利代理应遵守法律，遵循诚信原则

专利代理机构和专利代理师执业应当遵守法律、行政法规，恪守职业道德、执业纪律，维护委托人的合法权益。但是在我国专利代理中存在着专利代理师与专利申请人恶意串通，虚构专利进行申请的不良现象，对此行为不仅应当否定其双方的合同效力，也应当依法对其进行行政处罚，甚至刑事处罚。下面我们看一则最高人民法院发布的典型案例。

案例：2017年10月19日，中山某公司与广州某公司签订涉案合同，约定广州某公司进行包授权的发明构造及撰写，中山某公司在收到申请专利通知书6个月内按1000元/件向广州某公司支付服务费，获得授权通知书180天内按每件5500元向广州某公司支付服务费。2017年12月22日至2018年5月25日，广州某公司为履行涉案合同共交付中山某公司370件专利申请文件。其中327件已申请专利，其余43件尚未申请专利。已申请的327件专利中，仅授权7件，其他涉及驳回、非正常申请、撤回等情况。涉案370件专利申请文件并非广州某公司撰写，而是委托滁州某公司撰写，约定服务费为580元/件。相关案件的二审，判决广州某公司支付滁州某公司190820元（580元/件×329件）及相应利息。2018年5月18日，中山某公司支付广州某公司服务费5万元，其余款项未支付。

一审法院判决中山某公司支付广州某公司撰写服务费32万元。被告不服，上诉至最高人民法院。最高人民法院二审查明，涉案370件专利申请涉及的发明创造

内容系编造，双方签订涉案合同是为了骗取地方政府的资助和奖励，同时，择机转让专利牟取暴利。二审判决认为：中山某公司与广州某公司明知不应当获得专利保护，仍共谋虚构、编造专利申请文件申请专利，约定转让授权专利进行利益分成。双方签订涉案合同系恶意串通损害第三人利益的行为，同时还扰乱正常的专利申请、审查秩序，损害社会公共利益。因此，双方基于涉案合同主张的债权不属于合法之债，不应当获得法律保护，不应当给予司法救济。最高人民法院在确认涉案合同无效的同时，依法将该案涉嫌违法线索移送有关行政主管部门处理。对于广州某公司请求中山某公司赔偿经济损失32万元，以及中山某公司请求广州某公司返还服务费5万元的主张，最高人民法院均不予支持。[1]

2.专利代理事项

专利代理机构可以接受委托，代理专利申请、宣告专利权无效、转让专利申请权或者专利权以及订立专利实施许可合同等专利事务，也可以应当事人要求提供专利事务方面的咨询。专利代理机构接受委托，应当与委托人订立书面委托合同。

3.专利代理的职业准则

专利代理机构接受委托后，应当遵循以下执业准则：首先，不得就同一专利申请或者专利权的事务接受有利益冲突的其他当事人的委托；其次，专利代理机构应当指派在本机构执业的专利代理师承办专利代理业务，指派的专利代理师本人及其近亲属不得与其承办的专利代理业务有利益冲突；再次，专利代理师应当根据专利代理机构的指派承办专利代理业务，不得自行接受委托；最后，专利代理师不得同时在两个以上专利代理机构从事专利代理业务。专利代理师对其签名办理的专利代理业务负责。

另外，专利代理机构和专利代理师对其在执业过程中了解的发明创造的内容，除专利申请已经公布或者公告的以外，负有保守秘密的义务。专利代理机构和专利代理师不得以自己的名义申请专利或者请求宣告专利权无效。

五、专利申请的审查

根据我国专利法的规定，发明专利的审查与实用新型专利和外观设计专利的审查程序有所不同，后两者的审查程序基本相同，没有实质审查这一环节。

---

[1] 参见最高人民法院（2021）最高法知民终1068号民事判决书。

（一）发明专利申请的审查

1.初步审查

这是专利行政部门受理发明专利申请后公布申请以前的一个必要程序。根据专利审查部门的相关规范性文件[1]的规定，发明专利、实用新型专利和外观设计专利都有各自相应的初步审查程序。发明专利初步审查的主要内容有以下几个方面：（1）申请文件的形式审查。主要审查文件是否齐备，格式是否符合要求。（2）申请文件的明显实质性缺陷审查。主要审查申请的发明专利是否明显违反法律、社会公德、妨害公众利益；是否明显属于不能授予专利权的主题；外国人是否具有申请资格；保密性审查；遗传资源来源合法性审查等。（3）其他文件的形式审查。包括与专利申请有关的其他手续和文件是否符合专利法相关规定。（4）有关费用的审查。包括专利申请是否按照《专利法实施细则》相关规定缴纳了相关费用。

2.公布申请

国务院专利行政部门收到发明专利申请后，经初步审查认为符合专利法要求的，自申请日起满18个月，即行公布。国务院专利行政部门可以根据申请人的请求早日公布其申请。

3.实质审查

实质审查是国务院专利行政部门对申请专利的发明的新颖性、创造性和实用性等依法进行审查的法定程序。《专利法》第35条规定，发明专利申请自申请日起3年内，国务院专利行政部门可以根据申请人随时提出的请求，对其申请进行实质审查；申请人无正当理由逾期不请求实质审查的，该申请即被视为撤回。国务院专利行政部门认为必要的时候，可以自行对发明专利申请进行实质审查。

一般情况下，由专利申请人提出实质审查请求，启动实审程序；只有在特殊情况下，才可以由国务院专利行政部门启动。自申请日以后3年内，专利申请人可随时提出实质审查请求；无正当理由逾期不提出实质审查请求的，其申请被视为撤回。国务院专利行政部门在其认为必要时，可以自行对发明专利申请进行实质审查。

（二）实用新型和外观设计专利申请的审查

《专利法》第40条规定："实用新型和外观设计专利申请经初步审查没有发现驳

---

[1] 此即国家知识产权局颁布的《专利审查指南2023》。

回理由的，由国务院专利行政部门作出授予实用新型专利权或者外观设计专利权的决定，发给相应的专利证书，同时予以登记和公告。实用新型专利权和外观设计专利权自公告之日起生效。"由此可知，对实用新型和外观设计专利申请只进行初步审查，不进行实质审查。

实用新型和外观设计专利申请的初步审查与发明专利申请的初步审查程序基本一致。

六、专利的授权

对于发明专利申请，经过实质审查，符合专利授权实质性要件和形式要件的，即授予专利权并公告；对于实用新型和外观设计专利申请，经过初步审查，没有发现驳回理由的，即可授权并公告。

专利权均自授权公告之日起生效。但是，我国发明专利权的期限为20年，实用新型专利权的期限为10年，外观设计专利权的期限为15年，均自申请日起计算，即我国专利权的生效日期与专利权的期限起始日期是不一致的。

七、专利复审

《专利法》第41条规定：专利申请人对国务院专利行政部门驳回申请的决定不服的，可以自收到通知之日起3个月内向国务院专利行政部门请求复审。国务院专利行政部门复审后，作出决定，并通知专利申请人。专利申请人对国务院专利行政部门的复审决定不服的，可以自收到通知之日起3个月内向人民法院起诉。

国家知识产权局设立专利复审委员会，负责复审及无效宣告请求的审查并作出决定。2019年，国家知识产权局专利复审委员会更名为国家知识产权局专利局复审和无效审理部（以下简称复审和无效审理部），为国家知识产权局专利局内设机构。其主要职能包括：（1）对不服国家知识产权局驳回专利申请及集成电路布图设计登记申请决定提出的复审请求进行审查；（2）对宣告专利权无效的请求及集成电路布图设计专有权撤销案件进行审理；（3）承担行政诉讼被告的应诉工作；（4）参与专利、集成电路布图设计确权和侵权技术判定的研究工作；（5）接受人民法院和管理专利的部门委托，对专利确权和专利侵权案件的处理提供咨询意见。

八、保密专利的申请与审查

知识产权法律制度为鼓励发明创造，推动发明创造应用，提高创新能力，促进科学技术进步以及经济社会发展提供了强有力的制度支撑和法律保障。同时，知识产权也具有其国家安全属性。TRIPS协议作为世界贸易组织（WTO）的基础协议之一，为保护协议成员的根本安全利益，也专门规定了安全例外条款。因此，虽然专利在原则上应当向社会公开其技术内容，但与专利国际申请有关的国际公约及大多数国家的专利法都规定了在特殊情形下，可以采取保密方式保护特殊专利。

我国《专利法》第4条规定，申请专利的发明创造涉及国家安全或者重大利益需要保密的，按照国家有关规定办理。第19条规定，任何单位或者个人将在中国完成的发明或者实用新型向外国申请专利的，应当事先报经国务院专利行政部门进行保密审查。对违反本条第1款规定向外国申请专利的发明或者实用新型，在中国申请专利的，不授予专利权。依据《专利法实施细则》第7条的规定，专利申请涉及国防利益需要保密的，由国防专利机构受理并进行审查；国务院专利行政部门受理的专利申请涉及国防利益需要保密的，应当及时移交国防专利机构进行审查。经国防专利机构审查没有发现驳回理由的，由国务院专利行政部门作出授予国防专利权的决定。国务院专利行政部门认为其受理的发明或者实用新型专利申请涉及国防利益以外的国家安全或者重大利益需要保密的，应当及时作出按照保密专利申请处理的决定，并通知申请人。保密专利申请的审查、复审以及保密专利权无效宣告的特殊程序，由国务院专利行政部门规定。

依据《专利法实施细则》第8条的规定，《专利法》第19条所称在中国完成的发明或者实用新型，是指技术方案的实质性内容在中国境内完成的发明或者实用新型。任何单位或者个人将在中国完成的发明或者实用新型向外国申请专利的，应当按照下列方式之一请求国务院专利行政部门进行保密审查：（1）直接向外国申请专利或者向有关外国机构提交专利国际申请的，应当事先向国务院专利行政部门提出请求，并详细说明其技术方案；（2）向国务院专利行政部门申请专利后拟向外国申请专利或者向有关国外机构提交专利国际申请的，应当在向外国申请专利或者向有关国外机构提交专利国际申请前向国务院专利行政部门提出请求。向国务院专利行政部门提交专利国际申请的，视为同时提出了保密审查请求。

国务院专利行政部门收到专利申请人递交的请求后，经过审查认为该发明或者实用新型可能涉及国家安全或者重大利益需要保密的，应当在请求递交日起2个月内向申请人发出保密审查通知；情况复杂的，可以延长2个月。申请人未在其请求递交日起4个月内收到保密审查通知的，可以就该发明或者实用新型向外国申请专利或者向有关国外机构提交专利国际申请。国务院专利行政部门依照前款规定通知进行保密审查的，应当及时在请求递交日起4个月内作出是否需要保密的决定，并通知申请人；情况复杂的，可以延长2个月。

对于专利申请人未遵循上述保密审查规定的情形，其专利申请不能被授予专利权，即便已经授权，也可以宣布其无效。下面我们看一则典型案例。

涉案专利是一件实用新型专利，名称为"一种可伸缩的传动总成装置及升降立柱"（专利号：ZL201720389490.8），专利权人为浙江某科技股份有限公司。专利权人在提交中国专利申请之前，先在美国提交临时申请，但未履行保密审查程序。专利权无效宣告请求人袁某某请求宣告该专利无效，并举证了涉案专利（包括其优先权文件）和美国临时申请文件。基于申请人提交的证据可以确认以下事实：第一，涉案专利为实用新型专利，申请日为2017年4月14日，优先权文件的提交时间为2017年1月10日，而美国临时申请的申请日为2016年12月20日，专利申请人相同，即专利权人在提交涉案专利申请前先在国外提交专利申请。第二，比较美国临时申请、优先权文件和涉案专利的权利要求，三者技术方案完全相同。请求人还举证了涉案专利在实质审查阶段的审查档案，用于证明专利权人在提交美国临时申请之前未履行保密审查程序，对此专利权人无异议。第三，专利权人为反驳这一事实，提交了发明人之一的出入境记录查询结果，以证明提交美国临时申请之前该发明人曾去往美国，因此涉案专利的发明创造是在美国完成的。国家知识产权局经审查认定，专利权人的住所地和研发机构均在中国境内，4位发明人均为中国公民，在中国工作。该反证仅能证明涉案专利发明人之一曾去往国外，但该事实本身与涉案专利的完成地无直接关联。专利权人主张涉案专利的发明创造在国外完成，应有能力提供该发明创造在国外研发并完成的直接证据，或者说专利权人更容易掌握发明创造研发过程的相关资料以及提供研发地的直接证据。在专利权人未能提供充分证据，未尽到举证义务的情况下，其应承担相应的不利后果。因此，国家知识产权局未采纳被申请人的抗辩事由，最终裁决该专利无效。[1]

---

[1] 孙建梅、任晓兰、申方，"一种可伸缩的传动总成装置及升降立柱"实用新型专利权无效宣告请求案，网址：https://www.cnipa.gov.cn/art/2023/6/20/art_2648_185802.html，最后访问日期：2024年6月8日。

该案对于专利申请的保密审查具有警示意义，即在国内完成的发明创造，专利申请人拟向国外申请专利的，应当向国家知识产权局提交保密审查，这是专利申请人的法定义务，未履行该义务将会产生不能授予专利权或授权后被无效的法律后果。

对于保密申请的提出方式，我国《专利审查指南2023》第五部分第五章第3节规定，保密申请可以由专利申请人提出，也可以由专利局自行进行保密确定。无论是国防专利还是一般保密专利被授权后，授权公告仅公布专利号、申请日和授权公告日，不公开其专利的具体技术内容。

| 第二节 | 新颖性

一、新颖性的概念

新颖性是发明或者实用新型获得专利权的必要条件之一，各国专利法均对此有所规定。各国专利法对于新颖性的定义不同，但是一般都是以现有技术为对比对象作出规定的。例如，《法国知识产权法典》第L611-11条第1款规定："未包含现有技术状况的发明具有新颖性。"我国《专利法》第22条第2款规定："新颖性，是指该发明或者实用新型不属于现有技术；也没有任何单位或者个人就同样的发明或者实用新型在申请日以前向国务院专利行政部门提出过申请，并记载在申请日以后公布的专利申请文件或者公告的专利文件中。"《专利法》第23条规定："授予专利权的外观设计，应当不属于现有设计；也没有任何单位或者个人就同样的外观设计在申请日以前向国务院专利行政部门提出过申请，并记载在申请日以后公告的专利文件中。"

由此可见，所谓的新颖性，主要是与现有技术和设计进行比较而言的，即新颖性是指申请专利的发明或者实用新型不属于现有技术，外观设计不属于现有设计。也就是说，如果申请的专利属于现有技术或设计范畴，与某项现有技术、设计实质相同，就不具有新颖性。在确定申请专利是否具有新颖性的过程中，"现有技术或设计"具有决定性的作用。

同时，为了避免对同样的专利申请重复授予专利权，在判断新颖性时，还应当考虑申请日以前由他人向国务院专利行政部门提出过申请并且在申请日以后（含申请日）公布的专利申请文件。因此，具备新颖性的发明、实用新型和外观设计不仅应当不同于现有技术或设计，而且还应当不同于申请日以前由他人向国务院专利行政部门提出的并且在申请日以后（含申请日）公布的专利申请，即抵触申请。

二、现有技术（或设计）

新颖性是以与现有技术或设计对比进行判断，而且在确定申请专利的发明、实用新型和外观设计是否具有新颖性的过程中，"现有技术""现有设计"具有决定性的作用，因此就必须对什么是现有技术或现有设计作出判断。

所谓的现有技术或设计，是指在专利申请日前通过书面或者口头的描述、使用或其他任何手段而被国内外公众所知悉的技术或者外观设计，即现有技术或设计是已经被公开且被国内外公众所知悉的技术或者外观设计。因此，专利法意义上的现有技术或设计应当是在申请日以前国内外公众能够得知的技术内容或者外观设计。换句话说，现有技术应当在申请日以前处于能够为国内外公众获得的状态，并包含有能够使公众从中得知实质性的技术知识的内容或者外观设计。

在实行先申请制的国家，只有在专利申请日之前或优先权日之前公开的技术或设计才被认为是现有技术或设计，从而可用来判断该发明是否丧失了新颖性。因此，现有技术或设计都是公开的技术或设计。在实践中，一般都是通过被公开的技术或设计的公开方式、时间、地点来判断一项专利是否具有新颖性。

（一）公开方式

现有技术的公开方式有出版物公开、使用公开和以其他方式公开三种。

1.出版物公开

专利法意义上的出版物是指记载有技术或设计内容的独立存在的有形传播载体，并且应当表明其发表者或出版者以及公开发表或出版的时间。出版物的出版发行量多少、是否有人阅读过、申请人是否知道都无关紧要。但是，对于印有"内部发行"等字样的出版物，确系在特定范围内要求保密的，不属于公开出版物。

以互联网或其他在线数据库形式存在的文件，也属于我国专利法意义上的出版物。《专利审查指南2023》第二部分第三章第2.1.2.1节对"存在于互联网或者其他在线数据库中的资料"进一步作出明确规定。存在于互联网或者其他在线数据库中的资料是指以数据形式存储、以网络为传播途径的文字、图片、音视频等资料。同时特别强调，存在于互联网或者其他在线数据库中的资料应当是通过合法途径能够获得的，资料的获得与是否需要口令或者付费、资料是否有人阅读过无关。存在于互联网或者其他在线数据库中的资料的公开日一般以发布日为准，有其他证据证明其公开日的除外。以网络方式出版的书籍、期刊、学位论文等出版物，其公开日为网页上记载的网络发布日。如果上述出版物同时具有内容相同的纸质出版物，也可以根据纸质出版物的印刷日确定公开日，通常以能够确定的最早的公开日为准。对于网页上未明确发布日或者发布日存疑的资料，可以参考日志文件中记载的发布日期和修改日期、搜索引擎给出的索引日期、互联网档案馆服务显示的日期、时间戳信息或者在镜像网站上显示的复制信息的发布日期等信息确定公开日。印刷日、出版日或者发布日只写明年月或者年份的，以所写月份的最后一日或者所写年份的12月31日为公开日。

2.使用公开

由于使用导致一项或者多项技术方案的公开，或者导致该技术方案处于公众中任何一个人都可以得知的状态，这种公开方式称为使用公开。即使所使用的产品或者装置需要经过破坏才能得知其结构和功能，也仍然属于使用公开。使用公开不仅包括通过制造、使用、销售或者进口专利产品、专利方法制造的产品或专利方法，而且还包括通过模型演示上述产品或方法使公众能够了解其技术内容的情况。

案例：某公司研制出一种使用太阳能光伏电板为动力能源的电动车，并制作了两台样车。该公司法定代表人邀请了其同学、朋友四五十人来其生产车间参观，并试乘。两个月后该公司向国家知识产权局申请专利，但以存在抵触申请为由被驳回。该公司经了解后才知道，在先申请人某甲正是当日受邀参观并试乘该电动车人员之一。某甲经过参观、试乘后，了解并掌握了该电动车的构造及原理，便撰写了专利申请书，在参观完一个月后提出专利申请。

该公司了解到上述情况后，向国家知识产权局提出异议，认为本公司才是某甲申请专利的真正权利人，该专利不应当授予某甲，而应当授予本公司。国家知识产权局经审查认为，由于某公司在研制出涉案电动车后，未采取保密措施，邀请本公司之外的其他人员参观、试乘电动车，致使涉案专利技术在某甲申请专利前为他人所知悉，导致涉案专利申请丧失新颖性。同时，某公司在后申请的相同专利也丧失新颖性，故驳回某甲的专利申请，某公司的专利申请也被驳回。

但是，应当注意一点，如果产品或者方法的使用未给出任何有关技术内容的说明，以致所属技术领域的技术人员无法得知其结构和功能或材料成分的产品展示，不属于使用公开。

另外，《专利审查指南2023》中将"招标投标"明确为"使用公开"的一种。根据招标投标相关的规定，招标项目的资格预审公告、招标公告、中标候选人公示、中标结果公示等信息，除依法需要保密或者涉及商业秘密的内容外，应当按照公益服务、公开透明、高效便捷、集中共享的原则，依法向社会公开。可见，除了能够使公众得知其技术内容的制造、使用、销售、进口、交换、馈赠、演示、展出等方式外，若招标投标信息中包含了具体的技术方案，其也可能成为有力的使用公开证据。故在实务工作中，可以从招标投标运营平台或网站上进行充分的检索，梳理出可能存在的证据线索，进而顺藤摸瓜找出有力的使用公开证据。

3.以其他方式公开

为公众所知的其他方式，主要是指口头公开等。例如，口头交谈、报告、讨论会发言、广播、电视或者互联网等能使公众得知技术内容的方式。此外还包括公众可阅览的在展台上、橱窗内放置的情报资料及直观资料等。

（二）公开时间

公开时间就是公众可以获得信息的日期。如出版物的印刷日为公开日，印刷日只写明年月或者年份的，以所写月份的最后一日或者所写年份的12月31日为公开日。使用公开以公众能够得知该产品或者方法之日为公开日。互联网公开的时间以网页上记载的时间为公开日。以其他方式公开的，以公众可以获得该信息内容之日为公开日。

（三）公开的地域

对于地域公开的标准，各国的规定有所不同，一般而言，主要包括三种情况。

1.全世界范围内的公开

一些国家的专利法要求一项申请的专利技术必须是在全世界范围内的任何地方都没有被公开过，才能认为具有新颖性，只要全世界范围内有一个地方公开过该技术，不论采用什么形式公开，都被认为丧失了新颖性。采用这个标准的国家主要有英国、法国和德国等。我国专利法也采用这种标准。

2.本国范围内的公开

一些国家的专利法规定，一项专利申请只要在本国内没有被公开过，就认为具有新颖性。至于在国外是否公开过，则在所不问。采用这种标准的主要有澳大利亚等国家。

3.混合标准

一些国家的专利法规定，以出版物等有形形式公开的，采用世界范围标准；而对于其他的公开形式，则采用国内公开的标准。即如果公开是以出版物等有形的形式，则不论是在全世界任何范围内的公开，都使申请的专利技术丧失新颖性；而对于采用其他方式公开的，则只有在国内被公开过才丧失新颖性，在国外被公开而国内未公开的，不丧失新颖性。我国《专利法》第三次修正前即采用这个标准。

三、抵触申请

所谓抵触申请，是指在一件专利申请的新颖性判断中，由他人在该申请的申请日以前向国务院专利行政部门提出并且在申请日以后（含申请日）公布的同样的发明、实用新型和外观设计专利申请，损害了该申请日提出的专利申请的新颖性。

由于一项发明创造只能授予一项专利权，为避免对同样的专利申请重复授权，许多国家在专利法中都规定了抵触申请。我国专利法也作出相关规定。我国的抵触申请包括申请日以前由他人提出、在申请日之后（含申请日）进入中国并作出中文公布的且为同样的发明或者实用新型的国际专利申请。但是应当注意，抵触申请仅指由他人在申请日以前提出的，不包含由他人在申请日提出的及申请人本人提出的同样的发明、实用新型或者外观设计。

四、不丧失新颖性的公开

在实践中，往往会出现由于发明人的经验不足或者第三人以非法手段公开发明人的技术成果的现象。如果在这种情况下仍然认定发明人的申请丧失了新颖性，则显失公平。因此，各国一般情况下都作出了特别规定，不承认上述情况下的公开导致丧失新颖性。但是各国对于不丧失新颖性的规定差异比较大，主要有两种立法模式：（1）优惠期制度。优惠期是指发明创造在一定情况下被公开后，必须在一定期限内提出专利申请，才可以获得保护。如果超过该法定期限不提出专利申请，即被认为丧失了新颖性，不能获得专利权。（2）优先权制度。优先权是指当发明创造在一定情况下被公开后，在一定期限内提出的专利申请被视为在发明创造公开之日提出的，判断该申请的新颖性以该公开日为准。

优惠期制度和优先权制度所产生的法律效力是不同的，主要表现在对第三人独立的发明创造的效力上。在优惠期制度下，发明人自己公开或者被他人非法公开，仅视为没有丧失新颖性，申请日还是以发明人提出申请的日期为准。如果第三人在公开之后到发明人提出申请之前独立作出了同样的发明创造，并在发明人之前提出了专利申请，根据先申请原则，发明人就不能取得专利权。至于第三人的发明，由于该发明已经成为现有技术，丧失了新颖性，也不能取得专利权。在优先权制度下，将技术公开之日视为发明公开之日，发明人自己公开或者被他人非法公开，对发明的新颖性在一定期限内并不产生任何影响。任何同样的发明的公开，即使是第三人独立作出的发明创造，也不影响发明人的发明的新颖性。

我国专利法采用的是优惠期制度，即在我国专利审查中，发明创造公开以后已经成为现有技术，只是认为这种公开在一定期限内对申请人的专利申请来说不视作影响其新颖性和创造性的现有技术，并不是把发明创造的公开日看作专利申请的申请日。

我国《专利法》第24条规定，申请专利的发明创造在申请日以前6个月内，有下列情形之一的，不丧失新颖性：

（一）在国家出现紧急状态或者非常情况时，为公共利益目的首次公开的

2020年修正的《专利法》第24条第1款新增了一条规定，在国家出现紧急状态或者非常情况时，为公共利益目的首次公开的，6个月内不丧失新颖性。

（二）在中国政府主办或者承认的国际展览会上首次展出的

申请专利的发明创造在申请日以前6个月内，在中国政府主办或者承认的国际展览会上首次展出的，不丧失新颖性。

中国政府主办的国际展览会，包括国务院、各部委主办或者国务院批准由其他机关或者地方政府举办的国际展览会。中国政府承认的国际展览会，包括国务院、各部委承认的在外国举办的展览会。

所谓国际展览会，即展出的展品除了举办国的产品以外，还应当有来自外国的展品。在中国政府主办或承认的外国举办的国际展览会上发行的介绍展品的出版物所公开的发明创造可以享受《专利法》第24条规定的优惠期。

（三）在规定的学术会议或者技术会议上首次发表的

规定的学术会议或者技术会议，是指国务院有关主管部门或者全国性学术团体组织召开的学术会议或者技术会议，不包括省以下或者受国务院各部委或全国性学会委托或者以其名义组织召开的学术会议或者技术会议。在后者所述的会议上的公开导致丧失新颖性，除非这些会议本身具有保密约定。

（四）他人未经申请人同意而泄露其内容的

申请专利的发明创造在申请日以前6个月内，他人未经申请人同意而泄露其内容的，不丧失新颖性。他人未经申请人同意对发明创造所作的公开，包括他人未遵守明示的或者默示的保密义务而将发明创造的内容公开，包括他人用威胁、欺诈或者间谍活动等手段从发明人或者申请人那里得知发明创造的内容而后造成的公开。这两种情况的公开都是违反申请人的本意的。

《专利法实施细则》第33条规定，申请专利的发明创造有《专利法》第24条第（二）项或者第（三）项所列情形的，申请人应当在提出专利申请时声明，并自申请日起2个月内提交有关发明创造已经展出或者发表，以及展出或者发表日期的证明文件。申请专利的发明创造有《专利法》第24条第（一）项或者第（四）项所列情形的，国务院专利行政部门认为必要时，可以要求申请人在指定期限内提交证明文件。申请人未提出声明和提交证明文件的，或者未在指定期限内提交证明文件的，其申请不适用《专利法》第24条的规定。

案例：针对申请日为2016年6月13日、专利权人为王某的专利（下称涉案专利），A公司向国家知识产权局专利局复审和无效审理部提起无效宣告请求。A公司主张的无效理由包括：证据1为专利文献，公开日为2016年5月25日，早于涉案专利的申请日，构成现有技术，涉案专利相对于证据1不具备新颖性，因此请求宣告涉案专利无效。在口头审理过程中，专利权人提出：证据1为A公司抄袭B公司的技术之后提出的专利申请，经法院判决，已经确认证据1公开的内容来源于B公司的技术图纸，并判定证据1的专利权归属于B公司，B公司是该案专利权人甲某所有的公司，因此证据1的公开属于A公司非法获取自甲某且违背甲某的意愿而泄露，公开时间在涉案专利的申请日前6个月内，因此涉案专利应当享有不丧失新颖性的宽限期，证据1不应被视为影响涉案专利新颖性的现有技术。合议组认为，他人通过合法手段从申请人处获得，但违背其意愿造成的公开，也属于"他人未经申请人同意而泄露"的情形。该案中，经过查证发现，证据1的原申请人为A公司，在证据1的权属纠纷案中，法院判决确认了证据1的技术方案来源于B公司，B公司为甲某所有，且证据1的技术方案与甲某的技术方案相似度极高，因此，可以认为证据1的技术方案获取自甲某。甲某未将相关权利转让给A公司，因此，即使A公司是由于合作关系、通过合法手段获取到该技术内容，但是其将该技术内容以自己的名义申请专利的行为，仍然属于未经涉案专利的申请人同意导致的泄露，构成了《专利法》第24条第（四）项规定的"他人未经申请人同意而泄露其内容"的情形。

但能否享有新颖性宽限期，还要考察申请人王某提出声明的时机是否符合《专利审查指南2023》的规定。《专利审查指南2023》第一部分第一章第6.3.4节规定了申请人提出不丧失新颖性宽限期声明的两种时机：他人未经申请人同意而泄露发明创造的内容，若申请人在申请日前已获知，应当在提出专利申请时在请求书中声明；若申请人在申请日以后得知，应当在得知情况后两个月内提出声明。该案中，根据证据1的权属争议的法院判决书，A公司与B公司的权属纠纷于2018年2月被法院受理，原告B公司的法定代表人为王某，职务为总经理。据此可以推断，甲某对B公司的涉诉情况理应在第一时间知情，也即，该案专利权人应当在2018年2月即已知晓涉案专利的技术方案被证据1提前泄露，故而应当在2018年4月以前提出不丧失新颖性宽限期的声明。再者，该案合议组于2019年11月将无效理由和证据1转送给了专利权人，因此，即便有证据表明专利权人在2018年2月时对证据1不知情，其至少也应该在收到合议组的转文之日知晓涉案专利的方案被证据1泄露，进而应当在2020年1月以前提出不丧失新颖性宽限期的声明。然而专利权人直至2020年4月口头审理时才提出新颖性宽限期的声明，显然已经超出了"得知情况后两个月"的期限。

基于上述理由，对于专利权人有关"不丧失新颖性宽限期"的主张，合议组并未予以支持，涉案专利最终由于相对于证据1不具备新颖性、创造性而被宣告无效。[1]

上述案例提示：主张不丧失新颖性的宽限期，不仅需要考虑在先公开是否符合《专利法》第24条的规定，还要注意提出声明的时机。申请人或专利权人应当在提出专利申请之日或在明知或应知其发明创造被泄露之日起两个月内提出不丧失新颖性宽限期的声明，否则，申请人需要承担由于错过期限而导致的不利后果。

五、单一对比原则

专利申请的新颖性判断，采用单一对比原则。

在判断一项专利申请是否具有新颖性时，应当将发明或者实用新型专利申请的各项

---

[1] 王效维、王可、张娟，新颖性宽限期适用规则的考量，网址：https://www.cnipa.gov.cn/art/2021/12/3/art_2650_171861.html，最后访问日期：2024年6月8日。

权利要求分别与每一项现有技术或申请在先公布在后的发明或实用新型申请文件中相关的技术内容单独地进行比较，不得将其与几项现有技术或者申请在先公布在后的发明或者实用新型内容的组合，或者与一份对比文件中的多项技术方案的组合进行对比。

就外观设计而言，在进行是否相同或者近似（即新颖性）的判断中，一般应当用一项在先设计与被比设计进行单独对比，而不能将两项或者两项以上在先设计结合起来与被比设计进行对比。被比设计包含若干项具有独立使用价值的产品的外观设计的，例如，成套产品外观设计，可以用不同的在先设计与其所对应的各产品的外观设计分别进行单独对比。被比设计是由组装在一起使用的至少两个构件构成的产品的外观设计的，可以将与其构件数量相对应的明显具有组装关系的构件结合起来作为一项在先设计与被比设计进行对比。

案例：邓某某为"幼苗移栽器"的实用新型专利的专利权人。该专利权利要求1内容如下：

1.一种幼苗移栽器，包括长杆（1）和手柄（2），其特征在于：长杆（1）的上端接手柄（2），下端有锥形尖头（3）。

某分公司针对本专利向国务院专利行政部门提出无效宣告请求，认为本专利权利要求1不具备新颖性。同时提交了公告日为1991年2月27日、公告号为CN2071871U的中国实用新型专利申请说明书的复印件作为证据。

原专利复审委员会经审查认为该专利不具有新颖性，宣告该专利无效。邓某某不服，向法院提起行政诉讼。

法院经审理认为，如果一项权利要求所要求保护的技术方案与现有技术公开的技术方案实质上相同，且二者的技术领域、所要解决的技术问题及预期技术效果均相同，则该权利要求所要求保护的技术方案不具备新颖性。将该案专利权利要求1与某分公司提供的证据所公开的技术内容相比，证据中的"锥孔段"相当于本专利权利要求1中的"长杆"，"顺根筒"相当于"上端接手柄"，"锥尖1"相当于"锥形尖头"。因此，权利要求1所要求保护的技术方案与证据公开的技术方案构成实质上相同。且二者均属于种植工具领域，能解决相同的技术问题，产生相同的预期效果，故本专利权利要求1不具备新颖性。判决驳回原告诉讼请求。[1]

---

1 参见最高人民法院（2017）最高法行申8803号行政裁定书。

六、发明、实用新型专利新颖性的判断[1]

（一）相同内容的发明或者实用新型

如果要求保护的发明或者实用新型与对比文件所公开的技术内容完全相同，或者仅仅是简单的文字变换，则该发明或者实用新型不具备新颖性。另外，上述相同的内容应该理解为包括可以从对比文件中直接地、毫无疑义地确定的技术内容。例如一件发明专利申请的权利要求是"一种电机转子铁心，所述铁心由钕铁硼永磁合金制成，所述钕铁硼永磁合金具有四方晶体结构并且主相是$Nd_2Fe_{14}B$金属间化合物"，如果对比文件公开了"采用钕铁硼磁体制成的电机转子铁心"，就能够使上述权利要求丧失新颖性，因为该领域的技术人员熟知所谓的"钕铁硼磁体"即指主相是$Nd_2Fe_{14}B$金属间化合物的钕铁硼永磁合金，并且具有四方晶体结构。

（二）具体（下位）概念与一般（上位）概念

如果要求保护的发明或者实用新型与对比文件相比，其区别仅在于前者采用一般（上位）概念，而后者采用具体（下位）概念限定同类性质的技术特征，则具体（下位）概念的公开使采用一般（上位）概念限定的发明或者实用新型丧失新颖性。例如，对比文件公开某产品是"用铜制成的"，就使"用金属制成的"同一产品的发明或者实用新型丧失新颖性。但是，该铜制品的公开并不使铜之外的其他具体金属制成的同一产品的发明或者实用新型丧失新颖性。

反之，一般（上位）概念的公开并不影响采用具体（下位）概念限定的发明或者实用新型的新颖性。例如，对比文件公开的某产品是"用金属制成的"，并不能使"用铜制成的"同一产品的发明或者实用新型丧失新颖性。又如，要求保护的发明或者实用新型与对比文件的区别仅在于发明或者实用新型中选用了"氯"来代替对比文件中的"卤素"或者另一种具体的卤素"氟"，则对比文件中"卤素"的公开或者"氟"的公开并不导致用氯对其作限定的发明或者实用新型丧失新颖性。

（三）惯用手段的直接置换

如果要求保护的发明或者实用新型与对比文件的区别仅仅是所属技术领域的惯用手段的直接置换，则该发明或者实用新型不具备新颖性。例如，对比文件公开了采用螺钉固定的装置，而要求保护的发明或者实用新型仅将该装置的螺钉固定方式改换为

---

1 本部分参阅《专利审查指南2023》第二部分"实质审查"第三章"新颖性"编写。

螺栓固定方式，则该发明或者实用新型不具备新颖性。

（四）数值和数值范围

如果要求保护的发明或者实用新型中存在以数值或者连续变化的数值范围限定的技术特征，例如部件的尺寸、温度、压力以及组合物的组分含量，而其余技术特征与对比文件相同，则其新颖性的判断应当依照以下各项规定：

第一，对比文件公开的数值或数值范围落在申请专利技术特征的数值范围内，破坏新颖性。

对比文件公开的数值或者数值范围落在上述限定的技术特征的数值范围内，将破坏要求保护的发明或者实用新型的新颖性。

例如，专利申请的权利要求为一种铜基形状记忆合金，包含10%～35%（重量）的锌和2%～8%（重量）的铝，余量为铜。如果对比文件公开了包含20%（重量）锌和5%（重量）铝的铜基形状记忆合金，则上述对比文件破坏该权利要求的新颖性。

第二，对比文件公开的数值范围与申请专利技术特征的数值范围部分重叠或者有一个共同的端点，破坏新颖性。

对比文件公开的数值范围与上述限定的技术特征的数值范围部分重叠或者有一个共同的端点，将破坏要求保护的发明或者实用新型的新颖性。

例如，专利申请的权利要求为一种氮化硅陶瓷的生产方法，其烧成时间为1小时～10小时。如果对比文件公开的氮化硅陶瓷的生产方法中的烧成时间为4小时～12小时，由于烧成时间在4小时～10小时的范围内重叠，则该对比文件破坏该权利要求的新颖性。

第三，对比文件公开的数值范围的两个端点破坏新颖性。

对比文件公开的数值范围的两个端点将破坏上述限定的技术特征为离散数值并且具有该两端点中任一个的发明或者实用新型的新颖性，但不破坏上述限定的技术特征为该两端点之间任一数值的发明或者实用新型的新颖性。

例如，专利申请的权利要求为一种二氧化钛光催化剂的制备方法，其干燥温度为40℃、58℃、75℃或者100℃。如果对比文件公开了干燥温度为40℃～100℃的二氧化钛光催化剂的制备方法，则该对比文件破坏干燥温度分别为40℃和100℃时权利要求的新颖性，但不破坏干燥温度分别为58℃和75℃时权利要求的新颖性。

第四，申请专利的技术特征的数值或者数值范围落在对比文件公开的数值范围内，且无共同端点，不破坏新颖性。

上述限定的技术特征的数值或者数值范围落在对比文件公开的数值范围内，并且与对比文件公开的数值范围没有共同的端点，则对比文件不破坏要求保护的发明或者实用新型的新颖性。

例如，专利申请的权利要求为一种内燃机用活塞环，其活塞环的圆环直径为95毫米，如果对比文件公开了圆环直径为70毫米～105毫米的内燃机用活塞环，则该对比文件不破坏该权利要求的新颖性。

七、外观设计新颖性判断[1]

申请专利的外观设计不属于现有设计，是指在现有设计中，既没有与涉案专利相同的外观设计，也没有与涉案专利实质相同的外观设计，也没有抵触申请。

外观设计相同，是指涉案专利与对比设计是相同种类产品的外观设计，并且涉案专利的全部外观设计要素与对比设计的相应设计要素相同，其中外观设计要素是指形状、图案以及色彩。如果涉案专利与对比设计仅属于常用材料的替换，或者仅存在产品功能、内部结构、技术性能或者尺寸的不同，而未导致产品外观设计的变化，二者仍属于相同的外观设计。在确定产品的种类时，可以参考产品的名称、国际外观设计分类以及产品销售时的货架分类位置，但是应当以产品的用途是否相同为准。相同种类产品是指用途完全相同的产品。例如机械表和电子表尽管内部结构不同，但是它们的用途是相同的，所以属于相同种类的产品。

外观设计实质相同的判断仅限于相同或者相近种类的产品外观设计。对于产品种类不相同也不相近的外观设计，不进行涉案专利与对比设计是否实质相同的比较和判断，即可认定涉案专利与对比设计不构成实质相同，例如，毛巾和地毯的外观设计。相近种类的产品是指用途相近的产品。例如，玩具和小摆设的用途是相近的，两者属于相近种类的产品。应当注意的是，当产品具有多种用途时，如果其中部分用途相同，而其他用途不同，则二者应属于相近种类的产品。如带MP3的手表与手表都具有计时的用途，二者属于相近种类的产品。

如果一般消费者经过对涉案专利与对比设计的整体观察可以看出，二者的区别仅

---

1 本部分参阅《专利审查指南2023》第四部分"复审与无效请求的审查"第五章"无效宣告程序中外观设计专利的审查"编写。

属于下列情形，则涉案专利与对比设计实质相同：

第一，其区别在于施以一般注意力不易察觉到的局部的细微差异，例如，百叶窗的外观设计仅有具体叶片数不同；第二，其区别在于使用时不容易看到或者看不到的部位，但有证据表明在不容易看到部位的特定设计对于一般消费者能够产生引人瞩目的视觉效果的情况除外；第三，其区别在于将某一设计要素整体置换为该类产品的惯常设计的相应设计要素，例如，将带有图案和色彩的饼干桶的形状由正方体置换为长方体；第四，其区别在于将对比设计作为设计单元按照该种类产品的常规排列方式作重复排列或者将其排列的数量作增减变化，例如，将影院座椅成排重复排列或者将其成排座椅的数量作增减；第五，其区别在于互为镜像对称；第六，其区别在于局部外观设计要求保护部分在产品整体中的位置/或比例关系的常规变化。

| 第三节 | 创造性

一、创造性的概念

所谓创造性，是指同申请日以前已有的技术相比，该发明有突出的实质性特点和显著的进步。就外观设计而言，授予专利权的外观设计与现有设计或者现有设计特征的组合相比，应当具有明显区别。创造性也是在申请专利时应当具备的积极条件之一。绝大多数国家的专利法中都规定了创造性要求，但是具体称谓不同，例如德国称为"高度发明"，美国、英国称为"非显而易见性"（non-obviousness），匈牙利则称为"先进性"。我国专利法中的创造性指的是所申请的发明或实用新型专利应当具备"突出的实质性特点（或实质性特点）"和"显著的进步（或进步）"。

创造性也是以现有技术为判断标准，作为新颖性和创造性判断标准的现有技术指的是最接近的现有技术。如何确定最接近的现有技术是实践中一个比较复杂的问题。此部分内容将在后文详述。

二、创造性的判断标准[1]

专利制度的目的在于鼓励创新，但是并非一切新颖、实用的东西都有保护的价

---

1 本部分参阅《专利审查指南2023》第二部分"实质审查"第四章"创造性"编写。

值。可以说，新颖性条件是授予专利权的"外在新"的要求，而创造性则是授予专利权的"内在新"的要求。如果一项发明或实用新型申请仅在表面上与现有技术不同，或者这种差异非常微小，以至于其他人可以轻易地通过联想从已知技术中推演出来，则不能说该项技术有什么创新性。因此，所谓创造性，实质上是对申请的发明或实用新型在技术难度上的要求。但是创造性的判断比新颖性的判断具有更大的主观性，因此在实践中作出正确的判断并不容易。

我国《专利法》第22条第3款规定，创造性，是指与现有技术相比，该发明具有突出的实质性特点和显著的进步，该实用新型具有实质性特点和进步。因此，创造性判断主要是判断申请的发明创造是否具备"突出的实质性特点"和"显著的进步"。

（一）突出的实质性特点的判断

判断发明是否具有突出的实质性特点，就是要判断对本领域的技术人员来说，要求保护的发明相对于现有技术是否显而易见。如果要求保护的发明相对于现有技术是显而易见的，则不具有突出的实质性特点；反之，如果对比的结果表明要求保护的发明相对于现有技术是非显而易见的，则具有突出的实质性特点。

判断要求保护的发明相对于现有技术是否显而易见，通常可按照以下三个步骤进行。

首先，确定最接近的现有技术。最接近的现有技术，是指现有技术中与要求保护的发明最密切相关的一个技术方案，它是判断发明是否具有突出的实质性特点的基础。最接近的现有技术，可以是与要求保护的发明技术领域相同，所要解决的技术问题、技术效果或者用途最接近和/或公开了发明的技术特征最多的现有技术，或者虽然与要求保护的发明技术领域不同，但能够实现发明的功能，并且公开发明的技术特征最多的现有技术。《专利审查指南2023》特别强调，在确定最接近的现有技术时，应首先考虑技术领域相同或相近的现有技术，其中，要优先考虑与发明要解决的技术问题相关联的现有技术。在专利申请审查程序及无效宣告程序中，在选择最接近的现有技术时，有时会以"共有技术特征的多少"为标准，而忽略现有技术的技术问题与发明要解决的技术问题是否相关联，从而导致创造性的评判出现偏差。《专利审查指南2023》首次明确，通常应当优先选择与本申请相同或者相近技术领域的且其技术问题也与本申请所要解决的技术问题相关联的现有技术，作为最接近的现有技术。特别应注意，《专利审查指南2023》中并未要求"最接近的现有技术"所要解决的技术问题和目标专利中所要解决的技术问题相同或一致，而是要求两者"相关联"。所谓"相关联"指的是"最接近的现有技术"中所要解决的技术问题在目标专利的技术方案中也是存在的。若是"最接近的现有技术"所要解决的技术问题在目标专利的技术方案中不存在，或者两者所要解决的技术问题属于不同的细分技术方向，那么两者之间的"关联性"较弱。此种情形下的"最接近的现有技术"对于目标专利的创造性不会产生影响，应进一步检索直至找到关联性高的"最接近的现有技术"。关于如何确定最接近的现有技术，我们看一则案例：

涉案专利涉及一种印刷电路板的铜锡置换方法，其说明书记载，一般印刷电路板上的铜在焊接前，为了利于焊接作业的进行，使用一种含有化学锡的药液来浸泡或者冲刷印刷电路板，以使部分铜被置换成锡。但是，现有技术中采用的铜锡置换方法耗费时间过长，因此，涉案专利的发明目的在于，提供一种印刷电路板的铜锡置换方法，不需要通过摇动印刷电路板来进行铜锡置换而使铜锡置换过程更加方便，同时使得铜锡置换过程所耗费的时间大幅度缩短。

申请人对涉案专利提出无效宣告申请，原专利复审委员会第23401号无效决定以权利要求1相对于对比文件1、对比文件2和对比文件3的结合不具备创造性，从属权利要求2～9也不具备创造性为由，宣告本专利全部无效。专利权人不服，提起行政诉讼。行政诉讼经历了一审、二审、再审。

该案的诉讼程序中，争议焦点问题之一在于，对比文件1是否适合作为最接近的现有技术，即最接近的现有技术的适格性问题。

专利无效中，合议组的主要意见如下：首先，从技术领域和应用环境来说，对比文件1明确记载"本申请案涉及一种用于制造多层印刷电路板的化学处理溶液的连续、顺序喷洒应用"，尤其是其中第三步化学处理工序，涉及在电路板内层的铜箔表面与施加的化学锡药水之间发生铜锡置换反应，可见，权利要求1及对比文件1同属广义上的印刷电路板制造领域，并非完全不相关的技术领域。其次，从解决的技术问题和技术效果来说，涉案专利权利要求1要解决的技术问题是：加快用于印刷电路板制造的铜锡置换反应速率。对于印刷电路板制造中必不可少的铜锡置换工序来说，本领域技术人员并不需要从技术文献的明确记载中才能意识到权利要求1想要解决的技术问题，他们天然有动机去改进生产工艺以尽可能地加快铜锡置换反应速率，从而提高生产效率和降低生产成本。本领域技术人员并不会因为对比文件1中电路板在第二主要单元内化学锡药液喷洒区域的停留时间短就认为该反应的速率已经快到没有改进空间。最后，从具体的技术方案及技术效果来说，权利要求1要求保护的并非印刷电路板的完整制造过程，而是涉及印刷电路板制造过程中的铜锡置换工序。对比文件1中虽然涉及多层印刷电路板内层的制造并公开了多个不同的工序，但是其第三步化学处理工序中于化学锡药液喷洒区域进行铜锡置换的技术方案涉及发生在电路板内层的铜箔表面与施加的化学锡药水之间的铜锡置换反应，与权利要求1中发生在铜接点与化学锡药水间的铜锡置换反应实质上并无差异。不应简单机械地理解权利要求1的术语"印刷电路板"和"铜接点"并因而将权利要求1的方法的适用范围局限于涉案专利实施例描述的场景或用途。综上，对比文件1第三步化学处理工序中于化学锡药液喷洒区域进行铜锡置换的技术方案与权利要求1的技术方案存在合理的关联性，其对权利要求1的技术方案的最终达成不会构成当然的阻碍，具备抵达终点的前景和希望，因此适合作为最接近的现有技术。

该案再审中，最高人民法院采纳了原专利复审委员会的意见，最终使得第23401号无效宣告审查决定得到维持。[1]

首先，最接近的现有技术是判断发明是否具有突出的实质性特点的基础，本领域技术人员将其视作发明创造的起点。通常来说，这种起点的选择是否合适，并非机械地比较某项现有技术与本发明技术领域、意欲解决的技术问题、实现的功能或效果在文字表述上是否一致，而是需要从本领域技术人员的视角来判断两者在技术上是否存在合理的内在联系，这种合理关联性的判断是一个全面的综合分析过程，不可片面地考虑单一因素。

其次，确定发明的区别特征和发明实际解决的技术问题。在确定该问题时，首先应当分析要求保护的发明与最接近的现有技术相比有哪些区别特征，然后根据该区别特征在要求保护的发明中所能达到的技术效果确定发明实际解决的技术问题。从这个意义上说，发明实际解决的技术问题，是指为获得更好的技术效果而需对最接近的现有技术进行改进的技术任务。审查过程中，当审查员所认定的最接近的现有技术不同于申请人在说明书中所描述的现有技术时，应当根据审查员所认定的最接近的现有技术重新确定发明实际解决的技术问题。

最后，判断要求保护的发明对本领域的技术人员来说是否显而易见。在该步骤

---

1 参见最高人民法院（2018）最高法行申855号行政裁定书。

中，要从最接近的现有技术和发明实际解决的技术问题出发，判断要求保护的发明对本领域的技术人员来说是否显而易见。判断过程中，要确定的是现有技术整体上是否存在某种技术启示，即现有技术中是否给出将上述区别特征应用到该最接近的现有技术以解决其存在的技术问题（即发明实际解决的技术问题）的启示，这种启示会使本领域的技术人员在面对所述技术问题时，有动机改进该最接近的现有技术并获得要求保护的发明。如果现有技术存在这种技术启示，则发明是显而易见的，不具有突出的实质性特点。

下述情况，通常认为现有技术中存在上述技术启示：（1）所述区别特征为公知常识；（2）所述区别特征为与最接近的现有技术相关的技术手段；（3）所述区别特征为另一份对比文件中披露的相关技术手段，该技术手段在该对比文件中所起的作用与该区别特征在要求保护的发明中为解决该重新确定的技术问题所起的作用相同。

例如，申请专利的权利要求记载的技术特征为：一种改进的排气阀，包括一个由耐热镍基合金A制成的主体，还包括一个阀头部分，其特征在于所述阀头部分涂敷了由镍基合金B制成的覆层。发明所要解决的是阀头部分耐腐蚀、耐高温的技术问题。对比文件1公开了一种内燃机排气阀，所述的排气阀包括主体和阀头部分，主体由耐热镍基合金A制成，而阀头部分的覆层使用的是与主体所用合金不同的另一种合金，对比文件1进一步指出，为了适应高温和腐蚀性环境，所述的覆层可以选用具有耐高温和耐腐蚀特性的合金。对比文件2公开的是有关镍基合金材料的技术内容。其中指出，镍基合金B对极其恶劣的腐蚀性环境和高温影响具有优异的耐受性，这种镍基合金B可用于发动机的排气阀。

在两份对比文件中，由于对比文件1与专利申请的技术领域相同，所解决的技术问题相同，且公开专利申请的技术特征最多，因此可以认为对比文件1是最接近的现有技术。将专利申请的权利要求与对比文件1对比之后可知，发明要求保护的技术方案与对比文件1的区别在于发明将阀头覆层的具体材料限定为镍基合金B，以便更好地适应高温和腐蚀性环境。由此可以得出发明实际解决的技术问题是如何使发动机的排气阀更好地适应高温和腐蚀性的工作环境。

根据对比文件2，本领域的技术人员可以清楚地知道镍基合金B适用于发动机的排气阀，并且可以起到提高耐腐蚀性和耐高温的作用，这与该合金在本发明中所起的作用相同。由此，可以认为对比文件2给出了可将镍基合金B用作有耐腐蚀和耐高温要求的阀头覆层的技术启示，进而使得本领域的技术人员有动机将对比文件2和对比文件1结合起来构成该专利申请权利要求的技术方案，故该专利申请要求保护的技术方案相对于现有技术是显而易见的，不具有创造性。[1]

（二）显著的进步的判断

在评价发明是否具有显著的进步时，主要应当考虑发明是否具有有益的技术效果。以下情况，通常应当认为发明具有有益的技术效果，具有显著的进步：（1）发明与现有技术相比具有更好的技术效果，例如，质量改善、产量提高、节约能源、防治环境污染等；（2）发明提供了一种技术构思不同的技术方案，其技术效果能够基本上达到现有技术的水平；（3）发明代表某种新技术发展趋势；（4）尽管发明在某些方面有负面效果，但在其他方面具有明显积极的技术效果。

（三）从所属技术领域的一般技术人员的角度进行判断

一项发明是否具有创造性，主要是看该所属技术领域的技术人员能否在现有技术的基础上通过逻辑分析、推理或者试验而轻易得到该技术方案。因此，主体角度实质上就是从所属技术领域的技术人员的角度对创造性的标准进行判断。

所属技术领域的一般技术人员，也可称为本领域的技术人员，是指一种假设的"人"，假定他知晓申请日或者优先权日之前发明所属技术领域所有的普通技术知识，能够获知该领域中所有的现有技术，并且具有应用该日期之前常规实验的手段和能力，但是不具有创造能力。如果所要解决的技术问题能够促使本领域的一般技术人员在其他技术领域寻找技术手段，他也应具有从该其他技术领域中获知该申请日或优先权日之前的相关现有技术、普通技术知识和常规实验手段的能力。如果以这种假设的人的标准，能够得到该发明的技术，该项发明或者实用新型的申请就不具有"突出的实质性特点（或实质性特点）"和"显著的进步（或进步）"。

（四）从发明的技术效果上进行判断

1.发明解决了技术难题

如果发明者经过努力，解决了某个科学技术领域中人们长久渴望解决的技术难题，则这种发明具有突出的实质性特点和显著的进步，具备创造性。例如，自有农场

---

[1] 该案例参阅《专利审查指南2023》第二部分"实质审查"第四章"创造性"第3.2.1.2节"判断示例"。

以来，人们一直期望解决在农场牲畜（如奶牛）身上无痛而且不损坏牲畜表皮打上永久性标记的技术问题，某发明人基于冷冻能使牲畜表皮着色这一发现而发明的一项冷冻"烙印"的方法成功地解决了这个技术问题，该发明具备创造性。

2.发明克服了技术偏见

技术偏见是指在某段时间内、某个技术领域中，技术人员对某个技术问题普遍存在的、偏离客观事实的认识，它引导人们不去考虑其他方面的可能性，阻碍人们对该技术领域的研究和开发。如果发明克服了这种技术偏见，采用了人们由于技术偏见而舍弃的技术手段，从而解决了技术问题，则这种发明具有突出的实质性特点和显著的进步，具备创造性。例如，对于电动机的换向器与电刷间界面，通常认为越光滑接触越好，电流损耗也越小。一项发明在换向器表面制出一定粗糙度的细纹，使得电流损耗更小，优于光滑表面。这种发明就是克服了技术上的偏见，具备创造性。

3.发明取得了预料不到的技术效果

发明取得了预料不到的技术效果，是指发明同现有技术相比，其技术效果产生"质"的变化，具有新的性能；或者产生"量"的变化，超出人们预期的想象。这种"质"的或者"量"的变化，对所属技术领域的技术人员来说，事先无法预测或者推理出来。当发明产生了预料不到的技术效果时，说明发明具有显著的进步，同时也反映出发明的技术方案是非显而易见的，具有突出的实质性特点，具备创造性。

4.发明在商业上获得成功

当发明的产品在商业上获得成功时，如果这种成功是由发明的技术特征直接导致的，一方面反映了发明具有有益效果，另一方面说明了发明是非显而易见的，因而这类发明具有突出的实质性特点和显著的进步，具备创造性。但是，如果商业上的成功是由于其他原因所致，例如由于销售技术的改进或者广告宣传造成的，则不能作为判断创造性的依据。

三、创造性判断中的注意事项

（一）发明创造的途径并不决定是否具有创造性

在实践中，有些发明是发明人经过了千辛万苦创造出来的，而有些发明是发明人偶然地思考轻易得出的。但是，不管发明者在发明的过程中是历尽艰险，还是唾手而得，都不应当影响对该发明创造性的评价。绝大多数发明是发明者创造性劳动的结晶，是长期科学研究或者生产实践的总结。但是，也有一部分发明是偶然作出的。例如，公知的汽车轮胎具有很高的强度和良好的耐磨性能，它曾经是由于一名工匠在准备黑色橡胶配料时，把原本决定加入3%的炭黑错加为30%而造成的。事实证明，加入30%的炭黑生产出来的橡胶具有原先不曾预料到的高强度和耐磨性能，尽管它是由于操作者的偶然疏忽造成的，但不影响该发明具备创造性。

（二）发明的创造性的判断标准是现有技术这一客观标准

有些发明创造纠正了人们的现有技术偏见，这类发明的影响通常被表述为"捅破了一层薄薄的窗户纸"。在判断该类发明时，人们往往会犯"事后诸葛亮"的错误，即由于了解了发明的内容，从而主观上认为该发明的创造性很低。因此，在判断一项发明的创造性时，应当牢记，对发明的创造性评定是由发明所属技术领域的技术人员依据申请日以前的现有技术与发明进行比较而作出的，避免主观因素的影响。

案例：在国家知识产权局审理的"餐馆服务系统"发明专利权无效宣告请求案中，涉案专利涉及一种餐馆服务系统，其技术要点包括构建由轨道系统构成的、借助重力作用传送饭菜或饮料的传送系统，传送系统从后厨工作区连接延伸到餐桌上，从而能够在后厨烹饪或准备好饭菜和饮料等餐饮食品后，将餐饮食品放置在轨道上，餐饮食品在轨道上借助重力作用滑动运送到顾客的餐桌上，由此，既不需要由服务员提供上菜服务，也不需要顾客自行取餐，解决了现有餐馆服务系统中存在的上述问题。

无效宣告请求人主张该专利的技术方案相对于证据1和证据2的结合不具备创造性，请求宣告该专利全部无效，国家知识产权局经审理作出无效宣告请求审查决定，在专利权人修改的权利要求的基础上维持该专利权有效。

第一，该案中，证据1公开了一种食物供应装置，其中包括一高于服务柜台的抬升平台，用于准备食物，在抬升平台和服务柜台之间设置轨道，食物准备完毕后放置在轨道上，借助重力作用传送到服务柜台上，再由服务员将食物从服务柜台取出，交给坐在柜台周围的顾客；证据2则公开了类似铁道的轨道系统。相比之下，涉案专利与作为最接近现有技术的证据1之间的区别特征之一在于，二者虽然都利用了借助重力作用的轨道系统，但是涉案专利的技术方案限定了轨道系统延伸连接至顾客的餐桌，可以通过轨道借助重力作用直接将餐饮食物运送到顾客的餐桌上，而证据1仍然将食物传送到服务柜台，再由服务员将食物取出运送到餐桌上。这也成为该案创造性判断的焦点，即现有技术是否存在足够的启示和教导，促使本领域技术人员能够显而易见地得到该专利的技术方案。

合议组认为：首先，纵观人类的饮食历史，餐饮行业从诞生至今，基本上一直沿用由服务员提供人工服务的模式，这与该行业的服务性质和人们对该行业的需求是密不可分的，人们选择到餐馆就餐很大程度上是为了享受这种服务的便利和惬意，在这种需求之下，事实上是难以取消人工服务的。即便是后期发展而来的自助餐厅和回转餐厅，也离不开服务员将食物放置到取餐处或传送带上。这些服务模式都不能取消或取代人工服务。证据1提供的技术方案也同样如此。

第二，涉案专利与证据1二者实际解决的技术问题和采用的技术手段实质上是不同的。证据1虽然公开了利用轨道系统传送食物的方案，但其所要解决的是在展会、交易会等空间有限甚至短缺的场所中，如何提供餐饮服务的问题，因此，证据1中只能在准备食物的后厨区和服务柜台之间通过一条固定轨道来解决空间利用率的问题，却无法给出相关的技术启示和教导，在占地更大、位置相对不确定的后厨区和餐桌之间架设复杂的轨道系统，也无法给出将轨道延伸到餐桌的启示或教导。

第三，二者实现的技术效果也是不同的。综合考虑就餐模式的发展和现状可知，就餐模式的改进空间不大，涉案专利正是通过其轨道系统的设计和应用，让顾客既不会因节约人力而感到服务的缺失，同时又能够提供新奇的就餐体验，带来一种不同的餐饮文化，体现了机械结构在餐饮行业的新应用，做到了餐厅环境、服务、人力成本和就餐体验等多方面的兼顾，这是证据1无法实现的技术效果。

第四，无效宣告请求审查决定认定涉案专利与证据1之间的区别特征体现了二者的发明构思之间根本的差别，现有技术也不存在其他启示或教导足以使本领域技术人员能够得到涉案专利。[1]

（三）对预料不到的技术效果的考虑

在创造性的判断过程中，考虑发明的技术效果有利于正确评价发明的创造性，如果发明与最接近的现有技术相比具有预料不到的技术效果，则应当认定该发明创造具有突出的实质性特点，可以确定发明具备创造性。

---

1 刘丽伟，评析"餐馆服务系统"发明专利权无效宣告请求案，网址：https://www.cnipa.gov.cn/art/2020/6/3/art_2648_166710.html，最后访问日期：2024年6月8日。

案例：被申请无效的专利主题为导体转子，应用于永磁传动器中，属于电机技术领域，其技术方案本身所涉及的是导体盘、轭铁盘和散热片及其之间的形状和连接关系。各方当事人一致确认，本专利权利要求1相对于对比文件1的区别特征为"轭铁盘的一面与导体盘焊接为一体"，以及权利要求1所实际解决的技术问题为"如何固定轭铁盘与导体盘"。这一要解决的技术问题足以促使本领域的技术人员从机械加工领域寻找技术手段。

而从无效申请人所提交的证据来看，能够证明在机械加工领域，异种金属之间可采用焊接方式，包括爆炸焊的技术手段进行固定属于该领域的公知常识，且该公知常识的存在历时已久，足以使相关领域技术人员在面对"如何固定轭铁盘与导体盘"这一技术问题时，有动机改进对比文件1的现有技术，并从附件11等证据所证明的爆炸焊机械加工方法公知常识中得到技术启示，将公知常识与对比文件1的技术方案相结合，获得本专利权利要求1的技术方案。

专利权人主张本专利较对比文件1的区别技术特征使其获得了散热良好等预料不到的技术效果，对此法院认为，本专利采用焊接固定而对比文件1采用螺钉固定，焊接形成的双金属在电学、热力学、磁学等领域的性能均已属公知，对于相关领域技术人员来说，本专利较对比文件1的区别技术特征带来的技术效果并未发生质或量的明显变化，并无预料不到的技术效果。专利权人的该项主张亦不能成立。本专利权利要求1显而易见不具有实质性特点和进步，不符合《专利法》第23条第3款的要求。[1]

（四）发明的创造性以申请人提交的权利要求书记载的技术方案为准

发明是否具备创造性是针对要求保护的发明而言的，因此，对发明创造性的评价应当针对发明人提交的权利要求书中提出的权利要求限定的技术方案进行判断。发明对现有技术作出贡献的技术特征，比如，使发明产生预料不到的效果的技术特征，或者体现发明克服技术偏见的技术特征，应当写入权利要求中；否则，即使说明书中有记载，也不能认为其具有创造性。

（五）创造性判断应当进行整体评价

与新颖性"单独对比原则"不同，判断一项发明创造的创造性时，应将一份或多

---

[1] 参见最高人民法院（2020）最高法知行终349号行政判决书。

份现有技术中的不同技术内容结合在一起对要求保护的发明进行整体评价。换言之，创造性的判断，应当针对权利要求限定的技术方案整体进行评价，评价整个技术方案是否具备创造性，而不是评价某一技术特征是否具备创造性。

案例：涉案专利系名称为"一种U型混凝土板桩"的实用新型专利，权利要求1是：一种U型混凝土板桩，该板桩由混凝土制成并具有呈U形的横截面，其特征在于：所述U形横截面具有位于所述U形底部的弯折段，以及位于所述U形两侧的第一连接段和第二连接段，所述第一连接段和所述第二连接段分别具有形状相抵靠配合的第一连接部和第二连接部，所述第一连接部和所述第二连接部形状相抵靠配合的配合面之间留有一个空隙，所述空隙中灌注混凝土浆或者填充止水橡胶条或其他密封材料。

对比文件1公开了一种混凝土板桩，与涉案专利属相同的技术领域。从其附图1a、2a可见，所述混凝土板桩具有呈U形的横截面，所述U形横截面具有位于U形底部的弯折段、位于U形两侧的第一连接段和第二连接段，所述第一连接段和所述第二连接段分别具有第一连接部和第二连接部，第一连接部和第二连接部的接合端面上分别有相对的凹槽和凸起，从图2b可见，相邻的板桩结合时，接合面相互抵靠一起，且所述凸起落入所述凹槽内。将涉案专利权利要求1与对比文件1公开的内容相比，二者的区别在于：对比文件1未公开在凸起与凹槽之间留有空隙，空隙内灌注混凝土浆、填充止水橡胶条或其他密封材料。结合涉案专利说明书中关于该区别特征的描述可知，涉案专利实际要解决的技术问题是确保板桩的止水效果和相互间的连接强度。

对比文件2公开了一种混凝土板桩，从其附图1、附图2和附图8以及中文译文涉及的相应段落内容可知，在板桩主体1的两个接合面2的一面设置有凹槽3，另一面设置有与其配合的凸起4，凸起4的长度H小于凹槽3的底部深度T，在凹槽3中设置弹性材料制成的止水部分5，止水部分5由橡胶或柔软的合成树脂、聚乙烯、聚丙烯、聚氨乙酯等及其发泡材料制成。

原专利复审委员会认为：对比文件2已经公开了涉案专利权利要求1和对比文件1的区别特征，且其在对比文件2中所起的作用与其在涉案专利中完全相同，均为通过形成止水部分而确保水密性。另外使用混凝土浆作为止水材料是本领域的常用技术手段。因此，本领域技术人员在对对比文件1进行改进时，为了解决板桩间的止水和连接强度问题，有动机参考对比文件2并尝试将其中公开的止水手段引入对比文件1并对其进行简单的变化而形成权利要求1的技术方案，在其技术效果属于本领域技术人员预期范围之内的情况下，涉案专利权利要求1不具备实质性特点，不具备创造性。

该案一审和二审法院判决撤销了原专利复审委员会的决定，认为涉案专利权利要求1具有创造性。原专利复审委员会向最高人民法院提出再审申请。

最高人民法院再审判决认为：就本专利的创造性评价而言，由于本专利权利要求1配合面有空隙的方案在对比文件2中已经公开，而且该空隙的功能是填入浆体材料或连接材料，保证止水效果和连接强度，也与对比文件2公开的功能相同，均为通过形成止水部分而确保水密性。本领域技术人员在对对比文件1进行改进时，为了解决板桩间的止水和连接强度问题，有动机参考对比文件2并尝试将其中公开的止水手段引入对比文件1而形成权利要求1的技术方案，在其技术效果属于本领域技术人员预期范围之内的情况下，被诉决定关于对比文件1和对比文件2已公开了权利要求1所保护的技术方案，权利要求1不具备《专利法》第22条第3款规定的创造性的认定并无不当。被诉决定对于本专利创造性的认定正确，应当予以维持。[1]

四、实用新型创造性判断

我国专利法对实用新型专利和发明专利的创造性要求不同。发明专利要求具有突出的实质性特点和显著的进步，实用新型专利要求具有实质性特点和进步，其创造性的标准应当低于发明专利创造性的标准，对于"显著的进步"要求在技术效果上"至少"能够达到现有技术的水平，那么"进步"的规范则较难以区分设定，所以更低的创新高度要求就只能通过"实质性特点"来表征，即技术方案的显而易见性。

《专利审查指南2023》确定了创造性判断的"三步法"：第一步，确定最接近的现有技术。最接近的现有技术，是指现有技术中与要求保护的发明最密切相关的一个技术方案，它是判断发明是否具有突出的实质性特点的基础。第二步，确定发明的区别特征和发明实际解决的技术问题。即分析要求保护的发明与最接近的现有技术相比有哪些区别特征，然后根据该区别特征在要求保护的发明中所能达到的技术效果确定

---

1 参见最高人民法院（2016）最高法行再14号行政判决书。

发明实际解决的技术问题。第三步，判断要求保护的发明对本领域的技术人员来说是否显而易见，在该步骤中，要从最接近的现有技术和发明实际解决的技术问题出发，判断要求保护的发明对本领域的技术人员来说是否显而易见。《专利审查指南2023》将发明与实用新型专利创造性差异设定在显而易见性判断方法——"三步法"的第三步关于技术启示的判断上，并具体为技术启示的判断设置了"现有技术领域"和"现有技术数量"两个附加条件。具体到"三步法"判断中，在确定实用新型专利的权利要求与最接近现有技术存在区别特征及其实际解决的技术问题后，进入第三步判断。实践中，现有技术领域条件的考量相对复杂，我们通过下列一则案例来进行说明。

案例：某实用新型专利涉及一种流量传感器安装组件，在现有的呼吸机中，针对不同病人或潮气量的范围要采用不同大小的通径，呼吸机中的压差式流量传感器安装在呼气端或吸气端，在对带有进气口、出气口的部件拆装、清洗完毕后再安装该传感器，如果将呼吸器流量传感器的进气口、出气口装反，会导致传感器测量不准确。为了解决上述技术问题，有的呼吸机会在流量传感器上装设提醒芯片，但是这样会导致清洗消毒不方便及增加制造成本。

本专利独立权利要求4要求保护一种流量传感器安装组件，该组件包括呼气流量传感器、吸气流量传感器，以及设置在呼气流量传感器和吸气流量传感器的第二配合段的第一和第二防误装件，第一和第二防误装件的数目、形状和尺寸中至少之一相异。由此使呼气流量传感器只能装到呼气端，吸气流量传感器只能装到吸气端，进而实现呼气和吸气流量传感器安装时的定位和防误装，安装后不需要重新校准的效果。

在专利无效程序中，无效请求人提交的对比文件3是最接近的现有技术，其具体公开了麻醉机通气控制中的流量检测器，该检测器分别采用对应的压差式流量传感器检测吸气和呼气流量，同时还集成了流量传感器等其他装置；其未公开权利要求4关于"防误装件"的特征。无效请求人认为对比文件6能够与对比文件3结合来破坏本专利权利要求4的创造性。对比文件6涉及一种阳插接件和阴插接件配对及配合插接件套件，该插接件用于实现电能传输；第一阴插接件上表面的第一横向位置形成有防误装棱，在插座内表面的相应位置形成一个容纳槽，防误装棱至少可以部分地沿此容纳槽安装，并且只有在第一阳插接件和第一阴插接件正确相互面对时才能够连接。

在无效审查阶段，合议组从对比文件6具体应用的技术领域出发进行分析，认为：虽然对比文件6涉及多个插接件之间的防误装的辨识装置，但常见用于强电或弱电插接件的连接，与本专利的呼吸机流量传感器的技术领域相距甚远。本领域技术人员在面对防误装的技术问题时，没有动机到如此相距甚远的技术领域去寻找该技术手段，由此认为对比文件6没有给出相关技术启示，该权利要求相对于上述现有技术具有创造性。

该案进入行政诉讼程序后，一审判决认为，本专利的医用流量传感器在存在吸气和呼气流量传感器两种不同传感器且外部结构基本相同的情况下，为避免医疗事故或提高辨识度，本领域技术人员能够很容易想到应该通过防止误装来区别吸气和呼气流量传感器。并且认为权利要求4实际上是对流量传感器的机械结构进行改进，因此该实用新型专利的技术领域应确定为机械连接结构的设计领域；而对比文件6同样属于机械结构的设计领域，并公开了防误装结构，由此，本领域技术人员能够从对比文件6中得到技术启示，将相关防误装结构应用在呼吸机上进而得到权利要求4的方案。二审判决的认定与一审判决基本上一致。

最高人民法院提审该案并作出再审判决。关于技术启示的问题，其认为，被结合的现有技术的技术领域和本专利技术领域相距较远，没有给出在本专利所属技术领域中应用该技术手段的技术启示。对比文件6是电插接件连接组件，本领域技术人员很难从对比文件6公开的相关内容中得到明确的启示，将其所公开的用于电插接的连接结构应用在本专利所属医疗器械领域的呼吸机中。在此基础上，再审判决认为权利要求4相对于上述对比文件具备创造性，从而维持了无效审查决定，撤销了一审和二审判决。[1]

五、外观设计创造性判断[2]

我国专利法虽然没有明文规定授予外观设计专利权的专利申请应当具备创造性，但专利法规定：授予专利权的外观设计与现有设计或者现有设计特征的组合相比，应当具有明显区别。所谓"明显区别"是指申请专利的外观设计不仅不能与现有设计相同，而且不能与现有设计近似。即申请专利的外观设计也应当具备一定的创造性。该

---

1 翟琳娜，实用新型专利创造性判断中所属技术领域的认定，网址：https://www.cnipa.gov.cn/art/2021/3/4/art_2650_167150.html，最后访问日期：2024年6月8日。
2 本部分参阅《专利审查指南2023》第四部分"复审与无效请求的审查"第五章"无效宣告程序中外观设计专利的审查"编写。

创造性的标准是与现有设计明显区别，具体要求就是不能与现有设计相同，也不能与现有设计近似，这一标准就是外观设计专利创造性的判断标准。

（一）判断主体

判断外观设计与现有设计及其组合是否相同或近似，应当从一般消费者的角度进行判断，而不是从专业设计人员或者专家等的角度进行。

（二）判断客体

判断外观设计与现有设计及其组合是否相同或近似，应当以产品外观特征作为判断客体。具体而言，应针对形状、图案、色彩三要素或者其结合进行对比分析。当涉案设计仅以部分要素限定保护范围时，其余要素在对比现有设计时应当排除考量。

（三）判断方法

外观设计应当采用整体观察、综合判断的方式进行相同或者近似性判断。所谓整体观察、综合判断的方式是指由对比设计的整体来确定是否与在先设计相同或者近似，而不从外观设计的部分或者局部出发得出与在先设计是否相同或者近似的结论。

（四）判断基准

在外观设计近似性的判断中，只有对于相同或者相近类别的产品，才可能存在外观设计相同或近似的情况。这相当于发明或者实用新型的相同或者近似领域的问题。现有设计特征，是指现有设计的部分设计要素或者其结合，如现有设计的形状、图案、色彩要素或者其结合，或者现有设计的某组成部分的设计，如整体外观设计产品中的零部件的设计。

如果申请专利的外观设计与现有设计是同一类别的产品或者相近类别的产品，并且申请专利的外观设计的全部形状、图案以及色彩等要素与现有设计的相应要素相同，此种情形明显不符合外观设计的新颖性要求，因此不能被授予专利权。

如果申请专利的外观设计与现有设计是同一类别的产品或者相近类别的产品，并且申请专利的外观设计的全部形状、图案以及色彩等要素与现有设计的相应要素虽然不相同，但是相近似，则不符合外观设计专利的创造性（即明显区别）条件，同样不能被授予专利权。

在外观设计专利的创造性审查中，将申请专利的外观设计与现有的一个设计进行对比后，如果形状、图案、色彩及其相互结合不相同也不近似，或者与现有的数个设计的特征组合不近似，就应当认定其具有明显区别，符合创造性要求。

根据《专利法》第23条第2款的规定，授予专利权的外观设计与现有设计或者现有设计特征的组合相比，应当具有明显区别。涉案专利与现有设计或者现有设计特征的组合相比不具有明显区别是指如下几种情形：

（1）涉案专利与相同或者相近种类产品现有设计相比不具有明显区别；（2）涉案专利是由现有设计转用得到的，二者的设计特征相同或者仅有细微差别，且该具体的转用手法在相同或者相近种类产品的现有设计中存在启示；（3）涉案专利是由现有设计或者现有设计特征组合得到的，所述现有设计与涉案专利的相应设计部分相同或者仅有细微差别，且该具体的组合手法在相同或者相近种类产品的现有设计中存在启示。对于涉案专利是由现有设计通过转用和组合之后得到的，应当依照（2）、（3）所述规定综合考虑。应当注意的是，上述转用和／或组合后产生独特视觉效果的除外。

案例：在一起外观设计专利权无效一审行政纠纷中，涉案外观设计专利图片与对比设计图片如下：

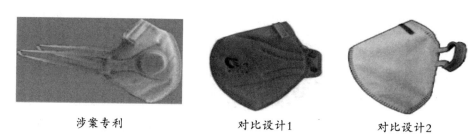

涉案专利　　　　　　　　对比设计1　　　　　　　　对比设计2

该案中，法院在进行设计特征比对和综合判断之前，对该类产品的设计空间进行了认定。法院认为，对于折叠型蚌式口罩这类产品来说，通常由本体和耳带组成，耳带通常包括挂耳式和套头式，本体形状可以在满足佩戴者舒适度的前提下进行设计变化，因此一般消费者会注意到产品本体的具体设计变化。在此基础上，法院进一步认为，涉案专利与组合设计虽然存在一些相同之处，但二者在本体中央折叠线、本体上边缘及耳带处的线条均有明显区别，使得消费者在佩戴时产生不同的视觉效果，且二者本体上的图案、压线、鼻夹位置等均存在差异，整体视觉效果不同，故得出涉案专利与对比设计1、2的组合相比具有明显区别的结论。[1]

（五）外观设计区别性判断应当考虑的因素

如果一般消费者经过对涉案专利与现有设计的整体观察可以看出，二者的差别对

---

1 参见北京知识产权法院（2020）京73行初487号行政判决书。

于产品外观设计的整体视觉效果不具有显著影响，则涉案专利与现有设计相比不具有明显区别。显著影响的判断仅限于相同或者相近种类的产品外观设计。

在确定涉案专利与相同或者相近种类产品现有设计相比是否具有明显区别时，一般还应当综合考虑如下因素：

1.应更关注使用时容易看到的部位

对涉案专利与现有设计进行整体观察时，应当更关注使用时容易看到的部位，使用时容易看到部位的设计变化相对于不容易看到或者看不到部位的设计变化，通常对整体视觉效果更具有显著影响。例如，电视机的背面和底面在使用过程中不被一般消费者关注，因而在使用过程中容易看到部位设计的变化相对于不容易看到的背面和看不到的底面设计的变化对整体视觉效果通常更具有显著的影响。但有证据表明在不容易看到部位的特定设计对于一般消费者能够产生引人瞩目的视觉效果的除外。

2.申请专利为产品的惯常设计时，应更关注其余设计变化

当产品上某些设计被证明是该类产品的惯常设计时，其余设计的变化通常对整体视觉效果更具有显著的影响。例如，在型材的横断面周边构成惯常的矩形的情况下，型材横断面其余部分的变化通常更具有显著的影响。

3.由产品的功能唯一限定的特定形状对整体视觉效果不具有显著的影响

由产品的功能唯一限定的特定形状对整体视觉效果通常不具有显著的影响。例如，凸轮曲面形状是由所需要的特定运动行程唯一限定的，其区别对整体视觉效果通常不具有显著影响；汽车轮胎的圆形形状是由功能唯一限定的，其胎面上的花纹对整体视觉效果更具有显著影响。

4.区别点仅在于局部细微变化，对整体视觉效果不足以产生显著影响

若区别点仅在于局部细微变化，则其对整体视觉效果不足以产生显著影响，二者不具有明显区别。例如，涉案专利与对比设计均为电饭煲，区别点仅在于二者控制按钮的形状不同，且控制按钮在电饭煲中仅为一个局部细微的设计，在整体设计中所占比例很小，其变化不足以对整体视觉效果产生显著影响。

5.图形用户界面对整体视觉效果更具有显著的影响

对于包括图形用户界面的产品外观设计，如果涉案专利其余部分的设计为惯常设计，其图形用户界面对整体视觉效果更具有显著的影响。

应当注意的是，外观设计简要说明中设计要点所指设计并不必然对外观设计整体视觉效果具有显著影响，不必然导致涉案专利与现有设计相比具有明显区别。例如，对于汽车的外观设计，简要说明中指出其设计要点在于汽车底面，但汽车底面的设计对汽车的整体视觉效果并不具有显著影响。

下面我们通过一则案例看如何判断外观设计专利的明显区别。

案例：在该案中，二审法院认为，对于被诉决定关于涉案汽车的整体立体形状和各个组成部件的布局存在较大的设计空间，本专利与对比设计在车身比例、侧面主要线条的位置及立柱的倾斜角度、车窗的外轮廓及分割的比例、前后面车身的外轮廓及主要部件的相互位置关系等方面均基本相同的认定，原审判决均予以认同，但在此基础上，原审判决并未对上述各相同点对整体视觉效果的影响程度进行具体分析，而在仅对不同点进行分类概括、评述后，即认为不同点组合后形成的视觉差异对整体外观产生了显著影响，足以使一般消费者将本专利与对比设计的整体视觉效果相区分，进而得出两者具有明显区别的认定结论，原审判决的上述认定系对"整体观察、综合判断"方法的不当适用，二审法院予以纠正。从整体上观察SUV整车的全部设计特征形成的整体视觉效果，本专利与对比设计在车身前面和后面形成的视觉效果差异在整体视觉效果中所占的权重要明显低于两者之间相同点所产生的趋同性视觉效果的权重。[1]

涉案专利　　　　　　　　　　　　　　　对比设计

| 第四节 | 实用性

一、实用性的概念

实用性，是指发明或者实用新型的客体必须在产业上能够制造或者使用，并且能够产生积极效果。虽然我国专利法没有明确要求外观设计专利也必须具有实用性，但是《专利法》第2条第4款规定："外观设计，是指对产品的整体或者局部的形状、图

---

1 参见北京市高级人民法院（2018）京行终4169号行政判决书。

案或者其结合以及色彩与形状、图案的结合所作出的富有美感并适于工业应用的新设计。"即申请专利权的外观设计必须是对产品的形状、图案或者其结合以及色彩与形状、图案的结合所作出的富有美感并适于工业应用的新设计。适于工业应用，是指该外观设计能应用于产业上并形成批量生产。这就意味着外观设计也必须具有实用性，即与发明和实用新型专利一样必须在产业上能够制造或者使用，并且能够产生积极效果。

这里的产业，包括工业、农业、林业、水产业、畜牧业、交通运输业以及文化体育、生活用品和医疗器械等行业。在产业上能够制造或者使用的技术方案，是指符合自然法则、具有技术特征的任何可实施的技术方案。这些方案并不一定意味着使用机器设备，或者制造一种物品，还可以是一些方法。例如，驱雾的方法，或者将能量由一种形式转换成另一种形式的方法。

能够产生积极效果，是指发明、实用新型专利申请在提出申请之日，其产生的经济、技术和社会的效果是所属技术领域的技术人员可以预料的。这些效果应当是积极的和有益的。

实用性标准与新颖性、创造性一起作为授予发明和实用新型专利的必备条件之一，主要作用在于要求发明创造必须能够被实际应用。换言之，如果申请的是一种产品，那么该产品必须在产业中能够制造；如果申请的是一种方法，那么该方法必须在产业中能够使用。发明的实用性条件要求该发明不能是一种纯理论的方案，必须能够被运用于实践中。应当注意，专利的实用性仅要求的是能够被实际应用，而不是已经被实际应用。至于发明创造能否达到最佳效果，或者是否具有商业价值，则在所不问。

二、实用性的判断

相比于新颖性和创造性，实用性的判断较为容易，但是也应当遵循一定的标准，而且应当在新颖性和创造性审查之前首先进行判断。

（一）发明必须是具体的技术方案或者外观设计

一项发明创造必须是一项具体的技术方案或者外观设计，仅存在于人们思维中的想法、观念或者构思是不能被他人具体实施的。因此，实用性要求发明人在申请专利的文件中必须全面、准确地表述该技术方案或者外观设计，以便他人能够按照该描述实施技术。

同时，作为具备实用性的发明还必须是可以具体操作的技术方案。因此，发明或者实用新型专利申请应当符合自然规律。违背自然规律的发明或者实用新型专利申请是不能实施的，不具备实用性，例如永动机。下面我们看一则案例：

案例：曾某某为"除臭吸汗鞋垫"实用新型专利的专利权人，其权利要求是：1.一种除臭吸汗鞋垫，其特征是它是由两层防滑层于相对的内面各附设一单向渗透层，其间再叠置粘结吸汗层、透气层、除臭层组成，吸汗层与透气层相邻；2.根据权利要求1所述的鞋垫，其特征是所述的单向渗透层为一层布面。

某公司向原专利复审委员会提出专利权无效宣告申请，认为该专利不具备实用性。理由是："单向渗透层"违背科学规律，该案专利不具有实用性。该案专利中的"单向渗透层"是让水分子单向通过该层，而不存在水分子反向通过该层的现象。渗透是一种现象，没有单向性，完成这种现象的物质半透膜也没有单向性，单向渗透层违背科学规律。该案中，具有单向渗透功能的"漏斗状孔隙布面"的具体结构也未公开，本领域普通技术人员无法理解和再现。

原专利复审委员会经过审查作出决定，维持该实用新型专利权有效。某公司不服，向人民法院提起行政诉讼。法院经审理认为，该案争议专利利用渗透现象和规律设计了一个特定的渗透层，该渗透层由具有漏斗状孔隙的布面构成，通过这一技术手段实现脚汗只能从一个方向向另外一个方向渗透，从而实现单向渗透。这一特定的技术手段或方案只是利用了渗透的现象和规律，并未违反科学规律，某公司关于该案争议专利中的单向渗透层违背科学规律、不具有实用性的主张不能成立。在该案争议专利说明书中，虽未具体描述单向渗透层的具体结构，但从本专利的发明目的及所采用的技术手段可以看出，单向渗透层的作用就是为了将脚汗从鞋垫的外面排向里面，防止反向排汗，从而达到保持鞋内干燥的目的，对于本领域普通技术人员来讲，完全可以理解该技术特征的作用及其结构，不一定要在说明书中再作进一步描述。本专利说明书已对技术方案进行了充分公开，并不违反《专利法》第26条第3款之规定，某公司关于本领域普通技术人员无法理解和再现本发明的主张亦不能成立。判决驳回某公司的诉讼请求。[1]

---

1 参见北京市高级人民法院（2004）高行终字第61号行政判决书。

（二）发明的技术方案必须可以重复实施

所谓可以重复实施，是指应当具有再现性，即所属技术领域的技术人员，根据公开的技术内容，能够重复实施专利申请中为解决技术问题所采用的技术方案。这种重复实施不得依赖于任何随机的因素，并且实施结果应该相同。

应当注意，申请发明或者实用新型专利的产品的成品率低与不具有再现性是有本质区别的。前者是能够重复实施，只是由于实施过程中未能确保某些技术条件（例如环境洁净度、温度等）而导致成品率低；后者则是在确保发明或者实用新型专利申请所需全部技术条件下，所属技术领域的技术人员仍不可能重复实现该技术方案所要求达到的结果。我们看最高人民法院的一个案例：

案例：无效申请人就一种名称为"一种利用计算机检验文件制成时间的方法及计算机系统"的发明专利向国家知识产权局原专利复审委员会提起无效宣告请求。原专利复审委员会维持本专利有效。无效申请人不服被诉决定，提起行政诉讼，请求撤销被诉决定，并判令国家知识产权局重新作出决定。

一审法院认为，本专利的技术方案能否实现，本质上取决于专利权人所声称的颜色与时间之间的变化规律是否客观、必然地存在。在颜色与时间变化的内在机理未知、文件初始状态及变化历程未知的情况下，本领域技术人员无法确信采用本专利的方法即能够实现专利权人所声称的确定文件制成时间的技术效果。本专利说明书未明确限定权利要求保护的范围，本领域技术人员亦无法通过说明书记载的内容实现本专利技术方案，并解决相应的技术问题，因此权利要求1不具有实用性。判决撤销被诉决定。

专利权人不服，上诉至最高人民法院，最高人民法院经审理认为：

首先，违背自然规律的发明或者实用新型专利是不能实施的，而且这种不能实施是由于技术方案本身固有的缺陷造成。本专利权利要求1的技术方案系根据颜色指标数据随时间变化的规律并利用计算机技术实现对文件制成时间的检验。根据墨水书写的字迹通常随保存时间变长而逐渐褪色的现象形成的本专利技术方案并不违背自然规律，本专利技术方案本身不存在固有的缺陷。其次，需要澄清的是，本专利的检测结果是否准确与其是否具有可再现性具有本质区别。前者是指由于实施专利技术方案过程中未能确保某些技术条件（如字迹制成后受温度、湿度、光照等保存环境的影响）而导致检测准确度低；后者则是在确保实施本专利所需全部技术条件下，所属技术领域的技术人员仍不可能重复实现该技术方案所要求达到的结果。因此，本领域技术人员基于本专利技术方案检测文件制成时间时，只要严格按照限定条件可以实施，就表明利用计算机技术进行文件制成时间的检验是能够重复实施、可以再现的。由此可见，即使有证据表明某司法鉴定所做的部分检测结果不准确，但由于无法确定样本文件和待检文件的保存条件完全相同，因此这些不准确的检测结果并不足以否认本专利的技术方案具有可再现性。此外，本专利并非明显无益、脱离社会需要的技术方案，不宜轻易否定其实用性。

需要强调的是，国务院专利行政部门根据专利法关于新颖性、创造性、实用性的授权标准对一项技术方案进行审查并授予专利权，并不意味着该技术方案在申请日时必须是最佳的技术方案，更不意味着其必然具有较高的产业应用价值。获得专利授权的技术方案在实际应用中是否具有较高价值，能否实现检测结果的准确可靠，通常并非专利授权与否的考虑因素。

本专利说明书已经对技术方案作出清楚、完整的说明，所属技术领域的技术人员能够实现，且权利要求技术方案能够从说明书公开的内容中得到，故本专利符合《专利法》第26条第3款和第4款的规定。最终，最高人民法院依法予以改判，撤销原审判决，驳回无效宣告申请人的诉讼请求。[1]

该案二审判决明确了对专利是否具有实用性的判断方法，强调"获得专利授权的技术方案在实际应用中是否具有较高价值，能否实现检测结果的准确可靠"通常并非专利授权的考虑因素。该案有助于澄清社会公众对专利制度存在的认识误区，力求将专利审查授权回归专利制度本身，具有典型意义。

（三）利用独一无二的自然条件的产品不具有实用性

发明或者实用新型专利申请不得是由自然条件限定的独一无二的产品。利用特定的自然条件建造的自始至终都是不可移动的唯一产品不具备实用性，例如取决于特定地理条件、不能重复再现的固定建筑物、桥梁的外观设计等。

（四）人体或者动物体的非治疗目的的外科手术方法不具有实用性

外科手术方法包括治疗目的和非治疗目的的手术方法。以治疗为目的的外科手术方法属于不授予专利权的客体；非治疗目的的外科手术方法，由于是以有生命的人或

---

1 参见最高人民法院（2020）最高法知行终330号行政判决书。

者动物为实施对象，无法在产业上使用，因此不具备实用性。例如，为美容而实施的外科手术方法，或者采用外科手术从活牛身体上摘取牛黄的方法，以及为辅助诊断而采用的外科手术方法，例如实施冠状造影之前采用的外科手术方法等。

（五）测量人体或者动物体在极限情况下的生理参数的方法不具有实用性

测量人体或动物体在极限情况下的生理参数需要将被测对象置于极限环境中，这会对人或动物的生命构成威胁，不同的人或动物个体可以耐受的极限条件是不同的，需要有经验的测试人员根据被测对象的情况来确定其耐受的极限条件，因此这类方法无法在产业上使用，不具备实用性。

以下测量方法属于不具备实用性的情况：（1）通过逐渐降低人或动物的体温，以测量人或动物对寒冷耐受程度的测量方法；（2）利用降低吸入气体中氧气分压的方法逐级增加冠状动脉的负荷，并通过动脉血压的动态变化观察冠状动脉的代偿反应，以测量冠状动脉代谢机能的非侵入性的检查方法。

（六）发明必须具备有益性

具备实用性的发明或者实用新型专利申请的技术方案应当能够产生预期的积极效果。明显无益、脱离社会需要、严重污染环境、严重浪费能源或者资源、损害人的身体健康的发明或者实用新型专利申请的技术方案不具备实用性。

例如，香皂的发明。由于制作工艺简单，香皂得以迅速在世界各地得到推广，价格低廉，增加了人们的卫生观念，大大改善了卫生条件。世界各地的传染性疾病因为香皂的出现降低了传染率。对人们的生活水平和健康条件带来了很大提升，其具有有益性。再如，蚊帐的发明，方便实用且廉价。很多疾病都是通过蚊蝇传播的。因为蚊帐的广泛使用，使得这方面的疾病的感染率得到了大幅降低。还有眼镜的发明，打破了人们的视力限制，让更多视力受限的人能更加清楚地观察这个世界。这些都是发明的有益性体现。

在专利申请中，发明有益性主要体现在提高产品质量或性能，减少生产成本或提高生产效率，提高产品可靠性或耐久性，降低环境污染或废物产生，提高医疗或治疗效果，提高用户体验或使用便捷性等方面。

专利权保护

第
六
章

引 言

依照我国《专利法》规定，专利授权后，除《专利法》另有规定的以外，任何单位或者个人未经专利权人许可，都不得实施其专利，即不得为生产经营目的制造、使用（外观设计无此项权利，下同）、许诺销售、销售、进口其专利产品，或者使用其专利方法以及使用、许诺销售、销售、进口依照该专利方法直接获得的产品。如果未经专利权人许可或同意，也没有法律规定的例外，以生产经营为目的制造、使用、许诺销售、销售、进口其专利产品，或者使用其专利方法以及使用、许诺销售、销售、进口依照该专利方法直接获得的产品均构成专利侵权，侵权人应当承担停止侵权、赔偿损失的民事责任，甚至承担行政责任或刑事责任。这是专利法对已获授权的专利权人权利的保护。但是在司法实践中，专利权保护也是一个较为复杂的问题，例如，专利权保护的范围，权利要求的解释，专利侵权诉讼的法院管辖，专利侵权诉讼中的举证责任，侵权的认定，责任的承担等都非常复杂，需要认真研究。

下面我们通过"机动车刮水器"侵害发明专利权纠纷案这起典型案例来进行说明。

案例：某清洗系统公司（以下简称清洗系统公司）是名称为"机动车辆的刮水器的连接器及相应的连接装置"（以下简称涉案专利）的中国发明专利的专利权人。清洗系统公司于2016年向上海知识产权法院提起诉讼称，厦门某汽车配件有限公司（以下简称汽车配件公司）以及陈某某制造、销售的雨刮器产品落入其专利权保护范围，请求判令汽车配件公司、陈某某停止侵权，赔偿损失及制止侵权的合理开支。清洗系统公司同时提出了临时行为保全（又称临时禁令）申请，请求法院裁定各被告立即停止侵权行为。后上海知识产权法院作出判决，认定汽车配件公司、陈某某构成侵权，并判令停止侵权行为。据此未对清洗系统公司提出的临时行为保全申请进行处理。汽车配件公司、陈某某等不服上述判决，向最高人民法院提起上诉。最高人民法院认定被诉侵权产品落入涉案专利权的保护范围，汽车配件公司、陈某某的行为构成侵权，应当承担停止侵害的法律责任。清洗系统公司虽坚持其责令汽车配件公司、陈某某停止侵害涉案专利权的诉中行为保全申请，但是其所提交的证据并不足以证明发生了给其造成损害的紧急情况，且最高人民法院已经当庭作出判决，该案判决已经发生法律效力，另行作出责令停止侵害涉案专利权的行为保全裁定已无必要。故对于清洗系统公司诉中行为保全申请，不予支持。最高人民法院遂判决驳回上诉，维持原判。[1]

在上述案件中，原告清洗系统公司是向上海知识产权法院提起的诉讼，该问题涉及我国专利侵权诉讼管辖法院的特殊性。在该案中原告还申请了临时行为保全，但法院未予准许，这是在知识产权侵权诉讼中的一种特殊的诉前保全措施。在该案中法院必然要对被告的产品是否侵犯原告专利权进行认定，在认定的时候首先要确定原告专利权保护范围，而要确定原告专利权保护范围就必须对原告权利要求书中独立权利要求记载的必要技术特征进行解释，总结技术特征要点，然后再将被控侵权的产品与原告专利的技术特征进行对比，看是全面覆盖的侵权还是等同侵权，认定被告的产品构成侵权后还要考虑停止侵权、赔偿损失的数额，等等。由此可以看出，专利权保护是一个包括一系列事实认定、法律规范适用并考虑各种其他因素在内的复杂过程。

| 第一节 | 专利权保护范围

一、专利权保护范围的概念

专利权人在申请发明、实用新型专利时向专利行政部门递交的权利要求书记载的范围就是发明、实用新型专利权的保护范围；外观设计专利申请人提交的图片或者照片就是外观设计专利权的保护范围。但是，人类的语言文字、图片或者照片不可能把所要表达的内容完全清楚、无误地表达出来，专利申请人在撰写权利要求书的时候，不可能把权利要求写得没有任何遗漏。在专利侵权诉讼司法审判实践中，法官也不是一字不差地按照权利要求书上记载的文字来进行是否构成侵权的判断，而是要依据发明、实用新型权利要求书的内容，对权利要求书记载的权利要求进行解释，或对外观设计的图片或者照片进行解释，并与被诉侵权产品或方法进行对比以后才能作出是否构成侵权的判断，进而作出判决。

---

1 参见最高人民法院（2019）最高法知民终2号民事判决书。

二、确定专利权保护范围的理论

在专利法理论上，确定专利权保护范围有三种不同的理论。

（一）周边限定原则

所谓周边限定原则，是指在解释权利要求书时，严格、忠实地按照权利要求书文字记载的内容对专利权保护范围作出解释。

采用周边限定原则最大的好处在于，社会公众能够比较清楚地了解专利权人的权利范围，从而在实施与专利技术相似的技术时，能够避开对专利权的侵害。但是，周边限定原则对于专利权人而言非常不利。因为在实践中，绝大多数专利侵权人不会一字不差地按照权利要求书的记载实施侵权行为，而是在实施该项技术时省略一部分技术特征，或者增加某些技术特征，或者改变某些技术特征，但是这些省略、增加或改变往往都是非实质性的，且能够达到与原专利技术相同的效果。如果严格按照周边限定原则判断某项技术是否构成侵权，对于一些非关键性技术的省略、增加或改变不会构成侵权。因此，大多数国家的立法及司法都不采用该方法解释权利要求。

（二）中心限定原则

所谓中心限定原则，是指在解释权利要求书时，不仅限于按照权利要求书文字记载的内容对专利权保护范围作出解释，而是以权利要求书所记载的权利要求为中心，全面考虑发明的目的、性质以及说明书和附图的内容，将以权利要求为中心的周边一定范围内的技术特征包括在专利权保护范围之内。联邦德国就曾经采用该原则。

采用中心限定原则最大的好处在于，该原则是将权利要求书作为一个总的发明构思，以权利要求书记载的权利要求为中心，将专利权的保护范围扩大到经过本专业技术领域内的一般技术人员通过阅读说明书和附图能够轻易联想到的技术范围之内。采用这种原则对专利权人的保护比较严格，也能够避免采用周边限定原则所带来的能轻易避开专利侵权的缺陷。

但是，采用该原则的缺陷也非常明显，即该原则忽视了权利要求书的公示作用，使社会公众无法对专利权的保护范围作出明确的判断，从而阻碍了与该专利技术相似但本质不相同的技术的实施，也会使其他人在与该专利技术有关的领域裹足不前，阻碍技术的进步。

（三）折衷原则

所谓折衷原则，是指在解释权利要求书时，专利权保护范围以权利要求书记载的内容为准，但同时通过说明书和附图来解释权利要求。《欧洲专利公约》以及加入该公约的各国都采用了该原则。

该原则的基本内容是，专利权保护范围必须依据权利要求书记载的内容来确定，但在解释权利要求遇到疑问时，不能严格按照权利要求书的文字记载内容解释，必须参考说明书、附图等专利文件记载的相关定义、发明的目的和效果，对权利要求作出公正、客观的解释。

在认定专利权保护范围时采用折衷原则，既能够解决周边限定原则所带来的专利权保护范围过窄的缺陷，也能解决中心限定原则所带来的专利权保护范围过宽的缺陷。这一原则既能客观公正地保护专利权人的利益，又能维护第三人的正当权益。因此，该原则现在被世界各国广泛采用，我国《专利法》也采用了这一原则。

三、我国专利法中的专利权保护范围

我国《专利法》第64条规定，发明或者实用新型专利权的保护范围以其权利要求的内容为准，说明书及附图可以用于解释权利要求的内容。外观设计专利权的保护范围以表示在图片或者照片中的该产品的外观设计为准，简要说明可以用于解释图片或者照片所表示的该产品的外观设计。

从上述规定中可以看出，我国对于发明和实用新型专利权的保护范围是以"权利要求的内容"为准，而非以权利要求书记载的文字或者措辞为准。从权利要求书与说明书、附图的地位上看，权利要求书无疑处于主导地位，而说明书和附图处于从属地位。如果在权利要求书中有记载，但记载不够清楚或者存在疑义，为了弄清楚权利要求书中记载的实质性内容，可以通过说明书和附图中关于该专利技术的相关定义、发明的目的、技术的作用与功效来解释权利要求书的内容，从而将权利要求书中的含混之处解释清楚。但是，如果权利要求书中根本没有记载，即便是说明书或者附图中有记载，也不能根据说明书和附图确定专利权的保护范围，即单独的说明书或者附图不能确定专利权保护的范围。

外观设计的申请文件中没有权利要求书，只有表明该外观设计的图片或者照片及外观设计专利的简要说明。因此，外观设计的保护范围无法依据权利要求书的内容来确定，只能依据外观设计的图片或者照片来决定。但是，单纯的一个外观设计的图片或者照片并不是专利法保护的内容，而是商标法或者著作权法保护的范围。只有当一个外观设计与某一个具体的产品相结合时，才是专利法所要保护的客体，即专利法中保护的外观设计是以图片或者照片表现出来的一种具体产品的外观设计与该具体产品的结合。没有具体产品的外观设计图片或者照片不能受到外观设计专利的保护；同样，没有外观设计的单独的具体产品也不是外观设计专利保护的客体。简要说明可以用于解释图片或者照片所表示的该产品的外观设计。

四、权利要求的解释

依照我国专利法规定，发明、实用新型专利的说明书及附图可以用来解释权利要求；外观设计专利中的简要说明可以用于解释图片或者照片所表示的该产品的外观设计。而权利要求的解释、图片或者照片的解释决定着专利权范围的大小，也决定着被诉侵权产品或方法是否构成侵权，因此，权利要求的解释、图片或者照片的解释无论是在专利授权过程中，还是在涉及侵权的司法审判中，都至关重要。

在发明、实用新型专利授权程序中，必然会涉及新颖性、创造性的判断。该判断需要将申请专利的技术特征与现有技术特征进行比较，才能确定其是否具有新颖性、创造性；在外观设计专利申请中，也需要将所申请的外观设计与现有设计进行对比，才能确定其是否具有新颖性及显著区别性。而比较技术特征或比较产品设计的前提是，必须对发明、实用新型专利的技术特征或外观设计的设计要点进行解释。在专利侵权诉讼程序中，法官必须首先确定权利要求的保护范围，而确定权利保护范围也必须对权利要求进行解释。这是进行侵权判定的基础，是法官审理案件首先要解决的问题。因此，无论是在专利授权确权程序，还是在专利侵权诉讼程序中，对于权利要求的解释都是非常重要的。

由于权利要求保护的是一种技术方案，通常情况下这些技术方案是相对复杂的，而由于文字表达的局限性，很容易导致不同主体对于权利要求保护范围的理解不一致。因此，需要确定一些原则或准则来统一权利要求的解释方法。

（一）以权利要求记载的内容为准

所谓专利权保护范围的确定以权利要求记载的内容为准，是指原则上只有记载在权利要求中的内容才能用于确定保护范围，对于在权利要求中没有记载的技术特征，通常在确定保护范围时不应当予以考虑。但是，也有例外。由于专利保护的是一种技术方案，且文字表达对于技术的描述总是会存在一些不足之处，因此，也并非未记载在权利要求中的内容在任何情况下都不予考虑。同样，也不意味着在权利要求中记载的所有内容都需要考虑，而应当结合说明书及附图的记载，综合考虑确定专利权的保护范围。

例如，在最高人民法院（2021）最高法知民终1611号案例中，最高人民法院认为：根据涉案专利权利要求1"面纸（2）的两侧边则通过第三粘胶层（2-2）与底纸（1）粘接"，形成面纸的两侧边粘胶层，从而在面纸与底纸之间，其余大部分为"非粘接的复合虚体"，即，面纸与底纸之间空贴，是涉案专利权利要求1记载的技术特征所确定的内容。[1]

此案中，最高人民法院结合说明书和权利要求的记载，认为权利要求虽然未记载"面纸与底纸之间空贴"，但其属于权利要求必然具有的技术特征，对保护范围也具有限定作用。

再如，在最高人民法院（2019）最高法行申2971号案例中，涉案专利权利要求1要求保护抗ErbB2抗体在制备用于治疗易患或已诊断患有以过度表达ErbB2受体为特征的人类患者病症之药物中的用途。其与对比文件1公开的技术方案相比，区别仅在于权利要求1中进一步限定了"所述抗体制备成以初始剂量至少约5mg/kg，继续量接近等于或小于初始剂量给药的药物"。最高人民法院认为：无论从何种含义上理解，权利要求1中的前述表达实质属于具体的给药用药方案，其作用在于指导医生用药或安排相应的治疗方案。权利要求1中的前述内容不改变药物本身组成、含量、制剂或制备方法，因而对于权利要求1要求所拟界定并请求保护的制药用途，不产生实质影响。最终认为权利要求1不具备新颖性。[2]

此案中，虽然权利要求书记载了"所述抗体制备成以初始剂量至少约5mg/kg，继续量接近等于或小于初始剂量给药的药物"相关内容，但是该内容无任何限定的技术内容，最高人民法院认为其不属于技术特征内容，对于专利权的保护范围也不具有限定作用。

（二）说明书和附图用于解释权利要求，但不得限定权利要求

说明书和附图可用于解释权利要求，但不能用于限定权利要求。限定和解释的区

---

1 参见最高人民法院（2021）最高法知民终1611号民事判决书。
2 参见最高人民法院（2019）最高法行申2971号行政裁定书。

别在于：解释是阐释、说明相关技术特征本身的含义，而限定是增加了权利要求未记载的其他特征或内容。通常情况下，如果说明书对于权利要求中的相关术语有定义，则以定义为准，这可以用于解释权利要求；但是，说明书定义以外的内容不能引入权利要求中，即不得限定权利要求。

例如，在最高人民法院（2022）最高法知行终398号案例中，案件的争议焦点主要集中在权利要求的解释上，其中涉及的一个焦点为"涉案专利权利要求1整体技术方案是否采取间接加热方式，焰气管道加热机构与煤物质推进分解通道之间是否相互密闭、不连通"。上诉人即专利权人主张整体采用间接加热方式，因此焰气管道加热机构与煤物质推进分解通道之间是相互密闭、不连通的，被上诉人则认为无法得出该解释，其超出了权利要求的记载。最高人民法院认为：首先，本专利权利要求1并没有限定"焰气管道加热机构与煤物质推进分解通道之间是相互密闭、不连通的"以及采取"间接加热方式"，本专利说明书第[0016]段虽记载了"煤粉升温分解，就在煤物质推进分离通道内分解成燃气、焦油气和热值较高的煤"，但并没有记载"分解通道内仅含有燃气、焦油气和热值较高的煤"，也无法得出"分解通道内不含加热气/载气/焰气"的结论。其次，说明书附图可以用于解释和理解技术方案，不能直接用于限定专利权的保护范围。虽然附图1显示的焰气散热管6与煤分解气收集管5为平行结构，但焰气散热管是焰气管道加热机构的一部分，且本专利的附图均为结构示意图，在依据权利要求限定的内容和说明书记载的内容均不能排除焰气管道加热机构与煤物质推进分解通道之间可以连通的情况下，不能仅根据附图得出"焰气管道加热机构与煤物质推进分解通道之间是相互密闭、不连通的"这一结论。[1]

在上述案例中，上诉人意图通过将其权利要求书中未记载但在说明书中描述的技术特征纳入专利权保护范围，但被法院否定。由此可见，虽然说明书可以用于解释权利要求，但其解释是有限度的，不能将未在权利要求中限定的技术特征解释进权利要求中以限缩保护范围。

（三）基于一般技术人员标准解释

对于权利要求中的技术术语，首先应考虑采用说明书中对该技术术语的解释。在

---

1 参见最高人民法院（2022）最高法知行终398号行政判决书。

说明书中没有对该技术术语进行解释的情况下，应当按照本领域一般技术人员对于该技术术语的通常理解进行解释，即应当基于本领域一般技术人员的认知能力，并在本领域的技术背景和知识体系下进行合理解释，而不是诉诸该技术术语在日常生活中的通常含义进行解释。

例如，在最高人民法院（2020）最高法知民终580号案例中，涉及"触摸屏"的解释，最高人民法院判决书中写道："触摸屏属于在本领域中已有确切含义的技术术语。根据各方当事人提交的《多媒体计算机实用检修技术（教程）》《多媒体技术应用基础》《计算机操作装配与维修》等本领域公知常识性证据的记载，对于本领域技术人员而言，权利要求1主题名称中的'触摸屏'，可以理解为既包括带有实体屏结构的接触式触摸屏，也包括不带有实体屏结构的非接触式触摸屏。并且，可以进一步认定，不带有实体屏结构的非接触式触摸屏属于本领域的公知常识。一审法院优先运用与涉案专利技术领域距离较远的《现代汉语词典》、百度百科等非本领域工具书作为依据解释涉案专利中触摸屏，脱离本领域的技术背景和知识体系，结论有所不当，最高人民法院予以纠正。基于相同理由，被告二审中提交的用于解释涉案专利权利要求1的公知常识证据之外的其他现有技术证据，缺乏相应证明力，本院不予采信。"[1]

（四）准确区分说明书记载的内容的作用

在说明书中没有明显的提示性语句，无法仅从形式上判断说明书记载的相关内容属于对权利要求相关用语的特别界定还是具体实施方式的情况下，应当结合发明目的、发明构思以及发明要求保护的技术方案，从整体上予以考量。如果说明书记载的相关内容属于对权利要求中出现的、本领域中没有确切含义的自造词作出的专门定义，或者属于对权利要求相关用语作出的有别于本领域通常含义的特别说明，则应当认定说明书记载的相关内容属于对权利要求用语的特别界定；除此之外，一般应认定为属于权利要求的具体实施方式。需注意的是，判断特别界定与具体实施方式时，通常需要先确定权利要求中的相关用语在本技术领域是否具有通常含义，这往往需要引入本领域的技术词典、技术手册、工具书、教科书、国家或者行业技术标准等属于本领域技术人员已经取得一致认识的公知常识性证据，作为确定通常含义的依据。

---

1 参见最高人民法院（2020）最高法知民终580号民事判决书。

　　例如，在上述最高人民法院（2020）最高法知民终580号案例中，最高人民法院认为：涉案专利说明书记载相关内容为触摸屏的具体实施方式而非特别界定。根据说明书所记载的涉案专利的技术领域、背景技术、发明内容等可知，涉案专利的发明点并不在于改进触摸屏的材质和结构，而在于一种能够提高触摸屏响应速度的多路采样方法及所对应的电路。说明书中所记载的具体实施方式的内容，也是围绕着涉案专利所提出的一种新的多路采样方法和电路而展开，在涉案专利触摸屏是否包含有实体屏结构这一技术点上，说明书并没有对此作出有别于通常意义的特别说明。

　　如果说明书对权利要求中的技术术语有专门定义或者特别说明，则可以认定说明书对技术术语作出了特别界定，反之，则应该基于发明点和本技术领域对技术术语进行理解，说明书中记载的内容为权利要求的实现方式。

（五）注意前后不同技术特征之间保护范围的区别性

　　在解释在前权利要求的含义时，一般不宜将在后权利要求的含义读入在前权利要求。在后权利要求与其所引用的在前权利要求之间存在从属关系或者满足单一性要求下的并列关系。在从属关系中，从属权利要求的附加技术特征是对其所引用权利要求的进一步限定，但该限定作用仅及于该从属权利要求本身，一般情况下不应将该限定作用附加于其所引用的权利要求；而在满足单一性要求的并列关系中，在后权利要求与其所引用的在前权利要求之间是两种不同专利类型、但属于一个总的发明构思下、包含一个或者多个相同或者相应的特定技术特征（即对现有技术作出贡献的技术特征）的权利要求。在后权利要求之所以引用在前权利要求，仅是为了在撰写另一专利类型的权利要求时避免重复表述，而并不是为了对在前权利要求作进一步限定。因此，无论哪种情形下，在后权利要求对其所引用的在前权利要求中的相关用语一般只具有帮助理解的作用，而不当然具有限定作用。

　　例如，在上述最高人民法院（2020）最高法知民终580号案例中，最高人民法院认为：涉案专利权利要求16不能理解成仅包含了实体屏结构的触摸屏，该权利要求及其说明书所记载的相应具体实施方式不会对专利权利要求1中记载的触摸屏是否具有实体屏结构产生限定作用。

　　在后权利要求和在前权利要求之间可能是进一步的限定关系，也可能是并列关系，因此，在后权利要求引用在前权利要求中的技术术语时，可能是对该技术术语的进一步限定，也可能是对该技术术语的另一种解释。不可简单地从具体实施方式和附图标记理解权利要求的范围，而应该结合发明点和本领域技术背景对具体实施方式进行理解，从而清楚限定权利要求的范围。[1]

| 第二节 | 专利侵权认定

一、专利侵权认定的概念和前提

专利侵权的认定，是指当专利权人之外的主体，未经专利权人同意或授权，实施了与专利技术相同或等同的技术时，司法机关或行政机关通过一系列方法和步骤判断该行为是否构成侵权。但需注意的是，在确认专利是否被侵权前，首先应当审查该专利是否为合法、有效的专利权。若专利已过保护期、被国务院专利行政部门宣告无效、专利权人已放弃专利权，或该专利权非中国大陆授权（即使他人实施了该技术），则不能认定为侵权。简言之，专利被侵权的前提是该专利须为中国专利法保护的有效专利。

二、发明、实用新型专利侵权认定的原则

专利侵权认定的核心是将被控侵权的技术特征与权利要求书中要求保护的专利技术特征进行对比。通过判断非专利权人实施的技术特征与权利要求书中要求保护的专利技术特征是否存在本质不同，来确定是否构成侵权。在我国，专利权的保护范围以权利要求的内容为准，说明书及附图用于解释权利要求。在认定是否构成侵权时，应遵循两个基本原则，即全面覆盖原则和等同原则。

（一）全面覆盖原则

我国专利法规定，专利权的保护范围以权利要求书中记载的内容为准。因此，如果非专利权人实施的技术特征与专利权利要求书中记载的技术特征完全一致，则必然构成专利侵权。这是专利侵权最直接的表现形式，也称为全面覆盖原则。

所谓全面覆盖，是指被控侵权的技术再现了专利权利要求书中记载的技术方案的全部必要技术特征。

---

1 第（三）、（四）、（五）部分参见最高人民法院（2020）最高法知民终580号民事判决书。

全面覆盖的表现形式多种多样，主要表现为以下几种：

1.全部必要技术特征完全相同

在专利侵权判定中，如果被控侵权的方法或产品的技术特征与专利权利要求书记载的全部技术特征完全相同，且能够一一对应，即构成全面覆盖的侵权。

例如，某专利权利要求1记载的权利要求是：一种替代木制品的屋顶预制件，包括带有预应力钢筋和减重孔的混凝土模块，其特征在于所述混凝土模块包括置于建筑物相邻承重墙体上的平底面和与之相对的斜顶面，所述斜顶面相对平底面从前向后倾斜。被控侵权的产品的特征为：包括带有预应力钢筋和减重孔的混凝土模块，有一个平底面和与之相对的斜顶面。现场勘验可以看出该产品的平底面置于建筑物相邻承重墙体上，斜顶面相对平底面从前向后倾斜。

该案中，涉案专利是一种替代木制品的屋顶预制件的产品专利，其全部技术特征为：（1）带有预应力钢筋；（2）减重孔的混凝土模块；（3）混凝土模块包括置于建筑物相邻承重墙体上的平底面和与之相对的斜顶面；（4）斜顶面相对平底面从前向后倾斜。被控侵权产品完全再现了专利权利要求书记载的全部必要技术特征，构成全面覆盖的侵权。

2.被控侵权技术采用了下位概念特征

被控侵权的技术采用的是专利权利要求书采用的概念的下位概念特征，即，被控侵权的技术范围比专利技术范围小，但是全部落入专利权利要求中记载的全部必要技术特征范围之内。

案例：原告的专利名称为"一种用于粉条加工的揉面机"，其独立权利要求1为：一种用于粉条加工的揉面机，它包括机架（1）……原告专利说明书中的附图显示机架上部为平行结构的形状，被告的被控侵权产品与原告的专利区别仅在于被控侵权产品机架上部为梯形。

一审、二审法院均认为：被控侵权产品与原告专利技术不相同也不等同，理由为：被控侵权产品技术第1项技术为机架，原告专利技术要求第1项技术也为机架，虽然两者均设置机架，但机架所设计的技术特征要求不同，原告专利要求及附图机架上部为平行，而被控侵权产品机架上部为梯形，平行设计与梯形设计两者为整机的功效起不同的作用，不具有相同的技术特征，被控侵权产品的技术特征与专利保护的必要技术特征并不相同，未落入原告专利权的保护范围，不构成侵权，遂判决驳回原告的诉讼请求。专利权人仍对此决定不服，向最高人民法院申请再审。

最高人民法院认为：对于第1项对应技术特征，涉案专利独立权利要求中采用的是构架这一上位概念，并未对机架的具体结构进行限定。因此，不能直接以说明书及附图中所显示的长方体机架来限定权利要求记载的机架这一技术特征；被控侵权产品采用下部为长方体、上部一侧为梯形体的机架，系采用了一种特定结构的机架，而该特定结构的机架与权利要求记载的构架相比，前者属于下位概念，后者属于上位概念。因此，二者的该项对应技术特征应属相同。[1]

上述案例中，专利权人在权利要求书中并未对机架的形状进行限定，而是在附图中显示机架上部为平行结构，但是权利要求书中未记载，仅在附图中显示的技术特征，不应被纳入专利权利要求的技术特征范围之内，因此该案中的机架上部平行结构不属于专利的必要技术特征。被控侵权的产品也有机架这一技术特征，而且无论机架顶部是什么形状，都属于"机架"这一概念的下位概念。

3.被控侵权的技术比专利技术的范围大

被控侵权的技术比专利技术的范围大，在专利权利要求书的基础上又增加了新的技术特征，不管是否获得专利，实施该技术都落入专利权的保护范围之内。即使获得了专利权，也属于从属专利。未经在先专利权人的许可，实施从属专利也覆盖了在先专利权的保护范围，构成侵权。《最高人民法院关于审理侵犯专利权纠纷案件应用法律若干问题的解释（二）》第22条规定，被诉侵权技术方案或者外观设计落入在先的涉案专利权的保护范围，被诉侵权人以其技术方案或者外观设计被授予专利权为由抗辩不侵犯涉案专利权的，人民法院不予支持。上述司法解释明确规定了从属专利权人未经在先专利权人许可而实施从属专利的，构成专利侵权。

案例：甲公司实用新型专利权独立权利要求包括以下必要技术特征：a，正面由出风部分、进风部分、面板组成；b，面板是由背景板、灯管及透明面板组成；c，灯管固定在透明面板与背景板之间；d，透明面板与柜机呈活动联接。乙公司生产的带灯箱屏的空调柜机，包括以下必要技术特征：a'，正面由出风部分、进风部分、面板组成；b'，面板是由背景板、灯管及透明面板组成；c'，灯管固定在透明面

---

[1] 参见最高人民法院（2009）民申字第1562号民事裁定书。但该案中由于还存在其他不同的技术特征，最高人民法院最终认定被控侵权产品并未落入涉案专利权的保护范围，专利侵权不成立。

板与背景板之间；d'，透明面板与柜机呈活动联接。e'，在灯管和透明面板之间增设动感光透射片和旋转偏振光结构。

　　甲公司向法院起诉乙公司侵犯其实用新型专利权。法院在审理中将被控侵权产品与原告权利要求的技术特征进行了对比，对比结果为：技术特征a=a'，b=b'，c=c'，d=d'。乙公司被控产品的新增技术特征e'，是乙公司的后续改进专利。审理法院认为，乙公司生产的带动感画柜式空调机包含了甲公司专利独立权利要求中的全部必要技术特征，说明乙公司使用了甲公司的专利技术方案，乙公司在使用甲公司的专利技术方案的基础上实施其后续改进专利，既未征得甲公司的同意，又未依法办理专利实施的强制许可，其行为已构成侵权。[1]

　　上述案例中，被控侵权的产品技术特征在专利权人专利的技术特征基础上增加了一个技术特征，但是再现了专利的全部技术特征，实际上也实施了专利技术，故而此种情形下，也构成全面覆盖的侵权。即使被控侵权的技术获得了专利授权，也属于从属专利。依据最高人民法院相关司法解释规定，从属专利的实施需要经过在先专利权人的许可，否则仍构成专利侵权。

（二）等同原则及其适用限制

1.等同原则的适用

　　等同原则，是指被控侵权的技术中有一个或多个技术特征与专利权利要求保护的技术特征相比，虽然字面表述不同，但本质相同，构成技术等同，这种情况也构成侵犯专利权。以该方法判断专利侵权是否成立的原则即为等同原则。

　　在实践中，纯粹的字面侵权（即完全照搬他人专利技术）是很少发生的。因此，仅通过全面覆盖原则来判断专利侵权构成要件远远不够。实践中常见的专利侵权诉讼往往表现为：被控侵权的技术特征与专利技术特征虽存在差异，但通过以下方式仍实现了专利技术的发明目的、优点或积极效果：（1）增加部分技术特征；（2）对专利权利要求书中的技术特征进行简单替换；（3）分解、合并一些专利技术特征。在此情形下，法律既要实现对专利权人的周全保护，又要避免对其过分保护，在司法实践中就形成了判断专利侵权的等同原则。

---

1 参见广东省高级人民法院（2002）粤高法民三终字第48号民事判决书。

在适用等同原则判断是否构成专利侵权时，应当注意以下几点：

第一，将被控侵权技术特征与专利技术特征相比，看被控侵权的技术是否以基本相同的手段，实现了基本相同的功能，产生了基本相同的效果。如果三个答案都是肯定的，则构成侵权；如果有一个答案是否定的，则不构成侵权。

上述判断标准又称"三要素准则"，系美国1950年在格雷弗有限公司诉林德航空制品公司一案中确立的侵权判定标准。其基本内涵就是，在专利侵权诉讼中，将涉嫌侵权的产品或技术与已经获得专利权的产品或技术相比，虽然未在字面上落入该专利权利要求书的范围之内，但是，该涉嫌侵权产品或技术具有与专利技术实质上相同的功能，以与专利技术实质上相同的方式取得实质上相同的效果。[1]下面我们通过最高人民法院的一份判决书来理解"三要素准则"。

案例：专利权人涉案权利要求为：一种热风干燥系统，包括空气源热泵、冷凝器风机和干燥室……所述干燥室上部设有排湿通道；所述冷凝器风机的进风口处设置从外部环境进风的通道。被控侵权产品的排湿手段是通过"风干机连接处的缝隙"以及"引线进出口"实现。争议焦点：被诉侵权产品的引线进出口处的开孔是否构成涉案专利权利要求1记载的技术特征"所述干燥室上部设有排湿通道"的等同特征。

最高人民法院认为：首先，关于技术手段是否基本相同问题。涉案专利权利要求1的技术方案是在干燥室的上部设置排湿通道，可使水蒸气排出，而被诉侵权产品是在干燥室的两侧设置供烟花爆竹的引线进出的开孔，待干燥的烟花爆竹的引线缠绕在滚筒上，随着滚筒的转动通过干燥室两侧的开孔不断地进出干燥室。两者设置位置、工作方式均存在差异，不能认定构成基本相同的手段。

其次，关于功能是否基本相同的问题。涉案专利权利要求1记载的技术特征"所述干燥室上部设有排湿通道"所实现的功能是排出干燥室内因加热物料而生成的水蒸气，从而有效地干燥物料，减少热能损耗，提高空气源热泵干燥系统的工作能力。而被诉侵权产品的开孔并非专门用来供水蒸气逸出的通道，其主要是为了实现引线进出干燥室的功能，与涉案专利干燥室上部设置的排湿通道相比，并非实现基本相同的功能。

---

1 程永顺，《专利侵权判定实务》，法律出版社2002年版，第100页。

再次，关于效果是否基本相同的问题。尽管也会有少部分水蒸气从该开孔的缝隙中逸出，但是，正如涉案专利说明书记载，物料中的水分变成水蒸气后是向上升腾的，位于干燥室两侧的开孔由于其设置位置的原因会对排湿效果有较大影响，且经本领域普通技术人员合乎逻辑地分析可知，该开孔的部分孔径空间是被引线占据，对排湿效果也会存在一定影响。

最后，综合判断，被诉侵权产品位于干燥室两侧供烟花爆竹的引线进出的开孔与涉案专利设置于干燥室上部的排湿通道相比，两者的排湿效果存在较明显差异，因此，不能认定两者达到基本相同的效果。上述特征也不属于本领域普通技术人员在被诉侵权行为发生时无须经过创造性劳动就能够联想到的特征。综上，两者不构成等同特征。[1]

第二，将被控侵权的技术特征与专利技术特征相比，看这些不相同的技术特征（包括被替换、分解、合并等产生的不同的技术特征），是否属于本领域普通技术人员无须创造性劳动即可获得的等同技术特征。如果答案是肯定的，则构成侵权；如果答案是否定的，则不构成侵权。

例如，专利权人的专利权利要求中的技术特征为：助剂为氯化钠，重量百分比为32%～70%；被控侵权产品中相应的技术特征为：助剂为硫酸钠，重量百分比为36.8%。两者区别仅在于被控侵权产品中助剂为硫酸钠，而专利中的助剂为氯化钠。氯化钠和硫酸钠均为中性的、溶解性能良好的无机盐，而且都是钠盐，被控侵权产品是以基本相同的技术手段，实现了基本相同的功能，达到了基本相同的技术效果。因此，氯化钠与硫酸钠判定为等同特征。

2.对等同原则的限制

等同原则的适用并非重新界定专利权的保护范围，而是根据权利要求书的记载，结合说明书及附图，将专利权保护延伸至与其等同的技术领域。这种解释可能扩大了原权利要求设定的范围，因此应当对该原则作出必要的限制。从我国专利侵权司法实践及理论界的观点来看，主要有以下三个方面的限制措施：

（1）禁止反悔原则。

禁止反悔原则，是指在专利审批或者无效程序中，专利权人为确定其专利应具备

---

1 参见最高人民法院（2021）最高法知民终190号民事判决书。

新颖性、创造性和实用性，通过书面声明或者修改专利文件的形式，对专利权要求保护的范围作出了限制承诺或者部分地放弃了保护，并据此获得专利权。《最高人民法院关于审理侵犯专利权纠纷案件应用法律若干问题的解释》第6条规定：专利申请人、专利权人在专利授权或者无效宣告程序中，通过对权利要求、说明书的修改或者意见陈述而放弃的技术方案，权利人在侵犯专利权纠纷案件中又将其纳入专利权保护范围的，人民法院不予支持。该原则在侵权诉讼中具有重要指导意义，即在适用等同原则确定专利权保护范围时，禁止专利权人将已经被限制、排除或者放弃的内容重新纳入专利权保护范围。

案例：冯某是第ZL202021567269.5号，名称为"适用于磨粉机的破碎机构及使用其的磨粉机"实用新型专利权人，指控常州某公司擅自制造、销售、许诺销售侵犯其涉案专利的产品。在案件审理期限内，常州某公司法定代表人向国家知识产权局专利局提出对涉案专利权的无效宣告请求。在无效宣告审理过程中，冯某提交了意见陈述书以及经修改的权利要求书，修改后的权利要求1记载：一种适用于磨粉机的破碎机构，其特征在于，包括：磨粉刀组，所述磨粉刀组包括设于磨粉机的磨粉仓内的圆形磨盘，以及在所述圆形磨盘的周向侧壁均匀分布的若干个磨粉刀……权利要求3记载：一种磨粉机，其特征在于，包括：磨粉仓、适于与该磨粉仓配接以形成磨粉区间的仓盖，以及如权利要求1～2任一项所述的适用于磨粉机的破碎机构。

针对无效请求人提出的无效证据和理由，冯某陈述"研磨轮对中药材的粉碎原理是通过研磨轮与研磨台之间的挤压对物料进行粉碎的，而本申请中的磨粉刀则是通过在圆形磨盘高速转动下，物料与磨粉刀两侧面之间的高速碰撞从而实现对物料的粉碎的，可见，研磨轮与本申请中的磨粉刀不仅结构不同，设置方式、设置位置以及对物料的粉碎原理均不相同"。后国家知识产权局作出无效宣告请求审查决定书，宣告在修改后的权利要求1～7的基础上，继续维持该专利有效。冯某在侵权诉讼中主张请求保护修改后的权利要求1和权利要求3。

诉讼中，经法院现场勘验，双方当事人在技术比对上的争议焦点主要体现为被诉侵权产品是否具备涉案专利修改后权利要求1限定的"在所述圆形磨盘的周向侧壁均匀分布的若干个磨粉刀"的技术特征。

原告认为，被诉侵权产品的磨粉刀设置在圆形磨盘的周侧，其与涉案专利说明书附图4中所示的结构相同、设置位置相同、设置方式相同，落入涉案专利权的保护范围。被告则主张，被控侵权产品圆形磨盘侧壁均匀分布的研磨块与权利要求1"在所述圆形磨盘的周向侧壁均匀分布的若干个磨粉刀"不同，未全面覆盖涉案专利修改后权利要求1的技术特征，与涉案专利既不相同也不等同，未落入涉案专利的保护范围。法院认为：根据涉案专利说明书记载的内容可知，涉案专利中的"磨粉刀"带有刀口且具有一定锋利度，物料通过"磨粉刀"的刀口实现破碎。而根据现场技术勘验可知，被诉侵权产品对物料的二次磨碎是通过研磨块与磨粉仓内壁一圈的研磨台之间的相互作用实现的，即被诉侵权产品相对于涉案专利修改后权利要求1中的"磨粉刀"，其对应的结构为"研磨块"，其系通过设于磨粉机磨粉仓内的圆形磨盘以及在圆形磨盘的周向侧壁均匀分布的若干个研磨块形成磨粉组件，从而实现粉碎效果。因此，被诉侵权产品与涉案专利修改后权利要求1中的"磨粉刀"技术特征不相同。原告无效宣告程序中的意见陈述已经明确，"研磨轮对中药材的粉碎原理是通过研磨轮与研磨台之间的挤压对物料进行粉碎的，而本申请中的磨粉刀则是通过在圆形磨盘高速转动下，物料与磨粉刀两侧面之间的高速碰撞从而实现对物料的粉碎的，可见，研磨轮与本申请中的磨粉刀不仅结构不同，设置方式、设置位置以及对物料的粉碎原理均不相同"。故根据禁止反悔原则，涉案专利权的保护范围不应包括"研磨块"技术特征的技术方案。被诉侵权产品的相应技术特征为"研磨块"，属于在原专利授权程序中放弃的技术方案，不应当认为其与涉案专利修改后权利要求1中记载的"研磨刀"技术特征等同而将其纳入涉案专利权的保护范围。最终，法院认为被诉侵权产品不包含与涉案专利修改后的权利要求1中"磨粉刀组，所述磨粉刀组包括设于磨粉机的磨粉仓内的圆形磨盘，以及在所述圆形磨盘的周向侧壁均匀分布的若干个磨粉刀"相同或等同的技术特征，应认定其未落入涉案专利修改后权利要求1和权利要求3的保护范围，驳回了冯某的全部诉讼请求。[1]

（2）只能就技术特征适用等同原则。

适用等同原则时，只能就技术特征作等同认定，而不能就整体技术方案作等同认定。具体而言，就是在认定是否构成侵权时，发现了相比较的两项技术方案有多处差

---

[1] 曾博，从一起案件中看禁止反悔原则在专利侵权诉讼中的适用，载闻道摩方微信公众号，2023年2月10日。

异，不能以功能效果的相同或者近似就认定构成等同技术。因为，这样做的结果可能改变专利申请人权利要求书中要求保护的权利范围。

案例：在一起侵害发明专利权纠纷中，经一审比对，双方争议的焦点集中在被诉侵权产品的"横轴与固定阀轴通过平键加紧固螺钉连接"与涉案专利的"焊接在固定阀轴上的横轴"是否构成等同。进而言之，双方的争议焦点是两个构件的结构性技术特征进行比较时，是否需要考量上述特征在整个涉案专利技术方案中的效果。

一审法院认为：涉案专利的横轴焊接在固定阀轴上，驱动件与横轴焊接在一起，而被控侵权产品的横轴与固定阀轴通过平键加紧固螺钉连接，驱动件套接在横轴上并以紧固螺钉加以固定，故两者在横轴与固定阀轴、驱动件与横轴的连接方式上有所不同。对于两者在上述部件的连接方式上是否构成等同的问题，一审法院认为：首先，涉案专利中的焊接是一种以加热、高温或者高压的方式接合金属或其他热塑性材料的制造工艺及技术，经焊接后涉案专利的横轴与固定阀轴连为一体而无法拆卸分离。被控侵权产品采用的平键系一种以键的两个侧面作为工作面，并依靠键与键槽侧面的挤压来传递转矩的连接方式，被控侵权产品的平键与固定螺钉均属于机械连接的一种方式，采用上述连接方式可以对横轴与固定阀轴进行拆卸分离。因此，被控侵权产品与涉案专利在横轴与固定阀轴的连接方式上明显不同。其次，从效果层面，焊接更为刚性，通过焊接方式连接的各部件之间不会产生丝毫位移，但对于部件的更换维修较为困难；平键加固定螺钉的组合连接方式，则更注重可拆卸、替换、方便维修等效果层面，焊接与其他连接方式在效果上存在不同。综上，虽然焊接与平键加固定螺钉的连接功能相同，但由于两者采用的技术手段和所达到的效果不同，故一审法院认定被控侵权产品与涉案专利在横轴与固定阀轴的连接方式上不构成等同。

关于两者在横轴与驱动件的连接方式上能否构成等同的问题，涉案专利的横轴与驱动件焊接成一体，无法拆分，而被控侵权产品需要在横轴上打孔后再将驱动件套接在横轴上，并以紧固螺钉加以固定，其驱动件与横轴可以拆分。同上述第1项中对技术手段、效果的分析，一审法院认定焊接与套接加固定螺钉的连接方式在技术手段和达到的效果上存在明显区别，故两者亦不构成等同。

该案二审判决维持一审判决后，败诉方当事人向最高人民法院申请再审，最高人民法院再审驳回其再审申请。[1]

（3）自由公知技术的限制。

自由公知技术的限制，是指在被控侵权的技术方案与专利权利要求书记载的技术方案等同的情况下，如果被控侵权的技术与一项自由公知技术相同或者更接近，便不构成侵权。理由在于，专利权人只能就其真正付出的创造性劳动成果享有权利，已有技术或者从已有技术中以显而易见的方式得到的技术，应是整个社会的，不能由任何人独占，社会公众对于处于自由公共领域内的技术都有自由使用的权利。但是在运用自由公知技术认定是否构成侵权时，必须注意，被控侵权的技术必须是非组合而成的自由公知技术。

　　例如，专利权人拥有一项"一种装饰瓦"实用新型专利，专利的独立权利要求为：一种装饰瓦，包括基质层（1），其特征在于：基质层（1）的上表面复合有一层耐候防护层（2）。被控侵权产品包括如下技术特征：1.一种装饰瓦，2.包括基质层，3.基质层的上表面复合有一层耐候防护层。专利申请日之前出版的《塑料复合制品成型技术与设备》（化学工业出版社2003年7月第一版，周南桥、彭响方编著）第十二章"共挤出复合异型材成型"，其中记载了一种复合异型材，其技术特征是：1.一种复合异型材，2.包括基质层，3.在基质层上复合一层耐候防护层。该案中被告的被控侵权产品虽然与原告的专利技术特征完全相同，但与在专利申请日之前的自由公知技术也完全相同，故不构成专利侵权。

（三）多余指定原则

多余指定原则是指在专利侵权认定中，解释专利独立权利要求和确定专利权保护范围时，将专利权利要求书中记载的明显非必要附加技术特征（即多余特征）省略不予考虑，仅以必要技术特征确定专利权保护范围。根据全面覆盖原则，如果被控侵权的技术特征比专利的技术特征少一个以上，则不构成侵权。然而，在我国实践中，由于专利申请人可能对专利法了解不足，撰写权利要求书时常常会将一些非必要的附加技术特征也纳入其中。

下面，我们以一项专利的权利要求书的撰写为例进行分析。

　　独立权利要求：一种伪天花板电动分体存衣吊篮，主要包括电机、拉绳及存

---

1 参见最高人民法院（2017）最高法民申4626号民事裁定书。

衣吊篮，其特征在于：吊篮为长方形，分为上篮和下篮两层，在上篮设有篮盖及锁扣，拉绳穿过上篮的锁扣用绳卡固定在下篮的下部，当吊篮停在地面时，上篮打开篮口盖可存放衣物；下篮在打开时将上篮提高到适当高度，通过上篮的锁扣将上篮固定在拉绳上，此时便可往下篮存放衣物，当不用时，扳动手柄，使偏心轮松开，将上篮放在下篮上，以便吊篮整体吊装，支架通过膨胀螺丝固定在室内顶板上，在支架上安装卷轴、电机、电子保护装置，电机可正向、反向旋转带动缠绕在卷轴上的拉绳，可提起或者放下存衣吊篮。当吊篮放好衣物后，都悬挂于屋顶时，吊篮篮底便形成伪天花板。

上述独立权利要求中，其必要技术特征包括：

1. 电机、拉绳及存衣吊篮；

2. 吊篮为长方形，分为上篮和下篮两层；

3. 在上篮设有篮盖及锁扣；

4. 拉绳穿过上篮的锁扣用绳卡固定在下篮的下部；

5. 锁扣内有偏心轮；

6. 支架，通过膨胀螺丝固定在室内顶板上；

7. 在支架上安装卷轴、电机、电子保护装置；

8. 吊篮篮底形成伪天花板。

除上述必要技术特征外，如"当吊篮停在地面时，上篮打开篮口盖可存放衣物；下篮在打开时将上篮提高到适当高度，通过上篮的锁扣将上篮固定在拉绳上，此时便可往下篮存放衣物，当不用时，扳动手柄，使偏心轮松开，将上篮放在下篮上，以便吊篮整体吊装""电机可正向、反向旋转带动缠绕在卷轴上的拉绳，可提起或者放下存衣吊篮。当吊篮放好衣物后，都悬挂于屋顶时，吊篮篮底便形成伪天花板"都不属于必要技术特征，属于多余指定，其实质上属于操作方法，而非技术特征。

根据专利法的一般原理，记载的技术特征越多，专利权的保护范围越窄，该专利也越容易被规避。对于没有专业知识的人在权利要求书中增加的非必要技术特征，如果严格按照全面覆盖原则判定侵权，对专利权人明显不公平。虽然我国法律未明确规定多余指定原则，但司法实践中已有运用该原则的案例。然而，由于多余指定原则可能扩大专利权的保护范围，为平衡各方利益，法院在司法实践中不能主动适用该原则，仅在权利人提出要求时方可适用。对于多余指定，最高人民法院在一份判决书中明确指出："凡是权利人写入独立权利要求的技术特征，都是必要技术特征，都不应当被忽略，都应纳入技术特征对比之列。"同时，该判决书还指出："本院不赞成轻率地借鉴适用所谓的多余指定原则。"[1]《最高人民法院关于审理侵犯专利权纠纷案件应用法律若干问题的解释》第7条规定："人民法院判定被诉侵权技术方案是否落入专利权的保护范围，应当审查权利人主张的权利要求所记载的全部技术特征。"这一规定被业界解读为最高人民法院明确在此后的专利侵权判定中禁止适用"多余指定原则"。接下来，我们通过学习最高人民法院的案例，进一步深入理解多余指定原则在专利侵权中的适用问题。

　　案例：专利权人实用新型专利权利要求书记载的技术为：一种混凝土薄壁筒体构件，它由筒管和封闭筒管两端管口的筒底组成，其特征在于所述筒底以至少二层以上的玻璃纤维布叠合而成，各层玻璃纤维布之间由一层硫铝酸盐水泥无机胶凝材料或铁铝酸盐水泥无机胶凝材料相粘接，筒底两侧板面亦分别覆盖有一层硫铝酸盐水泥无机胶凝材料或铁铝酸盐水泥无机胶凝材料。同样，所述筒管以至少二层以上的玻璃纤维布筒叠套而成，各层玻璃纤维布筒之间由一层硫铝酸盐水泥无机胶凝材料或铁铝酸盐水泥无机胶凝材料相粘接，筒管内腔表面与外柱面亦分别覆盖有一层硫铝酸盐水泥无机胶凝材料或铁铝酸盐水泥无机胶凝材料。

　　被告公司生产与专利相类似的产品并投入市场。该产品的主要技术特征为：筒管由一层玻璃纤维布夹在两层水泥无机胶凝材料中，封闭筒管两端的筒底亦由水泥无机胶凝材料构成，其中没有玻璃纤维布。与涉案专利相比，被告公司的被控侵权产品的筒管部分少一层玻璃纤维布，筒底部分没有玻璃纤维布。

　　一审、二审法院均认为：被告公司的被控侵权产品与涉案专利虽有不同，但不存在本质上的区别，被控侵权产品在手段、功能和效果上，与涉案专利基本相同，构成等同侵权。

　　被控侵权人不服该案的一审、二审判决，向最高人民法院申诉。最高人民法院经审理认为：

　　一、筒底壁层结构是不是专利的必要技术特征。

　　凡是专利权人写入独立权利要求的技术特征，都是必要技术特征，都不应当被

忽略，而均应纳入技术特征对比之列。法院不赞成轻率地借鉴适用所谓的"多余指定原则"。该案专利权利要求书只有一项权利要求，即独立权利要求。该独立权利要求对筒底和筒管的壁层结构分别给予了明确记载。所以，专利权人关于专利筒底壁层结构不是必要技术特征的主张，不能成立。该案专利的全部必要技术特征为：（1）筒管；（2）封闭筒管两端管口的筒底；（3）所述筒底以至少二层以上的玻璃纤维布叠合而成，各层玻璃纤维布之间由一层硫铝酸盐水泥无机胶凝材料或铁铝酸盐水泥无机胶凝材料相粘接，筒底两侧板面亦分别覆盖有一层硫铝酸盐水泥无机胶凝材料或铁铝酸盐水泥无机胶凝材料；（4）所述筒管以至少二层以上的玻璃纤维布筒叠套而成，各层玻璃纤维布筒之间由一层硫铝酸盐水泥无机胶凝材料或铁铝酸盐水泥无机胶凝材料相粘接，筒管内腔表面与外柱面亦分别覆盖有一层硫铝酸盐水泥无机胶凝材料或铁铝酸盐水泥无机胶凝材料。

与专利筒底壁层结构该项必要技术特征相对比，被控侵权产品筒底的水泥无机胶凝材料中没有玻璃纤维布。显然，两者并不相同。又因被控侵权产品筒底的水泥无机胶凝材料中不夹玻璃纤维布，而专利筒底的水泥无机胶凝材料中间隔夹有至少二层以上的玻璃纤维布，两者不属于基本相同的手段，故亦不等同。仅被控侵权产品筒底的技术特征与专利相应技术特征既不相同又不等同一点，就足以判定被控侵权产品没有落入专利权的保护范围。

二、被控侵权产品筒管部分在水泥无机胶凝材料中夹有一层玻璃纤维布是否属于与专利相应技术特征的等同特征。

首先，由于该案专利权利要求书在叙述玻璃纤维布层数时，明确使用了"至少二层以上"这种界限非常清楚的限定词，说明书亦明确记载玻璃纤维布筒的套叠层"可以少到仅两层"，故在解释权利要求时，不应突破这一明确的限定条件。应当认为，本领域的普通技术人员通过阅读权利要求书和说明书，无法联想到仅含有一层玻璃纤维布或者不含玻璃纤维布仍然可以实现发明目的，故仅含有一层玻璃纤维布或者不含有玻璃纤维布的结构应被排除在专利权保护范围之外。否则，就等于从独立权利要求中删去了"至少二层以上"，导致专利权保护范围不合理地扩大，有损社会公众的利益。其次，该案专利中玻璃纤维布层数的不同，不能简单地认为只是数量的差别，而是对于筒体构件的抗压能力、内腔容积以及楼层重量具有不同的物理力学意义上的作用。筒管部分含有"至少二层以上"玻璃纤维布，在增强抗压能力、减轻楼层重量、增加内腔容积方面达到的技术效果应优于筒管部分仅含"一层"玻璃纤维布的效果。应当认为，仅含"一层"玻璃纤维布不能达到含有"至少二层以上"玻璃纤维布基本相同的效果，故被控侵权产品筒管部分在水泥无机胶凝材料中夹有一层玻璃纤维布不属于与专利相应技术特征等同的特征，更不是相同特征。因此，被控侵权产品亦没有落入专利权的保护范围。

综上，被控侵权产品筒底的水泥无机胶凝材料中没有玻璃纤维布，与专利筒底壁层结构相比，既不是相同特征，也不是等同特征；被控侵权产品筒管部分的"水泥材料中夹有一层玻璃纤维布"，不能达到与专利筒管部分的"水泥材料间隔夹有至少二层以上的玻璃纤维布"基本相同的效果，被控侵权产品筒管部分的技术特征，与专利相应的技术特征，不构成等同特征，更不是相同特征。判决撤销一审、二审判决，驳回专利权人的诉讼请求。

三、间接侵权

间接侵权是相对于直接侵权而言的。所谓间接侵权，是指行为人积极诱导、怂恿或者唆使他人直接实施专利侵权行为的行为。

我国专利法上并未明确规定间接侵权，但早在1993年，人民法院已作出涉及间接侵权的判决。[1]该判决的法律依据是《民法通则》（已废止）第130条所规定的共同侵权行为和《最高人民法院关于贯彻执行〈中华人民共和国民法通则〉若干问题的意见》（已废止）第148条规定的"教唆、帮助他人实施侵权行为的人，为共同侵权人，应当承担连带民事责任"。该判决得到了我国司法实务界和理论界的广泛认同。此后的《侵权责任法》（已废止）第9条、《民法典》第1169条规定，教唆、帮助他人实施侵权行为的，应当与行为人承担连带责任。《最高人民法院关于审理侵犯专利权纠纷案件应用法律若干问题的解释（二）》第21条对专利侵权中的间接侵权作出了明确规定，即明知有关产品系专门用于实施专利的材料、设备、零部件、中间物等，未经专利权人许可，为生产经营目的将该产品提供给他人实施了侵犯专利权的行为，权利人主张该提供者的行为属于《民法典》第1169条规定的帮助他人实施侵权行为的，人民法院应予支持。明知

1　参见山西省高级人民法院（1993）晋经终字第152号民事判决书，转引自程永顺，《专利侵权判定实务》，法律出版社2002年版，第333-336页。

有关产品、方法被授予专利权，未经专利权人许可，为生产经营目的积极诱导他人实施了侵犯专利权的行为，权利人主张该诱导者的行为属于《民法典》第1169条规定的教唆他人实施侵权行为的，人民法院应予支持。

依据上述司法解释规定，专利间接侵权存在两种类型，一种是教唆型，一种是帮助型。教唆型间接侵权是教唆人采用诱导的方式引诱他人进行专利侵权，真正实施专利侵权的被教唆人完整实施了专利技术方案。因此该行为在实践中相对容易认定。但对于帮助型间接侵权，由于帮助者本身并未实施完整的技术方案，故而在司法实践中对其认定相对较为复杂。在司法实践中，法院认定专利间接侵权，必须符合以下构成要件：

（一）被诉侵权技术方案没有全部再现专利全部必要技术特征

被诉侵权技术方案没有"全面覆盖"专利权利要求书记载的全部必要技术特征。其主要表现形式是被控侵权技术方案与权利要求书记载的必要技术特征相比，缺少一项以上必要技术特征。

（二）侵权人在主观上属于明知

在以下三种情形中，均可认定侵权人主观上具有"明知"：

第一，侵权人明知专利的存在，且未获得专利权人的授权、许可或同意，擅自实施实质上的专利侵权行为。第二，专利权人已经对行为人发出过侵权警告；行为人之前为专利权人职员，或通过商业贸易知晓专利产品的存在；行为人因侵权被行政处罚、法院裁判承担责任，或与权利人达成和解、调解后，再次实施相同或类似侵权行为等。第三，实践中，侵权人主观上的"明知"也可通过产品用途进行判定。如果被控侵权产品为专用品，具有特定用途，且一旦使用必然落入涉案专利权保护范围，则可以认定被告明知被诉侵权产品系专门用于实施涉案专利的设备。

（三）被诉侵权产品的使用目的具有专一性

即有关产品必须是专门用于实施专利的材料、设备、零部件、中间物等，包括专用于制造专利产品的材料、设备、零部件、中间物等；专用于实施专利方法的材料、设备、零部件、中间物等。被诉侵权产品不具有实质性非侵权用途，即并非通用产品或常用产品，除用于专利技术方案外，没有其他合理的经济和商业用途。

例如，在一起侵害发明专利权纠纷案中，最高人民法院认为：由于电子烟产品消费者购买被诉侵权产品的唯一目的就是将该产品与烟弹结合实现吸烟体验，甲公司、乙公司制造被诉侵权产品的唯一目的，亦是将该产品最终出售给电子烟产品消费者，使得其在购买被诉侵权产品后与烟弹相结合使用，从而再现涉案专利权利要求1的完整技术方案。[1]

再如，在另一起侵害实用新型专利权纠纷案中，江苏省高级人民法院认为，根据被告的自认以及被诉产品说明书的记载内容，被诉产品的唯一用途就是给蓄电池充电。当其为蓄电池充电时，必然具有"与蓄电池相连"这一技术特征。因此，被诉产品在正常使用时，即具备了涉案专利权利要求1的全部技术特征。虽然被诉产品本身并不具备涉案专利的全部技术特征，但该产品的唯一用途致使其一旦使用则必然落入涉案专利权的保护范围，而对此被告亦属明知。[2]

（四）行为人以生产经营为目的，将该产品提供给他人使用

与普通专利侵权一样，间接侵权同样需要行为人以商业目的实施专利技术。非以商业目的实施，如为科研、教学等目的，不构成专利侵权，也不构成间接侵权。

（五）行为人的行为具有从属性

即认定间接侵权以专利直接侵权的存在为前提。专利直接侵权是指被帮助者或专用产品的购买者通过购买、使用专用产品，并结合其他零部件，完整实施了专利侵权行为。如果不存在完整再现专利技术方案的直接侵权行为，间接侵权也不成立。

（六）专用产品对涉案专利技术方案具有"实质性"作用

即司法解释中所称的原材料、中间产品、零部件或设备等产品，在实现涉案专利技术方案中，不仅不可或缺，而且具有突出的重要地位，而非任何细小的、次要的产品。

例如，在一起侵害发明专利权纠纷案中，由于被告仅提供内置WAPI功能模块的移动终端，并未提供AP和AS两种设备，而移动终端MT与无线接入点AP及认证服务器AS交互使用才可以实施涉案专利。因此，二审法院认为，包括个人用户在内的任何实施人均不能独自完整实施涉案专利。同时，也不存在单一行为人指导或控制其他行为人的实施行为，或多个行为人共同协调实施涉案专利的情形。在没有直接实施人的前提下，仅认定其中一个部件的提供者构成帮助侵权，不符合上述帮助侵权的构成要件，而且也过分扩大对权利人的保护，不当损害了社会公众的利益。[3]

---

[1] 参见最高人民法院（2020）最高法知民终1421号民事判决书。
[2] 参见江苏省高级人民法院（2016）苏民终168号民事判决书。
[3] 参见北京市高级人民法院（2017）京民终454号民事判决书。

四、将专利方法的实质内容固化在被诉侵权产品中的侵权认定

在司法实践中有一种较为特殊的案件，即产品制造者未完全实施方法专利的全部必要技术特征，但用户在使用该产品时，完全再现了该方法专利的全部必要技术特征。此种情形是否构成侵权？我们可以参考最高人民法院发布的指导案例。

原告公司诉称：被告公司未经许可制造、许诺销售、销售的多款商用无线路由器（以下简称被诉侵权产品）落入其享有的名称为"一种简易访问网络运营商门户网站的方法"（专利号为ZL02123502.3，以下简称涉案专利）发明专利的专利权保护范围，请求判令被告公司停止侵权，赔偿损失及制止侵权的合理开支共计500万元。

被告公司辩称：1.涉案专利、被诉侵权产品访问任意网站时实现定向的方式不同，访问的过程亦不等同，被告公司没有侵害原告公司的涉案专利权。并且，涉案专利保护的是一种网络接入认证方法，被告公司仅是制造了被诉侵权产品，但并未使用涉案专利保护的技术方案，故其制造并销售被诉侵权产品的行为并不构成专利侵权。2.原告公司诉请的赔偿数额过高且缺乏事实及法律依据，在赔偿额计算中应当考虑专利的技术贡献度、涉案专利技术存在替代方案等。

法院认为：根据对被诉侵权产品进行的公证测试结果，被诉侵权产品的强制Portal过程与涉案专利权利要求1和2所限定步骤方法相同，三款被诉侵权产品在"Web认证开启"模式下的使用过程，全部落入涉案专利权利要求1和2的保护范围。关于被告公司的被诉侵权行为是否构成侵权问题，法院认为，如果被诉侵权行为人以生产经营为目的，将专利方法的实质内容固化在被诉侵权产品中，该行为或者行为结果对专利权利要求的技术特征被全面覆盖起到了不可替代的实质性作用，也即终端用户在正常使用该被诉侵权产品时就能自然再现该专利方法过程的，则应认定被诉侵权行为人实施了该专利方法，侵害了专利权人的权利。该案中：1.被告公司虽未实施涉案专利方法，但其以生产经营为目的制造、许诺销售、销售的被诉侵权产品，具备可直接实施专利方法的功能，在终端网络用户利用被诉侵权产品完整再现涉案专利方法的过程中，发挥着不可替代的实质性作用。2.被告公司从制造、许诺销售、销售被诉侵权产品的行为中获得不当利益与涉案专利存在密切关联。3.因终端网络用户利用被诉侵权产品实施涉案专利方法的行为并不构成法律意义上的侵权行为，专利权人创新投入无法从直接实施专利方法的终端网络用户处获得应有回报，如专利权人的利益无法得到补偿，必将导致研发创新活动难以为继。另一方面，如前所述，被告公司却因涉案专利获得了

原本属于专利权人的利益，利益分配严重失衡，有失公平。综合以上因素，在该案的情形下，应当认定被告公司制造、许诺销售、销售被诉侵权产品的行为具有侵权性质并应承担停止侵权、赔偿损失的民事责任。判决：被告公司立即停止侵权，并赔偿损失。被告公司向最高人民法院提起上诉。最高人民法院判决，驳回上诉，维持原判。[1]

五、外观设计的保护

（一）外观设计的保护方式

由于外观设计由产品的形状、图案或其结合，以及色彩与形状、图案的结合构成，与一般的美术作品极为相似，因此在很多情况下难以区分。基于对外观设计性质的认识不同，世界各国对其保护采取了不同的立法方式。有些国家通过专门的外观设计法保护，如日本；有些国家通过专利法保护，如英国、中国；还有些国家则给予外观设计双重保护，即同时通过外观设计法和著作权法保护，如德国、比利时、瑞士等。

在英国，外观设计主要通过专利法保护，但也可以受到著作权法保护。两者的区别标准在于：如果外观设计并非或不打算以工业方法生产，则受著作权法保护；如果外观设计用于或准备用于以工业方法生产，则受专利法保护。

在德国，外观设计既可以受到著作权法保护，也可以依据外观设计法保护。但外观设计必须申请注册，而著作权保护则是自动获得的。如果外观设计被侵权，权利人可以选择依据著作权法或外观设计法寻求保护。即使外观设计保护期限届满，权利人仍可通过著作权法寻求保护。

在我国，如果一项外观设计构成美术作品，则自创作完成之日起自动受到著作权法保护；如果申请了外观设计专利并获得授权，则受专利法保护。二者可以并存，但具体权利内容有所不同。著作权保护不能排除他人独立创作出相同或相似的作品；而专利法则禁止他人申请或使用相同或近似的外观设计。外观设计的保护力度强于著作权，但著作权的保护期限长于外观设计。

（二）外观设计的保护范围

外观设计专利权的保护范围以表示在图片或者照片中的该产品的外观设计为准，

---

[1] 参见最高人民法院指导案例159号：深圳敦骏科技有限公司诉深圳市吉祥腾达科技有限公司等发明专利权纠纷案。

简要说明可以用于解释图片或者照片中所表示的该产品的外观设计。与发明和实用新型保护以文字表述的技术方案不同，外观设计只保护产品的外观造型或者图案，而不保护功能。因此，早期的外观设计保护法不允许对外观设计的图形进行任何说明。但在实践中，人们发现，在某些情况下对外观设计的图形进行一定的说明是非常必要的。因此，各国逐渐允许外观设计申请人对图片或者照片中不易理解或者容易造成误解的部分进行简要的文字说明。

具体而言，外观设计专利权被授予后，外观设计专利权人享有以下权利：任何单位或者个人未经专利权人许可，不得实施其专利，即不得为生产经营目的制造、许诺销售、销售、进口其外观设计专利产品。

（三）外观设计专利侵权认定

1.被诉侵权产品与外观设计专利产品种类相同或相近

外观设计专利在申请时，其简要说明中通常会说明该外观设计所适用的产品种类。在认定被诉侵权产品是否侵犯外观设计专利权时，首先需要确定被诉侵权产品与外观设计专利产品种类是否相同或者相近。产品种类的认定应基于外观设计产品的用途，判断其是否相同或者相近。确定产品用途时，可以参考外观设计的简要说明、国际外观设计分类表[1]、产品的功能以及产品销售、实际使用的情况等因素。

但是如前所述，涉及图形用户界面的外观设计，其对于产品也就是物理载体的依赖性在逐渐减弱，我国《专利审查指南2023》允许以不带有图形用户界面所应用产品的方式提交申请，此类申请主要适用于可应用于任何电子设备的图形用户界面。《专利审查指南2023》只要求此类申请产品名称中要有"电子设备"字样的关键词。同时，在国际立法层面，为适应图形用户界面外观设计申请，第14版《国际外观设计分类表》大类和小类表中，第14类"记录、电信或数据处理设备"第14-04产品类别为"显示界面和图标"，规定了"图形用户界面"（计算机屏幕版面设计）、图标（计算机用）、屏幕显示的图形符号、网页横幅、增强现实图形用户界面（屏幕显示）等商品类别。此类商品明显与具有实体形态的一般商品不同。因此，从外观设计产品国际分类的角度看，"图

---

1 1968年10月8日，《保护工业产权巴黎公约》全体成员国在瑞士洛迦诺召开外交会议，通过了《建立工业品外观设计国际分类洛迦诺协定》，简称《洛迦诺协定》，该协定建立了国际外观设计分类，即洛迦诺分类。洛迦诺分类包括以下内容：（Ⅰ）大类和小类表；（Ⅱ）依字母编序的外观设计产品项列表，并标出其所属大类和小类；（Ⅲ）注释。

形用户界面"虽然不需要依赖于物理载体而独立存在，但其本身也属于一类产品。

2.判断是否构成侵权的主体标准为一般消费者

根据最高人民法院的相关司法解释，在判断被控侵权外观设计时，应当以一般消费者的知识水平和认知能力为标准，判断两者是否相同或者近似。

3.被控侵权产品与授权外观设计专利的区别设计特征的认定

在外观设计专利侵权判定中，区别设计特征的认定至关重要，它是决定是否构成侵权的最主要因素。区别设计特征是指被诉侵权产品的外观设计与外观设计专利之间的不同之处。在认定是否构成侵权的过程中，首先需要将被诉侵权产品的外观设计与授权外观设计专利的图片或者照片所示设计进行对比。如果经过对比，两者不存在设计上的区别，或区别微小且一般消费者难以注意到，则可认定构成侵权；如果经过对比，两者存在较大差异，且该差异是一般消费者正常使用时容易注意到的，则被控侵权设计与专利外观设计不构成近似，被控侵权产品不落入专利权保护范围。下面我们通过一则案例来说明。

吴某系涉案"杯子（萌猫保温杯）"外观设计专利权人，专利申请日为2016年3月30日。专利图片显示杯身杯盖比例约为2∶1，整体近似圆柱形，杯盖近似半球形，上部有一对三角形耳朵，正面为左右对称的三道胡须。2018年4月，吴某在浙江全季家居用品有限责任公司（以下简称全季公司）经营的京东网"FACE全季专卖店"购买了黄色小猫保温杯产品一个。产品外包装显示监制商黑马科技（上海）有限公司（以下简称黑马公司）、制造商全季公司。产品系一杯子，杯身整体呈圆柱形；杯盖为猫脸造型，整体近似半球形，上部有一对三角形耳朵，正面设计有眼睛、三道胡须、鼻子和嘴巴。吴某认为上述产品落入涉案专利权保护范围，将全季公司、黑马公司诉至法院，请求判令该二公司停止侵权、赔偿经济损失及合理费用8万余元。

被控侵权产品　　　　外观设计专利立体图

上海知识产权法院一审认为，经比对被控侵权产品与涉案专利，在涉案专利的区别设计特征方面，被控侵权产品与涉案专利存在较大差异，该差异亦是一般消费者正常使用产品时容易直接观察到的部位差异，对整体视觉效果影响较大，结合两者其他设计部位差异，可以认定被控侵权产品与涉案专利外观设计在整体视觉效果上具有实质性差异，不构成近似设计，被控侵权产品未落入原告涉案外观设计专利权保护范围。具体而言：圆柱形杯身、半球形杯盖均属惯常设计，对外观设计整体视觉效果影响较弱，涉案专利区别设计特征应在于杯盖上猫耳朵、胡须、尾巴的组合设计。被控侵权产品胡须设计与涉案专利存在较大差异，缺少专利尾巴设计，结合两者耳朵、杯盖弧度、杯身底部分隔线等差异，应认定两者不构成近似。据此，判决驳回吴某的诉讼请求。一审判决后，各方当事人均未上诉，一审判决现已生效。[1]

该案中，涉案专利简要说明记载"名称为萌猫保温杯，设计要点在于形状"。立体图是最能表明设计要点的图片，该立体图区别于六面视图，类似于侧视图，清晰可见杯盖上的全部耳朵、胡须和尾巴设计。一定程度上可以反映专利权人对其设计的理解，即杯盖上的耳朵、胡须和尾巴设计组成的萌猫造型系该专利设计的区别设计特征。另外该案中，关于现有设计，被告提交了多份在先专利文件。从中可以发现多份现有设计均存在圆柱形水杯设计，包含杯身和杯盖，杯身整体半径相当，或者是上部略窄下部略宽，杯盖近似半球形或是圆弧形，部分杯盖设计亦存在猫造型设计，故可以认定圆柱形杯身和半球形杯盖设计系现有设计中的惯常设计，涉案专利外观设计的区别设计特征应当主要在于其杯盖的具体设计。而两者在杯盖上的具体设计差异较大，故不构成侵权。

4.外观设计专利侵权判定方法为：整体比较，重点观察，综合判断

在认定外观设计是否相同或者近似时，应当根据授权外观设计和被诉侵权设计的设计特征，以外观设计的整体视觉效果进行比较；对于授权外观设计的设计要点，也就是区别于现有设计及其特征组合的区别设计部分，应当重点观察；最后综合案件的各种因素作出判断。

对于主要由技术功能决定的设计特征，以及对整体视觉效果不产生影响的材料、内部结构等特征，应当不予考虑。下列情形通常对外观设计的整体视觉效果具有更大

---

[1] 参见上海知识产权法院（2018）沪73民初890号民事判决书。

影响：（1）产品正常使用时容易被直接观察到的部位相对于其他部位；（2）授权外观设计区别于现有设计的设计特征相对于授权外观设计的其他设计特征。被诉侵权设计与授权外观设计在整体视觉效果上无差异的，人民法院应当认定两者相同；在整体视觉效果上无实质性差异的，应当认定两者近似。

但在侵权判断中，要特别关注被控侵权产品是否全部再现了授权外观设计中区别于现有设计及其特征组合的设计特征。

案例：原告拥有一项外观设计专利，被告生产的产品与原告外观设计专利中的产品图片整体看有诸多相同或相似之处。原告向法院起诉被告侵犯其外观设计专利。被告应诉后，首先向国家知识产权局提出了原告专利无效申请。无效宣告请求审查决定在明确了涉案专利存在多项与现有设计构成明显区别的设计特征之后，维持了其有效性。该案中法院认为，被诉产品与涉案专利的不同点为：涉案专利设计的握持部内侧为弧形设计，被诉产品握持部内侧为直线型设计；授权专利设计主体下部为两侧内凹、中部下凸的弧面设计，被诉侵权产品主体下部为直线型设计。而这两个主要的不同点，也是无效宣告请求程序和专利权评价报告中所确认的涉案专利与现有设计相比的区别设计特征。由于被诉产品不具备涉案专利与现有设计相比的全部区别设计特征，因此被诉产品不落入涉案专利权的保护范围。[1]

专利图片　　　　　　　　　　被控侵权产品图片

一项外观设计应当具有区别于现有设计的可识别性创新设计才能获得专利授权，而获得专利权的外观设计一般会具有现有设计的部分内容，同时具有与现有设计不相同也不近似的设计内容，正是这部分设计内容使得该授权外观设计具有创新性。对于该部分设计内容的描述即构成授权外观设计的设计特征。区别设计特征的认定一般从

---

1 段坤超、马戎，外观设计专利设计特征的确定以及对侵权判定的影响，网址：https://baijiahao.baidu.com/s?id=1789199895150075393&wfr=spider&for=pc，最后访问日期：2024年6月17日。该案一审案号为广东省深圳市中级人民法院（2023）粤03民初1276号。该案一审判决后原告提起上诉，二审维持了一审判决和一审判决所依据的裁判观点，驳回了原告的上诉请求。

以下两个方面去把握：一是参考专利文件。《专利法实施细则》第28条规定，外观设计的简要说明应当写明外观设计产品的名称、用途、外观设计的设计要点，并指定一幅最能表明设计要点的图片或者照片。二是参考现有设计文件。如果被诉侵权设计未包含授权外观设计区别于现有设计的全部设计特征，一般可以推定被诉侵权设计与授权外观设计不近似。

授权外观设计专利区别于现有设计及其特征组合的设计特征，一般根据发明人或权利人在申请外观设计专利时提供的简要说明中的设计要点进行说明。如果难以从简要说明中得出有效信息，此时，需要参考"外观设计专利权评价报告"以及可能存在的"无效宣告请求审查决定书"。通过这两份文件中的文字描述，可以找出该外观设计专利"区别于现有设计的全部设计特征"。如果通过文字描述仍无法得出相应结论，涉诉的相关人员则需要参考"外观设计专利权评价报告"中最接近的现有技术，自行进行区别归纳和总结。

5.设计空间大小对外观设计专利侵权认定的影响

在认定一般消费者对于外观设计所具有的知识水平和认知能力时，一般应当考虑被诉侵权行为发生时授权外观设计所属相同或者相近种类产品的设计空间。设计空间较大的，人民法院可以认定一般消费者通常不容易注意到不同设计之间的较小区别；设计空间较小的，人民法院可以认定一般消费者通常更容易注意到不同设计之间的较小区别。

6.对于成套、组装、变化状态产品的外观设计专利侵权的认定

对于成套产品的外观设计专利，被诉侵权设计与其一项外观设计相同或者近似的，应当认定被诉侵权设计落入专利权的保护范围。

对于组装关系唯一的组件产品的外观设计专利，被诉侵权设计与其组合状态下的外观设计相同或者近似的，应当认定被诉侵权设计落入专利权的保护范围。

对于各构件之间无组装关系或者组装关系不唯一的组件产品的外观设计专利，被诉侵权设计与其全部单个构件的外观设计均相同或者近似的，应当认定被诉侵权设计落入专利权的保护范围；被诉侵权设计缺少其单个构件的外观设计或者与之不相同也不近似的，应当认定被诉侵权设计未落入专利权的保护范围。

对于变化状态产品的外观设计专利，被诉侵权设计与变化状态图所示各种使用状态下的外观设计均相同或者近似的，应当认定被诉侵权设计落入专利权的保护范围；被诉侵权设计缺少其一种使用状态下的外观设计或者与之不相同也不近似的，应当认定被诉侵权设计未落入专利权的保护范围。

│ 第三节 │ 专利侵权诉讼

对于专利侵权行为，司法救济是最基本的救济途径。原则上，专利侵权诉讼与一般的民事侵权诉讼在本质上并无区别，但鉴于专利侵权的特点，专利侵权诉讼中存在一些特殊情形。

一、专利侵权的诉讼管辖

（一）级别管辖

《最高人民法院关于第一审知识产权民事、行政案件管辖的若干规定》第1条规定：发明专利、实用新型专利、植物新品种、集成电路布图设计、技术秘密、计算机软件的权属、侵权纠纷以及垄断纠纷第一审民事、行政案件由知识产权法院，省、自治区、直辖市人民政府所在地的中级人民法院和最高人民法院确定的中级人民法院管辖。第2条规定：外观设计专利的权属、侵权纠纷以及涉驰名商标认定第一审民事、行政案件由知识产权法院和中级人民法院管辖；经最高人民法院批准，也可以由基层人民法院管辖，但外观设计专利行政案件除外。

根据上述司法解释的规定，涉及专利侵权的案件，如果涉及侵犯发明、实用新型专利权及其权属纠纷的民事、行政案件，均由知识产权法院，省、自治区、直辖市人民政府所在地的中级人民法院和最高人民法院确定的中级人民法院管辖。如果涉及侵犯外观设计专利权及其权属纠纷的民事、行政案件，由知识产权法院和中级人民法院管辖。经最高人民法院批准，也可以由基层人民法院管辖，但外观设计专利行政案件只能由知识产权法院和中级人民法院管辖。除此之外，涉及专利的开发、研究、许可、转让等合同纠纷的民事、行政案件，由最高人民法院确定的基层人民法院管辖。

根据2023年11月1日起施行的修改后的《最高人民法院关于知识产权法庭若干问题的规定》第2条的规定，知识产权法庭审理下列上诉案件：（1）专利、植物新品种、集成电路布图设计授权确权行政上诉案件；（2）发明专利、植物新品种、集成电路布图设计权属、侵权民事和行政上诉案件；（3）重大、复杂的实用新型专利、技术秘密、计算机软件权属、侵权民事和行政上诉案件；（4）垄断民事和行政上诉案件。

即涉及发明专利的确权行政案件、权属及侵权的民事和行政案件，以及重大、复杂的实用新型专利的权属及侵权民事和行政上诉案件，均由最高人民法院知识产权法庭管辖，实行飞跃管辖。

（二）地域管辖

因侵犯专利权行为提起的诉讼，由侵权行为地或者被告住所地人民法院管辖。侵权行为地包括：被控侵犯发明、实用新型专利权的产品的制造、使用、许诺销售、销售、进口等行为的实施地；专利方法使用行为的实施地，以及依照该专利方法直接获得的产品的使用、许诺销售、销售、进口等行为的实施地；外观设计专利产品的制造、销售、进口等行为的实施地；假冒他人专利的行为实施地；上述侵权行为的侵权结果发生地。如果原告仅对侵权产品制造者提起诉讼，而未起诉销售者，且侵权产品制造地与销售地不一致的，制造地人民法院具有管辖权；如果以制造者与销售者为共同被告提起诉讼的，销售地人民法院具有管辖权。如果销售者是制造者的分支机构，且原告在销售地起诉侵权产品制造者的制造、销售行为的，销售地人民法院具有管辖权。

二、诉前禁令

诉前禁令，也称诉前临时措施，是指专利权人或者利害关系人在提起专利侵权诉讼之前，可以申请人民法院要求侵权人停止侵权行为。人民法院经过审查认为专利权人的申请符合法律规定的条件的，作出责令侵权人停止侵权行为的裁定。根据我国《专利法》第72条对诉前禁令作出的原则性规定，即专利权人或者利害关系人有证据证明他人正在实施或者即将实施侵犯专利权、妨碍其实现权利的行为，如不及时制止将会使其合法权益受到难以弥补的损害的，可以在起诉前依法向人民法院申请采取财产保全、责令作出一定行为或者禁止作出一定行为的措施。《最高人民法院关于对诉前停止侵犯专利权行为适用法律问题的若干规定》对诉前禁令作出了比较详细的规定，但现已废止，现行的规定为2019年1月1日起施行的《最高人民法院关于审查知识产权纠纷行为保全案件适用法律若干问题的规定》。《民事诉讼法》第103条规定了行为保全，第104条规定了诉前行为保全。笔者认为，《民事诉讼法》中的行为保全，其实质就是英美法系的禁令制度，而诉前行为保全则相当于诉前禁令。《民事诉讼法》的这一规定，为知识产权诉讼中适用诉前禁令提供了法律依据。

三、诉前证据保全

《专利法》第73条对诉前证据保全作了规定，即为了制止专利侵权行为，在证据可能灭失或者以后难以取得的情况下，专利权人或者利害关系人可以在起诉前向人民法院申请保全证据。人民法院采取保全措施，可以责令申请人提供担保；申请人不提供担保的，驳回申请。人民法院应当自接受申请之时起48小时内作出裁定；裁定采取保全措施的，应当立即执行。申请人自人民法院采取保全措施之日起15日内应当提起诉讼，不起诉的，人民法院应当解除该措施。《民事诉讼法》第84条第2款中明确规定了诉前证据保全的相应内容和程序。

四、新的侵权诉讼类型——确认不侵犯专利权诉讼

确认不侵犯专利权诉讼，是指一方当事人因对方当事人以涉嫌侵权为由发出威胁，为明确其行为不构成侵权，而请求人民法院作出不构成侵权的裁决。

我国民事诉讼法（包括最高人民法院的早期司法解释）中，关于确认不侵权诉讼未作出任何规定。但在2002年，最高人民法院在（2001）民三他字第4号《关于苏州龙宝生物工程实业公司与苏州朗力福保健品有限公司请求确认不侵犯专利权纠纷案的批复》中，明确规定了一种新的诉讼形式，即确认不侵权之诉。虽然我国早期民事诉讼法中未明确规定确认不侵权之诉，但依据诉讼法的一般规定，仍可推导出这种诉讼形式。

《最高人民法院关于审理侵犯专利权纠纷案件应用法律若干问题的解释》第18条规定："权利人向他人发出侵犯专利权的警告，被警告人或者利害关系人经书面催告权利人行使诉权，自权利人收到该书面催告之日起一个月内或者自书面催告发出之日起二个月内，权利人不撤回警告也不提起诉讼，被警告人或者利害关系人向人民法院提起请求确认其行为不侵犯专利权的诉讼的，人民法院应当受理。"该司法解释对确认不侵犯专利权诉讼进行了规范。

关于确认不侵犯专利权诉讼中的原告举证责任，《最高人民法院关于知识产权民事诉讼证据的若干规定》第5条规定，提起确认不侵害知识产权之诉的原告应当举证证明下列事实：（1）被告向原告发出侵权警告或者对原告进行侵权投诉；（2）原告向被告发出诉权行使催告及催告时间、送达时间；（3）被告未在合理期限内提起诉讼。

我国《民事诉讼法》第122条和第124条规定，对于符合条件的起诉，人民法院应

当受理。在确认不侵犯专利权的诉讼中，一般情况是被告向原告发出了原告涉嫌侵权的威胁，导致原告的利益受到了损害，因此，原告与该案有直接的利害关系；原告在起诉中，有明确的被告，有具体的诉讼请求和事实、理由；属于人民法院受理民事诉讼的范围和受诉人民法院管辖，从而完全符合我国《民事诉讼法》关于受理案件的一般规定，人民法院应当予以立案审理。最高人民法院发布的2020年修正的《民事案件案由规定》第169条规定了"确认不侵害知识产权纠纷"案由，包括：（1）确认不侵害专利权纠纷；（2）确认不侵害商标权纠纷；（3）确认不侵害著作权纠纷；（4）确认不侵害植物新品种权纠纷；（5）确认不侵害集成电路布图设计专用权纠纷；（6）确认不侵害计算机软件著作权纠纷。

五、举证责任

（一）新产品制造方法的发明专利侵权的特殊举证责任

在大多数侵权纠纷中，侵权事实的举证责任是由原告承担的。在方法专利侵权纠纷中，原告可能无法了解被告的生产程序及其使用方法，因此原告若想证明被告侵权，实际上非常困难，有时甚至是不可能的。此时如果仍然适用传统民法"谁主张谁举证"的原则，对专利权人极不公正。基于上述考虑，我国专利法在此问题上采用了举证责任倒置原则。即在方法专利侵权纠纷中，法律作出有利于原告的推定，推定侵权方法与专利方法相同。被告有责任证明他生产产品的方法与专利方法不同。

《专利法》第66条规定，"专利侵权纠纷涉及新产品制造方法的发明专利的，制造同样产品的单位或者个人应当提供其产品制造方法不同于专利方法的证明"。具体规则是：首先，方法发明专利权人应当证明对方的产品同自己按照专利方法制造的产品相同，而且两者的产品都应当是依照各自方法直接制造出来的产品，没有中间产品的存在。根据北京市高级人民法院公布的《专利侵权判定指南》第103条的规定，同样产品是指被诉侵权产品与实施新产品制造方法直接得到的原始产品的形状、结构或成分等无实质性差异。

其次，专利权人还要证明自己用专利方法制造的产品在申请日或优先权日之前，是一种从未上市的新产品。但在司法审判中适用该条款的前提是确定制造方法发明专利是否属于一项新产品的制造方法。关于什么是专利法意义上的新产品，我国专利法并无明确规定。最高人民法院曾在一个案件中指出，新产品应当是指在国内外第一次生产出的产品，该产品与专利申请日之前已有的同类产品相比，在产品的组分、结构或者其质量、性能、功能方面有明显区别。[1]本书认为，根据专利法对授予发明专利"三性"的要求，作为实施制造方法专利所获得的新产品应具有一定的新颖性，这具体体现在使用该方法专利生产的产品在申请日或者优先权日之前国内外市场上都未曾出现过。同时，专利法关于举证责任倒置原则的立法本意是保护制造方法专利。因此，即使实施制造方法专利生产出来的产品与现有产品在形状和名称上有所不同，如果对于用制造方法专利生产出来的产品，相同领域的一般技术人员不需创造性劳动，按行业通常使用的方法即可获得另一产品，且两种产品的主要成分、结构、性能、功效相同，均不构成专利法意义上的新产品。

原告举证证明上述两方面事实后，法院即可认定相关单位或者个人在此后生产的相同产品是使用专利方法获得的。因此，相关单位或者个人必须证明其产品制造方法与专利方法不同，否则将承担败诉后果。

在此我们应特别注意一个问题，即方法专利只能保护依照专利方法直接获得的产品，而不能保护其间接获得的产品。《最高人民法院关于审理侵犯专利权纠纷案件应用法律若干问题的解释（二）》第20条规定："对于将依照专利方法直接获得的产品进一步加工、处理而获得的后续产品，进行再加工、处理的，人民法院应当认定不属于专利法第十一条规定的'使用依照该专利方法直接获得的产品'。"

（二）非新产品制造方法侵权的举证责任

《专利法》未对非新产品制造方法的举证责任作出规定，那么在涉及非新产品制造方法的专利侵权诉讼中应如何举证？最高人民法院（2013）民申字第309号裁定认为：若非新产品方法发明专利权人已尽合理举证义务仍无法证明被诉侵权人使用了该专利方法，则可结合案情适用举证责任倒置规则。具体而言，若专利权人能够证明被诉侵权人制造了同样产品，且经合理努力仍无法证明被诉侵权人确实使用了该专利方法，则可根据案件具体情况，结合已知事实及日常生活经验，认定该同样产品经由专利方法制造的可能性很大。若被诉侵权人拒不配合法院调查或者证据保全，则可以推定其使用了该专利方法。

《最高人民法院关于知识产权民事诉讼证据的若干规定》第3条明确规定了此类案

---

[1] 参见最高人民法院（2018）最高法民申4149号民事裁定书。

件原告的举证责任，即专利方法制造的产品不属于新产品的，侵害专利权纠纷的原告应当举证证明下列事实：（1）被告制造的产品与使用专利方法制造的产品属于相同产品；（2）被告制造的产品经由专利方法制造的可能性较大；（3）原告为证明被告使用了专利方法尽到合理努力。原告完成前款举证后，人民法院可以要求被告举证证明其产品制造方法不同于专利方法。

（三）实用新型专利和外观设计专利侵权的特别举证责任

《专利法》第66条第2款规定："专利侵权纠纷涉及实用新型专利或者外观设计专利的，人民法院或者管理专利工作的部门可以要求专利权人或者利害关系人出具由国务院专利行政部门对相关实用新型或者外观设计进行检索、分析和评价后作出的专利权评价报告，作为审理、处理专利侵权纠纷的证据；专利权人、利害关系人或者被控侵权人也可以主动出具专利权评价报告。"该专利权评价报告仅是证据的一种，而非决定是否构成侵权的决定条件。因此，如果没有专利权评价报告，有其他证据能够证明侵权成立的，仍然可以判决被告承担责任。相反，即使有专利权评价报告，但是被告有其他相反证据能够推翻该专利权评价报告的，仍应判决不构成侵权。

六、网络服务提供者的专利侵权认定

专利侵权已从线下实体店扩展至网络销售领域。在司法实践中，通过电商平台销售专利侵权产品的案例日益增多。对于网络环境下的侵权，《民法典》已有明确规定，这些规定同样适用于网络环境下的专利侵权。在网络环境下，若网络用户销售了侵权产品，而网络服务提供者仅提供网络平台，此时网络服务提供者是否构成专利侵权？关键在于网络服务提供者是否履行了应尽义务，并采取了必要措施。

首先，网络用户利用网络服务实施侵权行为的，权利人有权通知网络服务提供者采取删除、屏蔽、断开链接等必要措施。通知应当包括构成侵权的初步证据及权利人的真实身份信息。网络服务提供者接到通知后，应当及时将该通知转送相关网络用户，并根据构成侵权的初步证据和服务类型采取必要措施；未及时采取必要措施的，对损害的扩大部分与该网络用户承担连带责任。权利人因错误通知造成网络用户或者网络服务提供者损害的，应当承担侵权责任。法律另有规定的，依照其规定。

其次，网络用户接到转送的通知后，可以向网络服务提供者提交不存在侵权行为的声明。声明应当包括不存在侵权行为的初步证据及网络用户的真实身份信息。网络服务提供者接到声明后，应当将该声明转送发出通知的权利人，并告知其可以向有关部门投诉或者向人民法院提起诉讼。网络服务提供者在转送声明到达权利人后的合理期限内，未收到权利人已经投诉或者提起诉讼通知的，应当及时终止所采取的措施。

最后，网络服务提供者知道或者应当知道网络用户利用其网络服务侵害他人民事权益，未采取必要措施的，与该网络用户承担连带责任。

案例：原告甲公司向法院起诉，诉称被告乙公司未经其许可，在某猫商城等网络平台上宣传并销售侵害其专利权的产品，构成专利侵权；被告丙公司在原告投诉乙公司侵权行为的情况下，未采取有效措施，应与被告乙公司共同承担侵权责任。请求判令二被告停止侵权、销毁侵权产品，连带赔偿原告经济损失50万元等。

法院经审理认为：各方当事人对于乙公司销售的被诉侵权产品落入甲公司涉案专利权利要求1的保护范围，均不持异议，乙公司涉案行为构成专利侵权。关于被告丙公司在该案中是否构成共同侵权，应结合对丙公司的主体性质、甲公司"通知"的有效性以及丙公司在接到甲公司的"通知"后是否应当采取措施及所采取的措施的必要性和及时性等加以综合考量。

首先，丙公司依法持有增值电信业务经营许可证，系信息发布平台的服务提供商，其在该案中为乙公司销售涉案被诉侵权产品提供网络技术服务，符合法律所规定网络服务提供者的主体条件。

其次，丙公司在庭审中确认甲公司已委托案外人张某某向某宝网知识产权保护平台上传了包含被投诉商品链接及专利侵权分析报告、技术特征比对表在内的投诉材料，且根据上述投诉材料可以确定被投诉主体及被投诉商品。甲公司涉案投诉通知符合法律规定的"通知"的基本要件，属有效通知。

再次，专利权人的投诉材料通常只需包括权利人身份、专利名称及专利号、被投诉商品及被投诉主体内容，以便投诉接受方转达被投诉主体。在该案中，甲公司的投诉材料已完全包含上述要素。至于侵权分析比对材料，法院认为，丙公司的该要求基于其自身利益考量虽也具有一定的合理性，而且也有利于丙公司对于被投诉行为的性质作出初步判断并采取相应的措施。但就权利人而言，丙公司的前述要求并非权利人投诉通知有效的必要条件。况且，甲公司在该案的投诉材料中提供了多达5页的以图文并茂的方式表现的技术特征对比表，丙公司仍以教条的、格式化的回复将技术特征对比作为审核不通过的原因之一，处置失当。至于丙公司审核不通过并提出提供购买订单编号或双方会员名的要求，法院认为，该案中投诉方是否提供购买订单编号或双方会员名并不影响投诉行为的合法有效。而且，丙公司所确定的投诉规则并不对权利人维权产生法律约束力，权利人只需在法律规定的框架内行使维权行为即可，投诉方完全可以根据自己的利益考量决定是否接受丙公司所确定的投诉规则。更何况投诉方可能无须购买商品而通过其他证据加以证明，也可以根据他人的购买行为发现可能的侵权行为，甚至投诉方即使存在直接购买行为，但也可以基于某种经济利益或商业秘密的考量而拒绝提供。

最后，在确定甲公司的投诉行为合法有效之后，需要判断丙公司在接受投诉材料之后的处理是否审慎、合理。法院认为，该案系侵害发明专利权纠纷。丙公司作为电子商务网络服务平台的提供者，基于其公司对于发明专利侵权判断的主观能力、侵权投诉胜诉概率以及利益平衡等因素的考量，并不必然要求丙公司在接受投诉后对被投诉商品立即采取删除和屏蔽措施，但是将有效的投诉通知材料转达被投诉人并通知被投诉人申辩当属丙公司应当采取的必要措施之一。否则权利人投诉行为将失去任何意义，权利人的维权行为也将难以实现。被投诉人对于其生产或销售的商品是否侵权，以及是否应主动自行停止被投诉行为，自会作出相应的判断及应对。而丙公司未履行上述基本义务的结果导致被投诉人未收到任何警示从而造成损害后果的扩大。至于丙公司在甲公司起诉后即对被诉商品采取删除和屏蔽措施，当属审慎、合理。综上，丙公司在接到甲公司的通知后未及时采取必要措施，对损害的扩大部分应与乙公司承担连带责任。最终法院判决：被告乙公司立即停止侵权，赔偿原告经济损失；被告丙公司对上述乙公司赔偿金额的部分承担连带赔偿责任。一审宣判后，丙公司不服，提起上诉。浙江省高级人民法院判决驳回上诉，维持原判。[1]

七、诉讼时效

侵犯专利权的诉讼时效为三年，自专利权人或者利害关系人知道或者应当知道侵权行为及侵权人之日起计算。若仅知道侵权行为但不知侵权人，则诉讼时效不能起算。若权利人超过三年起诉，但侵权行为在起诉时仍在继续，且该项专利权仍在有效期内，人民法院应当判决被告停止侵权行为。侵权损害赔偿数额应当自权利人向人民

法院起诉之日起向前推算三年计算。

除了专利侵权诉讼，涉及专利的诉讼还包括其他民事诉讼和行政诉讼。具体包括发明人、设计人资格诉讼，专利申请权纠纷诉讼，专利权属纠纷诉讼，发明专利申请公布后至专利权授予前的使用费纠纷诉讼，职务发明创造发明人、设计人的奖励和报酬纠纷诉讼，以及专利行政诉讼等。

┃第四节┃专利侵权的民事法律责任

根据侵权法的一般理论，侵权行为的民事责任主要包括停止侵权、赔偿损失、消除影响和赔礼道歉等。但在专利侵权行为中，由于专利权与一般民事权利相比具有特殊性，因此其民事责任形式主要为停止侵权、赔偿损失和消除影响。

一、停止侵权

停止侵权就是要求侵权人不得再实施专利技术。

在我国，根据专利权人的申请，可以作出停止侵权决定的机关有两类。第一类是管理专利工作的部门，包括由省、自治区、直辖市人民政府以及专利管理工作量大又有实际处理能力的设区的市人民政府设立的负责专利执法的部门。我国知识产权保护的一大特色就是行政机关也有类似于司法机关的职能，可以作出责令专利侵权人停止侵权的决定。在国外很少有类似的法律制度。

第二类是司法机关，即人民法院。根据我国现行的专利法及相关司法解释的规定，停止侵权的申请，可以在诉讼前提出，也可以在诉讼中提出。可以对已经发生的侵权行为提出，也可以对即将发生的侵权行为提出。管理专利工作的行政机关和人民法院根据专利权人的申请，经过审查后，认为符合法律规定的条件的，可以作出停止侵权的决定或者判决、裁定。《专利法》第72条明确规定了诉讼前提出停止侵权申请的情况。

对于专利侵权行为，依据我国法律规定，原则上应当停止侵权。但司法实践中的情形千差万别，根据我国相关司法解释的规定，在一些特殊情形下，人民法院可以不判决停止侵权，但应当就不停止侵权的行为给予专利权人专门补偿，类似于支付强制许可费。最高人民法院2009年4月21日发布《关于当前经济形势下知识产权审判服务大局若干问题的意见》（以下简称《意见》）第15条规定："充分发挥停止侵害的救济作用，妥善适用停止侵害责任，有效遏制侵权行为。根据当事人的诉讼请求、案件的具体情况和停止侵害的实际需要，可以明确责令当事人销毁制造侵权产品的专用材料、工具等，但采取销毁措施应当以确有必要为前提，与侵权行为的严重程度相当，且不能造成不必要的损失。如果停止有关行为会造成当事人之间的重大利益失衡，或者有悖社会公共利益，或者实际上无法执行，可以根据案件具体情况进行利益衡量，不判决停止行为，而采取更充分的赔偿或者经济补偿等替代性措施了断纠纷。权利人长期放任侵权、怠于维权，在其请求停止侵害时，倘若责令停止有关行为会在当事人之间造成较大的利益不平衡，可以审慎地考虑不再责令停止行为，但不影响依法给予合理的赔偿。"

《最高人民法院关于审理侵犯专利权纠纷案件应用法律若干问题的解释（二）》规定了在三种情形下可以不停止侵权。第一种情形是该司法解释第24条第2款所规定的，侵权人实施推荐性国家、行业或者地方标准明示所涉必要专利，专利权人与侵权人协商该专利的实施许可条件时，专利权人故意违反其在标准制定中承诺的公平、合理、无歧视的许可义务，导致无法达成专利实施许可合同，且被诉侵权人在协商中无明显过错的，可以不停止侵权。[1] 第二种情形是该司法解释的第25条第1款所规定的，善意第三人已经支付合理对价的，可以不停止侵权。[2] 第三种情形是该司法解释第26条所规定的，基于国家利益、公共利益的考量，人民法院可以不判令被告停止被诉行为，而判令其支付相应的合理费用。[3] 下面我们看一则司法实践中经典的"侵权不停止"案例。

案例：被告华阳电业有限公司（以下简称华阳公司）建设火力发电厂期间，引进了另一被告日本富士化水工业株式会社的烟气脱硫系统技术。法院经审理认为，该烟

1　《最高人民法院关于审理侵犯专利权纠纷案件应用法律若干问题的解释（二）》第24条第2款：推荐性国家、行业或者地方标准明示所涉必要专利的信息，专利权人、被诉侵权人协商该专利的实施许可条件时，专利权人故意违反其在标准制定中承诺的公平、合理、无歧视的许可义务，导致无法达成专利实施许可合同，且被诉侵权人在协商中无明显过错的，对于权利人请求停止标准实施行为的主张，人民法院一般不予支持。

2　《最高人民法院关于审理侵犯专利权纠纷案件应用法律若干问题的解释（二）》第25条第1款：为生产经营目的的使用、许诺销售或者销售不知道是未经专利权人许可而制造并售出的专利侵权产品，且举证证明该产品合法来源的，对于权利人请求停止上述使用、许诺销售、销售行为的主张，人民法院应予支持，但被诉侵权产品的使用者举证证明其已支付该产品的合理对价的除外。

3　《最高人民法院关于审理侵犯专利权纠纷案件应用法律若干问题的解释（二）》第26条：被告构成对专利权的侵犯，权利人请求判令其停止侵权行为的，人民法院应予支持，但基于国家利益、公共利益的考量，人民法院可以不判令被告停止被诉行为，而判令其支付相应的合理费用。

气脱硫系统侵犯了原告的专利权。在是否停止侵权的问题上，法院认为，由于火力发电厂配备烟气脱硫设施，符合环境保护的基本国策和国家产业政策，有利于建设环境友好型社会，具有很好的社会效益，且电厂供电情况将直接影响地方的经济和民生。在该案中，如果华阳公司停止烟气脱硫设备的使用，将对当地经济和民生产生不良的效果。为平衡权利人利益及社会公众利益，原告要求华阳公司停止侵权的诉讼请求，法院不予支持，但华阳公司也应从其1号和2号机组投入商业运营起就使用涉案专利的纯海水烟气脱硫方法及装置向原告支付相应的使用费。一审法院判决被告华阳公司向原告支付每台机组每年24万元使用费，直至涉案发明专利权期限终止。该案中法院未判决停止侵权的理由是如果判决停止侵权，则将对当地经济和民生产生不良的效果，为平衡权利人利益与社会公众利益，故而未判决停止侵权。

当时，在我国相关法律和司法解释尚未明确规定可以判决不停止侵权的情形，并允许以支付使用费代替停止侵权的情形下，上述案件运用民法中的"公共利益"原则，作出了以支付使用费代替停止侵权的判决。这一判决具有创造性，也为2009年最高人民法院出台的《意见》奠定了一定的基础。

二、赔偿损失

赔偿损失就是侵权人对于其侵权给专利权人造成的损失承担赔偿责任的救济措施，目的在于弥补权利人因侵权而遭受的损失。

关于赔偿损失的计算标准和范围，根据我国专利法、相关行政法规和司法解释的规定，主要有以下几个方面：

（一）实际损失

专利权人因被侵权所受到的实际损失，以专利权人的专利产品因侵权所造成销售量减少的总数乘以每件专利产品的合理利润所得之积计算。

对于权利人销售量减少的总数难以确定的，侵权产品在市场上销售的总数乘以每件专利产品的合理利润所得之积，可以视为权利人因被侵权所受到的损失。

（二）侵权人获得的利益

将侵权人因侵权而获得的利益作为专利权人的损失，即实际损失难以确定的，可以按照侵权人因侵权所获得的利益确定。侵权人因侵权所获得的利益，可以根据该侵权产品在市场上销售的总数乘以每件侵权产品的合理利润所得之积计算。侵权人因侵权所获得的利益，一般按照侵权人的营业利润计算，对于完全以侵权为业的侵权人，可以按照销售利润计算。

关于赔偿损失中实际损失和侵权人因侵权所获得利益的顺序，《专利法》第71条规定，"侵犯专利权的赔偿数额按照权利人因被侵权所受到的实际损失或者侵权人因侵权所获得的利益确定"。专利权人可以选择"实际损失"或者"侵权人获利"中较高者作为赔偿数额。

关于赔偿数额的举证问题，《专利法》第71条第4款规定："人民法院为确定赔偿数额，在权利人已经尽力举证，而与侵权行为相关的账簿、资料主要由侵权人掌握的情况下，可以责令侵权人提供与侵权行为相关的账簿、资料；侵权人不提供或者提供虚假的账簿、资料的，人民法院可以参考权利人的主张和提供的证据判定赔偿数额。"

例如，在最高人民法院发布的第159号指导案例中，最高人民法院认为：原告公司在一审中，依据其已提交的侵权规模的初步证据，申请被告公司提交与被诉侵权产品相关的财务账簿、资料等，一审法院也根据该案实际情况，依法责令被告公司提交能够反映被诉侵权产品生产、销售情况的完整的财务账簿资料等证据，但被告公司并未提交。一审法院因此适用相关司法解释对原告公司的500万元高额赔偿予以全额支持且二审中被告公司就此提出异议的情况下，其仍然未提交相关的财务账簿等资料。由于该案被告公司并不存在无法提交其所掌握的与侵权规模有关证据的客观障碍，故应认定被告公司并未就侵权规模的基础事实完成最终举证责任。根据现有证据，有合理理由相信，被诉侵权产品的实际销售数量远超原告公司所主张的数量。综上，在侵权事实较为清楚且已有证据显示被告公司实际侵权规模已远大于原告公司所主张赔偿的范围时，被告公司如对一审法院确定的全额赔偿持有异议，应先就原告公司计算赔偿所依据的基础事实是否客观准确进行实质性抗辩，而不能避开侵权规模的基础事实不谈，另行主张专利技术贡献度等其他抗辩事由，据此对被告公司二审中关于一审确定赔偿额过高的各项抗辩主张均不予理涉。[1]

（三）专利许可使用费用的合理倍数

被侵权人的损失或者侵权人获得的利益难以确定时，有专利许可使用费可以参照

---

[1] 参见最高人民法院指导案例159号：深圳敦骏科技有限公司诉深圳市吉祥腾达科技有限公司等侵犯发明专利权纠纷案。

的，人民法院可以根据专利权的类别，侵权的性质和情节，专利许可使用费的数额，该专利许可的性质、范围、时间等因素，参照该专利许可使用费合理确定赔偿数额，具体是几倍，法律没有明确规定，由人民法院根据个案情形自由裁量。

（四）惩罚性赔偿

《民法典》第1185条规定，故意侵害他人知识产权，情节严重的，被侵权人有权请求相应的惩罚性赔偿。2020年新修改的《专利法》第71条第1款专门新增了"对故意侵犯专利权，情节严重的，可以在按照上述方法确定数额的一倍以上五倍以下确定赔偿数额"的规定。这意味着，对于故意侵犯专利权，情节严重的，除了正常的赔偿以外，人民法院还可以根据专利权人的请求，判决侵权人承担权利人实际损失、侵权人获利或专利许可费合理倍数的1倍以上5倍以下的惩罚性赔偿。

对于知识产权惩罚性赔偿，根据2021年3月2日发布的《最高人民法院关于审理侵害知识产权民事案件适用惩罚性赔偿的解释》，惩罚性赔偿需要具备如下条件：

1.原告在诉讼请求中明确提出惩罚性赔偿

根据民事诉讼中"不告不理"的基本原则，原告必须明确提出惩罚性赔偿的诉讼请求，人民法院不得主动适用惩罚性赔偿。

2.被告在主观上具有侵权的故意或恶意

对于侵害知识产权的故意的认定，人民法院应当综合考虑被侵害知识产权客体类型、权利状态和相关产品知名度、被告与原告或者利害关系人之间的关系等因素。对于下列情形，人民法院可以初步认定被告具有侵害知识产权的故意：（1）被告经原告或者利害关系人通知、警告后，仍继续实施侵权行为的；（2）被告或其法定代表人、管理人是原告或者利害关系人的法定代表人、管理人、实际控制人的；（3）被告与原告或者利害关系人之间存在劳动、劳务、合作、许可、经销、代理、代表等关系，且接触过被侵害的知识产权的；（4）被告与原告或者利害关系人之间有业务往来或者为达成合同等进行过磋商，且接触过被侵害的知识产权的；（5）被告实施盗版、假冒注册商标行为的；（6）其他可以认定为故意的情形。

3.被告侵害知识产权情节严重

对于侵害知识产权情节严重的认定，人民法院应当综合考虑侵权手段、次数，侵权行为的持续时间、地域范围、规模、后果，侵权人在诉讼中的行为等因素。被告有下列情形的，人民法院可以认定为情节严重：（1）因侵权被行政处罚或者法院裁判承担责任后，再次实施相同或者类似侵权行为；（2）以侵害知识产权为业；（3）伪造、毁坏或者隐匿侵权证据；（4）拒不履行保全裁定；（5）侵权获利或者权利人受损巨大；（6）侵权行为可能危害国家安全、公共利益或者人身健康；（7）其他可以认定为情节严重的情形。

4.惩罚性赔偿数额的确定

人民法院确定惩罚性赔偿数额时，应当分别依照相关法律，以原告实际损失数额、被告违法所得数额或者因侵权所获得的利益作为计算基数。该基数不包括原告为制止侵权所支付的合理开支。前款所称实际损失数额、违法所得数额、因侵权所获得的利益均难以计算的，人民法院依法参照该权利许可使用费的倍数合理确定，并以此作为惩罚性赔偿数额的计算基数。

人民法院依法责令被告提供其掌握的与侵权行为相关的账簿、资料，被告无正当理由拒不提供或者提供虚假账簿、资料的，人民法院可以参考原告的主张和证据确定惩罚性赔偿数额的计算基数。构成《民事诉讼法》第111条规定情形的，依法追究法律责任。人民法院依法确定惩罚性赔偿的倍数时，应当综合考虑被告主观过错程度、侵权行为的情节严重程度等因素。因同一侵权行为已经被处以行政罚款或者刑事罚金且执行完毕，被告主张减免惩罚性赔偿责任的，人民法院不予支持，但在确定前款所称倍数时可以综合考虑。

（五）法定赔偿额

在既无法确定专利权人的实际损失和侵权人的获利数额，也没有专利许可使用费可以参照或者专利许可使用费明显不合理的情况下，人民法院可以根据专利权的类别、侵权的性质和情节等因素，一般在3万元以上500万元以下确定赔偿数额。

（六）专利权人为制止侵权行为而支付的合理费用

专利权人为制止侵权行为，必然要进行调查取证、聘请律师，因此必然会发生相关的费用。对于这些维权费用，人民法院根据权利人的请求以及具体案情，可以将权利人因调查、制止侵权所支付的合理费用计算在赔偿数额范围之内。

（七）主观过错对赔偿责任的影响

应当注意，对于一般侵权赔偿，前提条件是侵权人主观上有过错，即侵权人故意或者过失侵犯了专利权人的专利权。但在专利侵权领域，并不要求证明被告主观上有过错。只要被告在原告专利授权之后实施了专利技术即构成专利侵权。主观上的过错虽然不影响侵权行为的成立，但是对于是否赔偿却起着决定性的作用，即只有主观上存在过错才承担赔偿责任。这种故意或者过失的举证责任一般由受害人举证，但是在实践中，这种举证的难度相当大。我国《专利法》第77条规定："为生产经营目的使用、许诺销售或者销售不知道是未经专利权人许可而制造并售出的专利侵权产品，能证明该产品合法来源的，不承担赔偿责任。"该规定实行的是举证责任倒置的办法，即若侵权人举证自己在主观上没有过错，则可以免除赔偿责任，但应当停止侵权。

三、消除影响

所谓消除影响，是指侵权人对由其侵权行为造成的受害人的名誉或者商誉的损害，所采取的恢复受害人名誉或者商誉的救济措施。

对专利权的侵害往往会对专利权人的商誉造成不良影响，尤其是在假冒他人专利的侵权行为中。由于假冒专利生产的产品大多数是质量低劣的产品，产品的购买者由于误认为该产品是真正的专利权人的专利产品，因而对真正的专利产品的品质也产生了怀疑。这种行为导致专利权人的名誉或者商誉受到严重损害。我国专利法中未明确规定消除影响是专利侵权的一种责任形式，但根据我国《民法典》的规定，消除影响是承担民事责任的一种方式。专利权作为民事权利的一种，当其受到侵害时，当然也可以采取这种救济措施。

消除影响的具体方式包括在报纸、电台、电视台等媒体上刊登道歉广告或者声明。如果侵权人被判决承担消除影响的责任却拒不执行的，由人民法院在报纸、电台或者电视台发布相关的公开声明，相关费用由侵权人承担。

｜第五节｜专利的行政与刑事保护

根据《专利法》第65条的规定，对于专利侵权，专利权人既可以向人民法院提起诉讼，也可以请求管理专利工作的部门处理。管理专利工作的部门处理时，认定侵权行为成立的，也可以责令侵权人立即停止侵权行为，当事人不服的，可以自收到处理通知之日起15日内依照《行政诉讼法》向人民法院起诉；侵权人期满不起诉又不停止侵权行为的，管理专利工作的部门可以申请人民法院强制执行。进行处理的管理专利工作的部门应当事人的请求，可以就侵犯专利权的赔偿数额进行调解；调解不成的，当事人可以依照《民事诉讼法》向人民法院起诉。

根据《专利法实施细则》第95条及《专利行政执法办法》第6条的规定，管理专利工作的部门开展专利行政执法，该行政执法包括处理专利侵权纠纷、调解专利纠纷、查处假冒专利行为。

一、专利行政保护机构

根据《专利法实施细则》第95条的规定，省、自治区、直辖市人民政府管理专利工作的部门以及专利管理工作量大又有实际处理能力的地级市、自治州、盟、地区和直辖市的区人民政府管理专利工作的部门，可以处理和调解专利纠纷。依据《专利行政执法办法》第6条的规定，管理专利工作的部门可以依据本地实际，委托有实际处理能力的市、县级人民政府设立的专利管理部门查处假冒专利行为、调解专利纠纷。

当事人请求处理专利侵权纠纷或者调解专利纠纷的，由被请求人所在地或者侵权行为地的管理专利工作的部门管辖。两个以上管理专利工作的部门都有管辖权的专利纠纷，当事人可以向其中一个管理专利工作的部门提出请求；当事人向两个以上有管辖权的管理专利工作的部门提出请求的，由最先受理的管理专利工作的部门管辖。

管理专利工作的部门对管辖权发生争议的，由其共同的上级人民政府管理专利工作的部门指定管辖；无共同上级人民政府管理专利工作的部门的，由国务院专利行政部门指定管辖。

二、处理专利侵权纠纷

（一）请求处理专利侵权纠纷的条件

专利权人认为他人侵犯其专利权时，可以请求管理专利工作的部门处理专利侵权纠纷的，应当符合下列条件：（1）请求人是专利权人或者利害关系人；（2）有明确的被请求人；（3）有明确的请求事项和具体事实、理由；（4）属于受案管理专利工作的部门的受案和管辖范围；（5）当事人没有就该专利侵权纠纷向人民法院起诉。

（二）请求人提交的材料

请求人提交的材料包括：（1）主体资格证明；（2）专利权有效的证明；（3）请求人应当按照被请求人的数量提供请求书副本及有关证据。

（三）管理专利工作部门的处理

管理专利工作的部门应当在收到请求书后按照下列程序处理：（1）决定受理；

（2）送达被申请人；（3）被申请人进行答辩；（4）进行调解；（5）调解不成进行审理；（6）作出处理决定；（7）应当自立案之日起3个月内结案；等等。

（四）认定侵权成立后的处罚

管理专利工作的部门认定专利侵权行为成立，作出处理决定，责令侵权人立即停止侵权行为的，应当采取下列制止侵权行为的措施：

（1）侵权人制造专利侵权产品的，责令其立即停止制造行为，销毁制造侵权产品的专用设备、模具，并且不得销售、使用尚未售出的侵权产品或者以任何其他形式将其投放市场；侵权产品难以保存的，责令侵权人销毁该产品。

（2）侵权人未经专利权人许可使用专利方法的，责令侵权人立即停止使用行为，销毁实施专利方法的专用设备、模具，并且不得销售、使用尚未售出的依照专利方法所直接获得的侵权产品或者以任何其他形式将其投放市场；侵权产品难以保存的，责令侵权人销毁该产品。

（3）侵权人销售专利侵权产品或者依照专利方法直接获得的侵权产品的，责令其立即停止销售行为，并且不得使用尚未售出的侵权产品或者以任何其他形式将其投放市场；尚未售出的侵权产品难以保存的，责令侵权人销毁该产品。

（4）侵权人许诺销售专利侵权产品或者依照专利方法直接获得的侵权产品的，责令其立即停止许诺销售行为，消除影响，并且不得进行任何实际销售行为。

（5）侵权人进口专利侵权产品或者依照专利方法直接获得的侵权产品的，责令侵权人立即停止进口行为；侵权产品已经入境的，不得销售、使用该侵权产品或者以任何其他形式将其投放市场；侵权产品难以保存的，责令侵权人销毁该产品；侵权产品尚未入境的，可以将处理决定通知有关海关。

（6）责令侵权的参展方采取从展会上撤出侵权展品、销毁或者封存相应的宣传材料、更换或者遮盖相应的展板等撤展措施。

（7）停止侵权行为的其他必要措施。

（8）管理专利工作的部门认定电子商务平台上的专利侵权行为成立，作出处理决定的，应当通知电子商务平台提供者及时对专利侵权产品或者依照专利方法直接获得的侵权产品相关网页采取删除、屏蔽或者断开链接等措施。

管理专利工作的部门作出认定专利侵权行为成立并责令侵权人立即停止侵权行为的处理决定后，被请求人向人民法院提起行政诉讼的，在诉讼期间不停止决定的执行。

侵权人对管理专利工作的部门作出的认定侵权行为成立的处理决定期满不起诉又不停止侵权行为的，管理专利工作的部门可以申请人民法院强制执行。

三、假冒专利行为的查处

（一）假冒专利行为

假冒专利行为，是指以非专利产品（方法）冒充、假冒专利产品（方法）的行为。根据《专利法实施细则》第101条第1款的规定，下列行为属于假冒专利行为：（1）在未被授予专利权的产品或者其包装上标注专利标识，在专利权被宣告无效后或者终止后继续在产品或者其包装上标注专利标识，或者未经许可在产品或者产品包装上标注他人的专利号；（2）销售第（1）项所述产品；（3）在产品说明书等材料中将未被授予专利权的技术或者设计称为专利技术或者专利设计，将专利申请称为专利，或者未经许可使用他人的专利号，使公众将所涉及的技术或者设计误认为是专利技术或者专利设计；（4）伪造或者变造专利证书、专利文件或者专利申请文件；（5）其他使公众混淆，将未被授予专利权的技术或者设计误认为是专利技术或者专利设计的行为。

专利权终止前依法在专利产品、依照专利方法直接获得的产品或者其包装上标注专利标识，在专利权终止后许诺销售、销售该产品的，不属于假冒专利行为。销售不知道是假冒专利的产品，并且能够证明该产品合法来源的，由县级以上负责专利执法的部门责令停止销售。

（二）认定构成假冒专利的处罚

管理专利工作的部门认定假冒专利行为成立的，应当责令行为人采取下列改正措施：

（1）在未被授予专利权的产品或者其包装上标注专利标识、专利权被宣告无效后或者终止后继续在产品或者其包装上标注专利标识或者未经许可在产品或者产品包装上标注他人的专利号的，立即停止标注行为，消除尚未售出的产品或者其包装上的专利标识；产品上的专利标识难以消除的，销毁该产品或者包装。

（2）销售第（1）项所述产品的，立即停止销售行为。

（3）在产品说明书等材料中将未被授予专利权的技术或者设计称为专利技术或者专利设计，将专利申请称为专利，或者未经许可使用他人的专利号，使公众将所涉及的技术或者设计误认为是他人的专利技术或者专利设计的，立即停止发放该材料，销毁尚未发出的材料，并消除影响。

（4）伪造或者变造专利证书、专利文件或者专利申请文件的，立即停止伪造或者变造行为，销毁伪造或者变造的专利证书、专利文件或者专利申请文件，并消除影响。

（5）责令假冒专利的参展方采取从展会上撤出假冒专利展品、销毁或者封存相应的宣传材料、更换或者遮盖相应的展板等撤展措施。

（6）其他必要的改正措施。

（7）管理专利工作的部门认定电子商务平台上的假冒专利行为成立的，应当通知电子商务平台提供者及时对假冒专利产品相关网页采取删除、屏蔽或者断开链接等措施。

（8）没收违法所得，可以处违法所得5倍以下的罚款；没有违法所得或者违法所得在5万元以下的，可以处25万元以下的罚款；假冒专利行为的行为人应当自收到处罚决定书之日起15日内，到指定的银行缴纳处罚决定书写明的罚款；到期不缴纳的，每日按罚款数额的3%加处罚款。

（9）构成犯罪的，依法移送公安机关，追究刑事责任。

管理专利工作的部门作出处罚决定后，当事人申请行政复议或者向人民法院提起行政诉讼的，在行政复议或者诉讼期间不停止决定的执行。

四、管理专利工作的部门的调查取证及可以采取的措施

（一）调查取证

在专利侵权纠纷处理过程中，当事人因客观原因不能自行收集部分证据的，可以书面请求管理专利工作的部门调查取证。管理专利工作的部门根据情况决定是否调查收集有关证据。在处理专利侵权纠纷、查处假冒专利行为过程中，管理专利工作的部门可以根据需要依职权调查收集有关证据。

管理专利工作的部门调查收集证据，可以查阅、复制与案件有关的合同、账册等有关文件；询问当事人和证人；采用测量、拍照、摄像等方式进行现场勘验。涉嫌侵犯制造方法专利权的，管理专利工作的部门可以要求被调查人进行现场演示。

管理专利工作的部门调查收集证据，可以采取抽样取证的方式。涉及产品专利的，可以从涉嫌侵权的产品中抽取一部分作为样品；涉及方法专利的，可以从涉嫌依照该方法直接获得的产品中抽取一部分作为样品。被抽取样品的数量应当以能够证明事实为限。管理专利工作的部门进行抽样取证应当制作笔录和清单，写明被抽取样品的名称、特征、数量以及保存地点，由执法人员、被调查的单位或者个人签字或者盖

章。被调查的单位或者个人拒绝签名或者盖章的，由执法人员在笔录上注明。清单应当交被调查人一份。

管理专利工作的部门调查收集证据应当制作笔录。笔录应当由执法人员、被调查的单位或者个人签名或者盖章。被调查的单位或者个人拒绝签名或者盖章的，由执法人员在笔录上注明。

（二）行政措施

《专利法》第69条规定："负责专利执法的部门根据已经取得的证据，对涉嫌假冒专利行为进行查处时，有权采取下列措施：（一）询问有关当事人，调查与涉嫌违法行为有关的情况；（二）对当事人涉嫌违法行为的场所实施现场检查；（三）查阅、复制与涉嫌违法行为有关的合同、发票、账簿以及其他有关资料；（四）检查与涉嫌违法行为有关的产品；（五）对有证据证明是假冒专利的产品，可以查封或者扣押。

管理专利工作的部门应专利权人或者利害关系人的请求处理专利侵权纠纷时，可以采取前款第（一）项、第（二）项、第（四）项所列措施。

负责专利执法的部门、管理专利工作的部门依法行使前两款规定的职权时，当事人应当予以协助、配合，不得拒绝、阻挠。"

五、假冒专利的刑事责任

关于侵害专利权是否要承担刑事责任的问题，各国立法规定并不一致。英美法系国家多认为，侵害专利权仅损害了权利人的利益，并没有损害社会公众的利益，因此对专利侵权没有规定刑事制裁。但大陆法系的一些国家认为，专利侵权行为不仅损害了专利权人的利益，而且也直接损害了社会公众利益，所以应当对专利侵权行为予以刑事制裁。[1]我国专利法对侵犯专利权的行为也规定了刑事制裁措施。《专利法》第68条规定了对于假冒他人专利构成犯罪的，依法追究刑事责任。《刑法》第216条规定："假冒他人专利，情节严重的，处三年以下有期徒刑或者拘役，并处或者单处罚金。"第220条规定："单位犯本节第二百一十三条至第二百一十九条之一规定之罪的，对单位判处罚金，并对其直接负责的主管人员和其他直接责任人员，依照本节各该条的规定处罚。"

---

1 吴汉东等，《知识产权基本问题研究》，中国人民大学出版社2005年版，第492页。

在此特别强调一点，虽然《专利法实施细则》第101条第1款规定了五种假冒专利的行为，但并非所有的假冒专利都构成犯罪，只有假冒他人专利的才构成犯罪。最高人民法院、最高人民检察院《关于办理侵犯知识产权刑事案件具体应用法律若干问题的解释》第4条规定："假冒他人专利，具有下列情形之一的，属于刑法第二百一十六条规定的'情节严重'，应当以假冒专利罪判处三年以下有期徒刑或者拘役，并处或者单处罚金：（一）非法经营数额在二十万元以上或者违法所得数额在十万元以上的；（二）给专利权人造成直接经济损失五十万元以上的；（三）假冒两项以上他人专利，非法经营数额在十万元以上或者违法所得数额在五万元以上的；（四）其他情节严重的情形。"

第七章

专利合同法律制度

引 言

民法（私法）体系是一个相对独立但又受公法制约的体系。民法体系通过两种内部秩序形成一个自洽的体系。这两种秩序分别是静态法律秩序和动态法律秩序。静态法律秩序包括人格权、身份权、物权、知识产权等。此类法律规范规定的是静态的法律秩序，不允许他人侵犯，但允许权利人自由处分（大多数人格权、身份权除外）。动态法律秩序包括三种情形：静态法律秩序中的权利变动、财产交易过程中形成的契约（合同）关系，以及竞争过程中对上述权利侵害形成的侵权关系，还有介于二者之间的无因管理和不当得利。上述法律秩序的运行主要特点是主体意思自治，因而在民法体系内，形成了一个以意思自治为核心的自洽体系。民法静态秩序主要规范权利的获得及行使，民法动态秩序主要规范权利的处分及保护。专利权是我国《民法典》规定的一种重要的民事基本权利。在民法体系中，包括专利权在内的知识产权与物权一样，是一种静态的民事权利，也是一种绝对权、对世权。但是只有静态的民事权利不足以实现当事人的利益最大化，因此在民法体系中就有了动态的民事权利，即债权。债权包括合同之债和侵权之债。侵权之债主要是保护各种权利的法律规范，而合同之债则规范权利主体对权利的处分。因此专利合同制度同专利权保护制度一样重要，主要是为了实现通过当事人意思自治对专利权处分的法律制度。但在专利司法实践中，大多数人更多关注的是专利侵权问题，而较少关注专利合同法律问题，因而造成不必要的损失。下面我们看一则因签订合同不慎引发的持续14年的多起诉讼典型案例。

案例：因甲公司的股份全部转让予史某某，该公司生产的"治疗胃病的专利""治疗前列腺的专利"产品以王某某名义申请了专利，2008年3月5日，王某某与史某某就上述两项专利分别签订两份《专利权转让合同》。依据上述两份《专利权转让合同》，"治疗胃病"专利与"治疗前列腺"专利于2008年5月9日经核准由王某某名下转至史某某名下。2009年9月18日，史某某又将上述专利转让给乙公司。2011年3月10日，乙公司与丙公司分别签订两份《专利权转让合同》，约定乙公司自愿将上述两件专利转让给丙公司。上述专利的专利权人于2011年5月30日经核准由乙公司变更为丙公司。

2015年11月13日，王某某分别针对"治疗胃病"专利、"治疗前列腺"专利两项专利向史某某、乙公司、丙公司提起专利权权属纠纷诉讼。北京知识产权法院分别作出（2015）京知民初字第1929号、1930号民事判决。两份判决载明：涉案专利权经核准由王某某转让至史某某，是基于史某某一方作为受让人向专利局提交了著录项目变更申报书及涉案变更协议，因鉴定意见认定涉案变更协议中"王某某"签名并非其本人书写，亦未有证据证明系由王某某委托他人代为书写，故涉案专利权由王某某转让至史某某并非王某某的真实意思表示，王某某请求确认该转让行为无效应予支持。鉴于前述三次涉案专利权转让行为无效，故涉案专利权应回归到转让之前的权利人处，即王某某处。王某某请求确认涉案专利权归其所有，予以支持。另外，涉案专利权的最终归属与涉案专利权转让合同的效力和履行情况有关，但这不属于该案的审理范围，当事人可以另行寻求法律救济。上述判决作出后，史某某不服，提起上诉。北京市高级人民法院分别作出（2019）京民终550号、551号民事判决，驳回上诉，维持原判。

此后，史某某于2021年2月向太原市中级人民法院提起诉讼，请求：1.依法确认史某某、王某某于2008年3月5日就"治疗胃病"专利签订的《专利权转让合同》合法有效并继续履行，并责令王某某协助史某某在国家知识产权登记部门办理该专利权转让变更登记手续；2.依法确认史某某、王某某于2008年3月5日就"治疗前列腺"专利签订的《专利权转让合同》合法有效并继续履行，并责令王某某协助史某某在国家知识产权登记部门办理该专利权转让变更登记手续。该案一审支持了原告的诉讼请求，最高人民法院2022年9月7日作出终审判决，维持了一审判决，该案争议才最终画上了句号。[1]

该案争议的核心焦点是在史某某办理专利权转让手续时未让王某某亲笔签名导致其已经取得的专利权又被法院判回转给王某某。王某某在史某某提起的诉讼中还主张因是无偿赠与，故而以享有撤回权为由进行抗辩。虽然最终史某某的请求获得了法院的支持，但其在合同签订、履行中的不规范行为给自己造成了麻烦，此案对在司法实

---

[1] 参见最高人民法院（2021）最高法知民终2085号民事判决书。

践中涉及专利合同签订的各方当事人都具有警示意义。

专利合同是指当事人就专利技术的开发、专利申请权与专利权的转让、专利实施许可而明确当事人双方之间的权利义务而订立的合同的统称。涉及专利合同的相关法律规范散见于《民法典》《专利法》《专利法实施细则》等相关法律法规、司法解释之中。

| 第一节 | 专利开发合同

一、专利开发合同的概念

专利开发合同是当事人之间以形成专利为目的，就新技术、新产品、新工艺、新品种或者新材料及其系统的研究开发所订立的合同。

二、专利开发合同的类型

专利开发合同包括委托开发合同和合作开发合同。依照《民法典》规定，专利开发合同应当采用书面形式。

（一）委托开发合同

1.委托开发合同概念

委托开发合同是指合同当事人一方仅提供资金、设备、材料等物质条件，或者仅承担辅助协作事项，而另一方进行研究开发工作所签订的合同。

2.委托开发合同中的权利义务

委托人应当按照合同约定支付研究开发经费和报酬，提供技术资料，提出研究开发要求，完成协作事项，接受研究开发成果。受托人应当按照合同约定制定和实施研究开发计划，合理使用研究开发经费，按期完成研究开发工作，交付研究开发成果，提供有关的技术资料和必要的技术指导，帮助委托人掌握研究开发成果。在委托开发合同中应特别注意明确约定合同各方的义务，否则可能导致纠纷。

（1）义务约定不明的责任承担。

案例：2016年1月14日，委托人原告甲公司与研究开发人被告乙公司签订项目名称为"注射用重组人促甲状腺素α（Thyrotropin Alfa）仿制药的临床前开发"的《技术开发合同》，约定合同双方就该项目进行技术开发。合同签订后，原告严格按照合同约定提供研发费用，截至2017年7月18日原告已支付研发费用360万元，但被告却未能在合同约定的期限内完成研发工作。原告认为，被告未能在合同约定的期限内完成研发工作，已符合合同约定的解除条件，并给原告造成了重大损失，随即向法院起诉，请求解除涉案《技术开发合同》，被告返还原告已经支付的研发费用360万元，并赔偿其利息损失及其他损失60524元。

该案合同履行中已经完成了第一阶段和第二阶段的研发任务，但第三阶段因涉案合同并未详细约定寻找和购买细胞株的方式，仅约定了原告甲公司承担细胞株的付款义务。双方就合同哪一方应当承担该义务发生争议，故而发生诉讼。原告主张被告全额返还研发费用，并承担违约责任；被告辩称，合同未履行完毕是因为出现无法克服的技术困难，因而不应当返还。

关于涉案细胞株的购买义务问题，法院认为：涉案细胞株的购买可以由双方当事人协商解决，但被告应承担主要注意义务。理由如下：其一，从涉案合同的性质来看，涉案合同系技术委托开发合同，原告作为委托人，其主要合同义务系按照涉案合同的约定支付研究开发费用并接受研究开发成果等，被告作为受托人，其主要合同义务系按照涉案合同的约定完成研究开发工作并交付研究开发成果等。被告系从事研究开发工作的一方当事人，其对涉案项目在研究开发过程中所需试验物料的具体要求和时间节点在实际操作中居于主导地位。其二，从涉案合同的约定内容来看，涉案合同第1.3条b款约定，"除动物评价外，乙方（即乙公司）负责该项目全部临床前研究工作"。第5.1.1款约定，"甲方（即甲公司）除提供下列物资、资料外，无其他物资、资料义务……b）细胞生物学活性检测所需细胞株购买费用由甲方承担……"由此可见，涉案合同对于被告乙公司应负责的研究工作和原告应提供的物资、资料以排除例外或列举的方式进行了明确的约定，被告乙公司负责除动物评价之外的涉案项目全部临床前研究工作，涉案细胞株属于被告应当完成的临床前研究工作的试验物料。被告应当根据研发进度的需求，向原告提出涉案细胞株的购买方案，包括品种、数量和要求等，符合涉案合同对双方当事人权利义务的分配。但双方当事人对于涉案细胞株购买操作的其他问题未作约定，原告亦应对约定不明承担一定的后果。原告作为涉案项目的委托人和支付涉案细胞株购买费用的一方，对于涉案细胞株的购买亦负有一定的注意义务，涉案细胞株的购买需要原告的积极配合，原告也认可双方需要协商，被告无法单方完成涉案细胞株的购买。其三，从涉案合同的履行情况来看，涉案项目研发过程中使用的相关试验物料主要由被告负责购买。

最后法院综合考虑涉案合同的约定及履行情况，认为被告已完成涉案项目第一、二阶段研发工作并交付阶段性研发成果。被告为了完成第一、二阶段的研发工作，进行了相关试验、提交了相关报告，投入了相应的成本、支出了相应的费用。被告未完成第三阶段的研发工作的原因在于缺少涉案细胞株，涉案合同关于涉案细胞株的问题除购买费用的承担之外约定不明。对于原告主张返还其已支付的开发费用的请求，法院予以部分支持，酌定被告向原告返还开发费用200万元，且涉案合同并非完全归于被告的原因而解除，原告主张的两项损失涉案合同并未予以约定，法院不予支持。一审宣判后，被告乙公司不服，向江苏省高级人民法院提起上诉。江苏省高级人民法院判决：驳回上诉，维持原判。[1]

（2）合同中约定的技术参数是确定委托方是否完成受托义务的依据。

在委托技术合同中，由于种种原因，委托方在实施受托方完成的技术时，未能达到其理想的技术效果。在这种情形下，是否可以认定受托方未完成受托义务？答案是否定的。因为技术效果的实现是由多种因素决定的。有时受托方研发的技术本身没有问题，但在实施过程中需要其他条件的辅助才能达到最理想的效果；有时是因为双方在合同中约定的技术参数不足导致的。因此，对于委托方在实施受托方完成的技术时未能达到最佳效果的情形，是否可以认定受托方未完成受托义务，需要根据个案的具体情况进行分析。下面通过一则案例进行分析。

案例：2014年1月18日，甲公司（委托人）与乙公司（受托人）签订涉案合同，约定：项目名称为云南丙公司草甘膦母液焚烧系统的基础设计；设计主要任务为负责HLS60/700/1100-FY型焚烧炉及系统的方案设计，本合同总计报酬45万元；等等。

2014年10月15日，乙公司的关联公司将按照涉案设计制作完成的合格的焚烧炉交付现场。甲和丙公司在专业工程中间交接验收记录中明确记载：符合图纸技术要求、资料齐全有效、验收结论合格。

2015年2月23日、2015年3月18日、2015年4月15日、2015年5月5日，丙公司分别给甲公司发函，说明甲公司承揽的定向转化总包工程经过多次投料试产，因各种

---

[1] 参见江苏省高级人民法院（2020）苏民终384号民事判决书。

原因一直不能正常运行，未能达标达产。丙公司提交2017年11月15日北京某工程学会对焚烧系统和余热锅炉作出的设计鉴定书，鉴定意见包括焚烧系统设计存在缺陷、余热锅炉设计不合理等问题。乙公司提供的2018年4月11日和2018年4月16日的丙公司交接班记录打印件未显示设备运行异常。

乙公司提起该案诉讼，要求甲公司支付剩余设计费31.5万元。甲公司认为乙公司的涉案设计存在缺陷，故不同意支付剩余设计费，并提起反诉，要求乙公司退还其已经支付的设计费13.5万元。

一审法院经审理后判决被告甲公司给付原告乙公司设计费31.5万元；驳回被告甲公司的反诉请求。

一审宣判后，甲公司不服提出上诉。北京知识产权法院经审理认为：在合同中已经明确约定了设计中采用的标准规范及相关参数，乙公司按照该协议履行了相应的义务，设计的实物符合合同约定，并且已经投产，因合同设计参数系双方约定，乙公司不可能擅自改变设计原有的约定条款，故双方合意形成的设计制约了设计参数空间，根据该设计形成的成果也经过丙公司、甲公司验收通过。至于甲公司声称对钠盐考虑不足，导致管道堵塞，设备不能正常运转等行为，系一系列工程规范的参数及施工等问题当中的一个环节，其中任何一个环节出现问题均可能导致出现堵塞，但这种堵塞无论出现原因如何，均与该案双方形成合意的设计无关联。判决驳回上诉，维持原判。[1]

该案中，虽然可以确定乙公司交付的研发技术成果有一定缺陷，但是法院认为乙公司已经完全按照合同约定的技术参数进行制造，故而即便乙公司研发的产品有缺陷，也非乙公司责任。

3.委托开发合同形成的技术成果权利归属

应当特别注意，委托开发形成的发明创造除法律另有规定或者当事人另有约定外，申请专利的权利属于研究开发人。研究开发人取得专利权的，委托人可以依法实施该专利。研究开发人转让专利申请权的，委托人享有以同等条件优先受让的权利。在司法实务中，涉及专利申请权、专利权归属的纠纷问题主要集中在三个方面：一是合同约定权利归属是否明确；二是争议技术是否为合同约定的技术；三是委托方是否

---

1 参见北京知识产权法院（2019）京73民终2886号民事判决书。

完全履行了合同义务。下面通过一则案例进行分析。

案例：2017年11月22日，委托方甲公司与开发方乙公司签订了项目名称为"吻合器电控系统开发"合同，合同附件为系统设计要求。合同主要约定如下内容：1.乙公司仅对纯电控部分负责，其他包括但不限于结构、机械等方面由甲公司自行开发。对于传动位移控制精度等结构与电子相配合的指标，双方共同协商解决方案。2.关于知识产权，因执行合同产生的可交付物〔包括但不限于咨询报告、许可软件作为涉案合同标的的配置文档、提交文档及开发成果（包括源代码）〕及相关知识产权在开发费用全部结清后方归甲公司所有，在此之前归乙公司所有。合同履行过程中，2018年12月5日，乙公司向国家知识产权局申请了涉案专利。后双方在乙公司交付的技术验证能否通过的问题上发生纠纷，乙公司发函至甲公司，声称解除双方合同。

甲公司向北京知识产权法院提起诉讼，请求：1.判令乙公司继续履行涉案合同项下义务，提交符合系统设计要求的开发资料；2.判令确认涉案专利申请权属于甲公司；等等。

一审法院经审理认为涉案专利申请权权属问题在涉案合同中并未明确约定，故甲公司的此项诉讼请求缺乏请求权基础。即使按照涉案合同约定，涉案专利申请技术方案可能涉及"因执行本合同产生的可交付物"，该款也明确约定"相关知识产权在开发费用全部结清后方归甲方所有，在此之前归乙方所有"，因此，在甲公司未能举证其已全部结清开发费用的情况下，其提出的该项诉讼请求亦不能成立。判决驳回原告的全部诉讼请求。

甲公司不服一审判决，上诉至最高人民法院。最高人民法院经审理认为：

一、关于涉案专利申请所涉技术是否为涉案合同项下开发成果问题。

最高人民法院认定涉案专利申请技术方案是乙公司围绕涉案合同约定的技术需求开发形成的，属于应交付给甲公司的涉案合同项下的开发成果。

二、关于交付开发成果知识产权的条件是否成就的问题。

甲公司提起该案诉讼时尚未支付最后一笔合同款项，按照合同约定乙公司交付知识产权的条件尚未成就，但还应考察是否因乙公司的不当交付或者其他行为而导致甲公司支付最后一笔款项的对待给付义务条件未成就。最高人民法院认定乙公司的资料交付不符合合同约定。据此，虽然乙公司向甲公司交付开发成果知识产权的条件未成就，但甲公司未支付最后一笔合同款项是由于乙公司的不当交付导致，条件不成就并不阻碍甲公司在诉讼中依据合同约定要求乙公司向其转移涉案专利申请权。鉴于乙公司交付设计资料不符合合同约定，其发送复函时付款条件尚未成就，甲公司未付款行为不构成违约，故乙公司发出的解除函不能发生解除合同的法律效力。原审法院认定涉案合同在乙公司的解除函送达时已经解除，认定不当，最高人民法院予以纠正。

三、关于涉案专利申请权权属如何处理。

该案中，乙公司不当交付在先，甲公司可以据此行使抗辩权而不履行在后的支付义务，甲公司本身对未支付尾款有正当理由。而且，甲公司同意支付尾款，其在二审期间的实际履行因乙公司拒绝接收而履行未果。该情形属于乙公司不当阻止甲公司请求的条件成就，应视为该条件即甲公司请求取得涉案专利申请权的条件已成就。据此，甲公司要求取得涉案专利申请权的诉讼请求应予支持。同时，基于甲公司愿意给付尾款15000元的事实，为促使双方全面履行合同、一次性解决纠纷，人民法院可一并要求甲公司向乙公司支付尾款（最后一笔开发费）。

综上所述，最高人民法院判决撤销一审判决；确认申请号为201811480727.9、名称为"一种手术吻合器及其控制方法"的发明专利申请权归甲公司所有；等等。[1]

（二）合作开发合同

合作开发合同指的是当事人应当按照约定共同进行投资，共同或分工参与研究开发工作，协作配合研究开发工作而签订的合同。作为合作开发合同标的的技术已经由他人公开，致使合作开发合同的履行没有意义的，当事人可以解除合同。

依照法律规定，合作开发完成的发明创造，申请专利的权利属于合作开发的当事人共有。当事人一方转让其共有的专利申请权的，其他各方享有以同等条件优先受让的权利。但是，当事人另有约定的除外。合作开发的当事人一方声明放弃其共有的专利申请权的，除当事人另有约定外，可以由另一方单独申请或者由其他各方共同申请。申请人取得专利权的，放弃专利申请权的一方可以免费实施该专利。但是合作开发的当事人一方不同意申请专利的，另一方或者其他各方不得申请专利。

在专利技术合作开发合同中，有两个问题需要特别注意，下面通过案例来进行说明。

---

1 参见最高人民法院（2021）最高法知民终887号民事判决书。

1.合同未约定或约定不明的义务的履行

案例：广西华某电子商务有限公司（以下简称华某公司）与某州银行股份有限公司（以下简称某州银行）签订《银企全面合作框架协议》，华某公司与某州银行共同合作研究开发行业电子交易平台。后双方又签订了《银企专项业务合作协议》。该电子交易平台的运营需要由政府部门审批，但上述两份合同对此事项未进行约定。2017年3月22日，广西壮族自治区金融工作办公室作出桂金办发〔2017〕5号通知，全区暂停批设新的交易场所，暂停受理申报材料及审批程序。至此，案涉电子交易平台无法上线运营。后双方发生纠纷，华某公司向柳州市中级人民法院起诉，请求解除华某公司与某州银行签订的《交易平台开发合同》，某州银行向华某公司赔偿资金占用费共1877200元。

柳州市中级人民法院一审认为，某州银行、华某公司订立《交易平台开发合同》的目的是取得具有正常功能的电子交易平台，至于该电子交易平台是否能够通过行政审批并非合同目的，对华某公司以合同目的无法实现为由要求解除合同的主张不予支持。

原告华某公司不服，向广西壮族自治区高级人民法院提起上诉。

广西壮族自治区高级人民法院二审认为，电子交易平台的目的就是通过运营该平台获取商业利益，某州银行作为该平台的经营者和平台软硬件的所有权人，审批材料的提交属于某州银行履行合同义务的范围，判决撤销一审判决，解除2013年7月22日签订的《交易平台开发合同》。

被告某州银行不服，向最高人民法院提起再审申请，认为案涉交易平台的报审义务应由华某公司履行，要求纠正二审判决。

最高人民法院经审理认为：虽然涉案合同没有明确约定由谁负责向政府部门提交审批材料，但某州银行作为该平台的经营者和平台软硬件的所有权人，理应由其向政府部门提交审批材料，即审批材料的提交属于某州银行履行合同义务的范围。判决驳回某州银行的再审申请。[1]

在上述案例中，二审法院和再审法院均明确，即使合同中未约定某项义务，法院也应根据合同的目的、双方当事人的地位、标的物的使用、权属等因素，综合判定未

---

[1] 参见最高人民法院（2020）最高法民申5373号民事裁定书。

约定义务的履行责任归属。

2.一方当事人违约技术成果权的归属

案例：2013年12月31日，虞某（乙方）与U公司（甲方）就"4D装饰保温组合板科技成果转化及推广应用"项目签订《合作协议书》，双方约定：在合作项目的第一阶段甲乙双方共同成立一项目部，甲方出资金、人力、物质条件和相关资源等，确保第一阶段（中试）在一年左右时间内完成，乙方出技术和科技成果；项目取得的成果和与项目产品和技术相关的所有知识产权为甲乙双方共同所有，专利申请的发明人均为乙方；如因一方违约，导致合作项目无法进展或者进展不顺利，非违约方可终止合作，违约方应赔偿损失，项目全部知识产权归非违约方所有。2016年10月12日，名称为"小型装配式保温预制板在钻孔钻到钢筋情况时的安装连接方法"发明专利（以下简称涉案专利）获得授权，该专利申请日为2014年1月17日，发明人为虞某和刘某，专利权人为U公司。2016年12月，虞某以U公司长期无法到位项目开发资金为由提出解除合作协议，并主张涉案专利权归其所有。刘某出具书面声明，确认涉案专利相关权利均归虞某。

上海知识产权法院经审理认为，虞某主张合同无法继续履行是因U公司未履行出资和提供物质条件等义务，而U公司提交的证据不足以证明其已履行义务，在U公司未能举证证明项目未按期完成系因虞某技术及相关材料原因所致的情况下，应当认定虞某有关U公司违约致使合作目的不能实现的主张成立。依据《合作协议书》违约条款的约定，虞某要求确认与合作项目相关之涉案专利权归其所有的诉讼请求，具有事实依据；刘某作为发明人之一，确认涉案专利权归虞某所有，系其对自己权利的处分，可予准许。因此，判决涉案发明专利权归虞某所有。双方当事人均未上诉。[1]

三、专利开发合同履行中的风险承担

在专利技术开发中，失败的案例比比皆是。失败的原因多种多样，其中，因无法克服的技术困难导致的失败较为常见。因此，在专利技术开发合同履行过程中，若因

---

1 上海知识产权法院，技术合作开发中违约方不应享有专利权，网址：https://mp.weixin.qq.com/s?__biz=MzI0OTAyMjcyNA==&mid=2651434633&idx=1&sn=d655dc910b0bd43d59509335ae301755&chksm=f26adee2c51d57f40239e4dfb8bf4b320c055fd230d85c5eb5526ec30030ec65c74d6931302e&scene=27，最后访问日期：2024年6月9日。

无法克服的技术困难导致研究开发失败或者部分失败的，该风险由当事人约定；没有约定或者约定不明确的，当事人可以协议补充；未能达成补充协议的，按照合同相关条款或者交易习惯确定；若仍不能确定的，风险则由当事人合理分担。下面通过一则案例进行分析。

案例：甲公司与乙大学先后签订了《红薯淀粉制备APG工艺开发合同》等四份合同，约定甲公司委托乙大学开发红薯淀粉制备APG工艺。后双方又签订了《投资协议书》，约定：此前签订的《红薯淀粉制备APG工艺开发合同》等四份合同已经履行部分双方确认履行的效力，尚未履行部分不再履行。双方在合同履行中发生争议，甲公司向甘肃省高级人民法院起诉，请求撤销合同，并请求乙大学赔偿其损失25283438.23元。理由为乙大学并不存在实际的研发能力，虚构事实导致甲公司投入了大量资金建设厂房，以及导致其他损失。

一审法院认为甲公司无证据证明乙大学在签订合同时存在欺骗、乘人之危等情形，其提出2500余万元的损失没有事实基础。遂驳回了甲公司的诉讼请求。后甲公司上诉至最高人民法院。

最高人民法院经审理认为，具体到该案中，从案涉技术本身考量，虽以红薯等原料作为淀粉基制备APG技术在世界范围尚属创新，但不能就此否定该项目在理论上具备一定的可行性，并有进行试验创新的可能性。而从技术合同履行情况而言，乙大学一直从事该项目的课题研究，也申报了相关专利，虽此后被视为撤回，但亦可表明其在与甲公司合作时，该项目已具备一定的科研基础。在此后的履约过程中，乙大学亦进行了相应的技术开发和转化工作，取得了中试实验结果。双方共同申报的《甘薯淀粉制备烷基糖苷工艺中试技术开发与应用研究》成果，亦已通过湖南省科技厅鉴定。虽然最终红薯制备APG技术未能成功进行产业化生产，但乙大学在履约过程中亦付出了相应的智力劳动。乙大学在其出具的可行性报告及鉴定材料中声称该技术已达到国际先进水平，过分强调了技术研发成功所带来的经济效益，对技术风险及生产风险未做必要、充分的提示，有夸大宣传、强调优势而忽略风险的嫌疑，但并不构成颠倒黑白、蓄意欺骗，甲公司现因APG技术产业化不成功即认为乙大学技术欺诈、否认中试鉴定结果的主张缺乏事实依据，法院不予支持。

依据双方另行签订的《投资协议书》中"双方就上述合同不存在任何争议及法律纠纷，今后亦不得依据上述合同以任何方式主张任何权利"的约定，实际上排除了此前技术开发合同中风险分担原则的适用，将原本应由合同双方共同承担的技术开发风险变相转嫁为委托方甲公司的单方责任。而从双方合作性质而言，作为技术研发单位的乙大学应对技术的研发过程和可能的研发结果具有更强的掌控力，也更有可能提前预见或发现可能致使研发失败或部分失败的情形从而及早防范损失的扩大，其在技术研发初期过分美化技术开发前景，在技术开发过程中疏于提醒和防范，在最终技术研发失败的情形下亦未承担风险责任，实质上造成了双方间权利义务的失衡。

该案中的合同双方虽在《投资协议书》中约定对此前已经签订并履行的四份合同不再主张任何权利义务，但基于双方在技术开发合同风险责任承担中权利义务的失衡，法院认为有必要对乙大学规避其自身风险、加重甲公司责任的约定条款进行适当干预，即对《投资协议书》中排除风险责任的第一条予以撤销，但这不影响《投资协议书》中有关投资与借款的其他条款效力。改判乙大学赔偿甲公司部分损失。[1]

在上述案例中，双方合作研发的目的并未实现，原因是出现了无法克服的技术困难。此种情形下，损失应由哪一方承担？该案中最高人民法院最终以民法中的诚实信用原则纠正了合同中明显利益失衡的约定，合理干预了契约自由，判决受托人亦应承担相应的损失。另外，根据相关法律规定，如果当事人一方发现可能致使研究开发失败或者部分失败的情形，应当及时通知另一方并采取适当措施减少损失；没有及时通知并采取适当措施，致使损失扩大的，应当就扩大的损失承担责任。

四、专利开发合同中的无效条款

《民法典》第850条明确规定，非法垄断技术或者侵害他人技术成果的技术合同无效。

（一）非法垄断技术

非法垄断技术，是指合同的一方当事人通过合同条款限制另一方当事人在合同标的技术的基础上进行新的研究开发，限制另一方当事人从其他渠道吸收技术，或者阻碍另一方根据市场的需求，按照合理的方式充分实施专利和使用技术秘密。非法垄断技术条款与正常的合同中约定限制对方当事人不得为某些行为的条款不同，在符合法律规定的情况下，当事人可以约定技术信息和资料的保密义务，约定实施专利或者使用非专利技术的范围，也可以采取限定的几种许可形式实施技术。

---

1 参见最高人民法院（2012）民二终字第43号民事判决书。

对于非法垄断技术无效问题，早在1999年10月1日起施行的《合同法》（已废止）第329条中就明确规定：非法垄断技术、妨碍技术进步或者侵害他人技术成果的技术合同无效。2005年1月1日起施行的最高人民法院《关于审理技术合同纠纷案件适用法律若干问题的解释》第10条也对"非法垄断技术、妨碍技术进步"进行了解释。

2020年修正的最高人民法院《关于审理技术合同纠纷案件适用法律若干问题的解释》第10条规定了6种具体情形，分别是：（1）限制当事人一方在合同标的技术基础上进行新的研究开发或者限制其使用所改进的技术，或者双方交换改进技术的条件不对等，包括要求一方将其自行改进的技术无偿提供给对方、非互惠性转让给对方、无偿独占或者共享该改进技术的知识产权；（2）限制当事人一方从其他来源获得与技术提供方类似技术或者与其竞争的技术；（3）阻碍当事人一方根据市场需求，按照合理方式充分实施合同标的技术，包括明显不合理地限制技术接受方实施合同标的技术生产产品或者提供服务的数量、品种、价格、销售渠道和出口市场；（4）要求技术接受方接受并非实施技术必不可少的附带条件，包括购买非必需的技术、原材料、产品、设备、服务以及接收非必需的人员等；（5）不合理地限制技术接受方购买原材料、零部件、产品或者设备等的渠道或者来源；（6）禁止技术接受方对合同标的技术知识产权的有效性提出异议或者对提出异议附加条件。

但有学者研究发现，在司法实践中，以非法垄断技术为由要求宣告合同无效的案件大多没有得到法院的支持。[1]下面我们看一则最高人民法院发布的案例。

案例：甲公司（甲方）与乙公司（乙方）签订《专利技术合作及专利技术实施许可合同》一份，约定：乙方实施甲方拥有的专利技术项目是石材切压成型机，乙方向甲方支付定金50万元，甲方在收到定金后负责制造出本合同应供给乙方的生产线，并运抵乙方指定的工厂。机械设备在乙方所在地安装调试前支付30万元，安装调试合格后支付20万元；除上款规定付清100万元货款外，其余货款400万元由乙方用房产折3724050元。合同签订后，乙公司按合同约定将阳明楼房产交付给甲公司抵合同款，但未按照合同约定支付定金。

上述合同签订后，甲公司委托他人制造完成合同约定的机械及模具，并支付了

---

1 胡晓红，非法垄断技术致技术合同无效的法律适用：现状与改造，载《江苏社会科学》，2021年第3期，第121页。

合同款项，但运抵乙公司的生产基地安装时，遭到乙公司项目负责人阻拦，导致输送线无法安装。

后乙公司向法院起诉，请求解除合同，其主张：该案讼争的《专利技术合作及专利技术实施许可合同》无效，理由是：该合同违反了法律强制性规定。被上诉人实施专利许可的目的是强制并高价销售并非实施该专利必不可少的设备，属于"非法垄断技术、妨碍技术进步"的行为。

法院认为："非法垄断技术、妨碍技术进步"的行为，是指要求技术接受方接受非实施技术必不可少的附带条件，包括购买技术接受方不需要的技术、服务、原材料、设备或者产品等和接收技术接受方不需要的人员，以及不合理地限制技术接受方自由选择从不同来源购买原材料、零部件或者设备等。该案讼争专利实施许可合同涉及的石材成型机是包含专利技术的专用设备，乙公司实施该技术，购买该机器设备是必需的。依据专利实施许可合同的约定，实施该专利技术所使用的设备包括主机、特种模具及传送带，以建立造价为500万元的生产线。乙公司从甲公司处约定获得的专利实施许可，并不是制造专利产品（即石材切压成型机），而是通过使用该专利产品生产、销售最终产品石材。因此，在专利实施许可合同中约定由技术许可方提供履行合同所需要的专用设备并不违反法律法规的规定，故其以"非法垄断技术、妨碍技术进步"的理由确认合同无效不能成立。[1]

在上述案例中，甲方（许可方）拥有的专利是石材切压成型机，而合同约定的内容实质上是乙方购买甲方的专利产品，专利许可的内容实际上是甲方许可乙方使用其专利设备，因此乙方购买甲方提供的设备就是合同主要目的，并非乙方接受甲方非实施技术必不可少的附带条件，因此法院没有支持原告的诉讼请求。

（二）侵害他人技术成果

侵害他人技术成果，指侵害另一方或者第三方的专利权、专利申请权、专利实施权、技术秘密使用权和转让权或者发明权、发现权以及其他科技成果权的行为。该类合同的特点是：未经拥有者或者持有技术成果的个人或者法人、非法人组织的许可，而与他人订立自己无权处分的技术成果的技术合同，或者订立了侵害技术成果完成人身份权、荣誉权的技术合同，此类合同属于无效合同。

---

1 参见最高人民法院（2003）民三终字第8号民事判决书。

| 第二节 | 专利申请权与专利权转让合同

一、概念

专利申请权与专利权转让合同，是指专利技术研发已经完成尚未申请专利或已经获得专利权的合法拥有技术的权利人，将现有特定的专利、专利申请的相关权利让与他人所订立的合同。

二、专利申请权与专利权转让生效的形式要件

依照专利法的规定，转让专利申请权或者专利权的，当事人应当订立书面合同，并向国务院专利行政部门登记，由国务院专利行政部门予以公告。专利申请权或者专利权的转让自登记之日起生效。

三、专利申请权与专利权转让合同的效力

（一）转让合同意思表示真实的认定

专利申请权、专利权从本质而言仍属民事权利范畴，因此专利申请权或专利权转让应当遵循民法基本规范。我国《民法典》总则中将专利权作为民事基本权利之一，未明确规定专利申请权，但合同编技术合同一章中明确规定了专利申请权可以转让，《专利法》中亦明确规定了专利申请权可以转让。专利申请权和专利权转让所签订的合同与普通合同相同，属于民事法律行为之一，其应当符合《民法典》所规定的民事法律行为生效要件。在《民法典》中规定的民事法律行为生效要件之一是"意思表示真实"，专利申请权与专利权转让合同的生效要件之一亦应是双方当事人意思表示真实，如一方意思表示不真实，必然会影响合同的效力。

（二）专利代理人与相对人恶意串通转让他人专利行为无效

在我国，专利申请、转让等行为大多是通过专利代理机构进行，为规范专利代理行为，国务院专门制定了《专利代理条例》，其中第4条规定："专利代理机构和专利代理师执业应当遵守法律、行政法规，恪守职业道德、执业纪律，维护委托人的合法权益。"依照该规定，专利代理公司在代理专利申请及权利转让时应当遵循当事人的真实意思表示而行为，但在司法实践中，屡有专利代理公司利用其代理之便利损害专利权人的利益，未经专利申请人或专利权人同意，擅自转让专利申请权或专利权。此

种现象值得特别关注。

案例：林某福委托标盟公司代为向国家知识产权局申请发明专利，并按约定支付了代理费。标盟公司接受委托后亦代理林某福申请名称为"一种脚踏式自动上油扣件清洗机"的发明专利。此后，标盟公司伪造林某福签名与创嘉公司签订涉案专利申请权转让协议书，将专利申请权人由林某福变更为创嘉公司，并获得专利授权。某市财政局和科学技术局联合下发文件，给予创嘉公司2万元专利奖励。

林某福获知此事后，向法院起诉，请求判令：1.确认标盟公司伪造林某福签名与创嘉公司签订的专利申请权转让合同无效；2.确认名称为"一种脚踏式自动上油扣件清洗机"的发明专利申请权及专利权归属林某福；3.判令两被上诉人共同赔偿林某福经济损失2万元；4.该案的诉讼费用由两被上诉人承担。

法院经审理认为，该案的专利申请权转让协议书并非林某福的真实意思表示，而是两被告恶意串通损害林某福利益的合同。专利申请权转让协议书系标盟公司和创嘉公司恶意串通，冒用林某福签名订立，从而使得创嘉公司取得涉案专利申请权人和专利权人资格。两被上诉人恶意串通订立合同的行为损害了林某福的利益，应当认定为无效合同，因该合同取得的财产，应当予以返还，有过错的一方应当赔偿对方因此所受到的损失。故判决：支持原告诉讼请求，确认专利申请权协议无效；确认发明专利申请权及专利权归属林某福；标盟公司、创嘉公司共同赔偿林某福经济损失1万元。二审法院将赔偿数额改为2万元。[1]

（三）法定代表人擅自将公司专利转让给自己的行为无效

在市场经济体系下，市场主体为能获得更高利润，就必须投入大量的人力、物力、财力进行技术研发，技术研发的主要成果表现形式为职务发明专利技术和商业秘密技术等无形资产。专利作为公司重要无形资产，其转让属于公司重大事项，依照公司法规定，公司重大资产转让应经过股东会或董事会多数表决同意。但在司法实践中，经常会出现公司法定代表人利用其法定代表人身份以及掌控公司公章的便利，未经股东会或董事会决议，擅自将本属于公司的专利转移至自己名下，该行为严重损害了公司利益，应属无效民事法律行为。下面我们看一则案例。

案例：碧空氢公司作为申请人向国家知识产权局申请名称为"空冷型氢燃料备

1　参见浙江省高级人民法院（2017）浙民终294号民事判决书。

用电源监控系统"的发明专利（即涉案专利）后，碧空氢公司与其法定代表人李某签订《转让证明》，该《转让证明》提交给国家知识产权局，主要内容为：涉案专利的专利权人碧空氢公司决定将涉案专利的全部权利转让给李某，即请求专利权人变更，专利权人由碧空氢公司变更为李某。后碧空氢公司向一审法院起诉请求确认碧空氢公司将名称为"空冷型氢燃料备用电源监控系统"的发明专利申请权转让给李某的行为无效，并办理专利权变更登记手续。

一审法院经审理认为：该案中，李某在担任碧空氢公司董事及总经理期间，碧空氢公司将涉案专利申请权转让给李某，该转让行为属于《公司法》规定中限制的交易。碧空氢公司提交的股东大会决议、董事会决议等证据均没有涉及碧空氢公司转让涉案专利申请权给李某的事项，《转让证明》上"变更前专利权人"处仅有碧空氢公司的盖章。根据碧空氢公司的起诉理由，该案并不涉及涉案专利是否属于李某个人发明创造的问题。因此，该案在案证据无法证明碧空氢公司将涉案专利申请权转让给李某的行为经过了股东大会的同意或者批准。李某作为碧空氢公司的董事和总经理，在未经碧空氢公司股东大会同意或批准的情况下，与碧空氢公司交易，违反了《公司法》规定。《民法通则》（已废止）规定，违反法律的民事行为无效。因此，碧空氢公司将涉案专利申请权转让给李某的行为无效，李某因此取得的涉案专利申请权应当返还给碧空氢公司。

李某不服一审判决，提起上诉。二审法院判决驳回上诉，维持原判。[1]

四、专利申请权与专利权转让合同内容特别规制

《民法典》合同编技术合同一章中，对技术转让包括专利转让进行了特别规定，主要包括：（1）专利转让合同可以约定实施专利的范围，但是不得限制技术竞争和技术发展。（2）专利转让合同的让与人应当保证自己是所提供的技术的合法拥有者，并保证所提供的技术完整、无误、有效，能够达到约定的目标。（3）专利技术转让合同的受让人应当按照约定的范围和期限，对让与人提供的技术中尚未公开的秘密部分，承担保密义务。（4）受让人按照约定实施专利侵害他人合法权益的，由让与人承担责任，但是当事人另有约定的除外。

---

1 参见北京市高级人民法院（2017）京民终348号民事判决书。

在司法实践中，也经常会出现专利权转让人所转让的专利权权利归属存在瑕疵，或转让人本身取得专利权并不合法的情况，故而其再次转让专利权所签订的合同效力也会受到影响。下面我们看一则案例。

案例：2015年6月3日，三禾公司（甲方）与骥发公司（乙方）经协商就"ZDC-50Ⅱ自动上袋包装系统"的加工、优化设计、生产制造等事宜签订了《OEM合作协议》。该协议第2条中"甲方的义务"约定："为加快设备的性能完善进程，图纸设计上，甲方负责提供包括现有的整体系统的机械结构图纸、控制电器原理图及三维立体效果图等。"第2条中"乙方的权利"约定："乙方对本产品进行必要的设计完善及制造改进期间所发生的人员工资、公差费用及必要的硬件设施改进费用，在本产品（自动包装机）获得认可前，甲方支付伍万元整作保证金（若乙方制作不成功且在两个月内连续改造仍不能达到甲方要求的，乙方无条件退款给甲方）……"第5条"知识产权归属"约定："生产及开发过程中所述技术创新、改进、完善等知识产权权利最终归甲方所有……"

专利号为ZL20162095×××.6、名称为"编织袋撑口装置"的实用新型专利的专利权人为骥发公司，该专利的申请日是2016年8月26日，授权公告日是2017年2月1日。2017年6月16日，该专利的权利人由骥发公司变更为符某某。

三禾公司认为，涉案专利是骥发公司在履行上述《OEM合作协议》过程中产生的技术，依照该协议第5条"知识产权归属"的约定，该专利应归三禾公司所有。故向法院提起诉讼，请求：确认专利号为ZL20162095×××.6、名称为"编织袋撑口装置"的实用新型专利权归三禾公司所有。

一审法院经审理认为：该案主要的争议焦点在于：一、涉案专利是不是骥发公司在履行《OEM合作协议》过程中所改进的技术；二、骥发公司将涉案专利转让符某某是否存在恶意串通。

关于争议焦点一，法院审理查明，在《OEM合作协议》签订后三禾公司通过法定代表人胥某某及中机美源公司向骥发公司支付了保证金及合同款项。骥发公司亦承认其向中机美源公司交付的4台机器采用了涉案专利技术，其虽辩称该技术为其自主独立研发，但并未提交相应证据。因此，一审法院认定涉案专利是骥发公司在履行《OEM合作协议》过程中所改进的技术，依《OEM合作协议》的约定其所涉知识产权应归属于三禾公司。

关于争议焦点二，首先，骥发公司在涉案专利获得授权公告未足半年的时间内即将包括涉案专利在内的10项专利（其中9项实用新型、1项外观设计）以总金额5万元的对价转让给符某某，而骥发公司申请专利并缴纳年费的成本就达4万余元，且按《销售协议》使用了涉案专利的机器单价高达45万元，故该转让价格明显存在不合理之处。其次，关于骥发公司原法定代表人与符某某的关系。经查，符某某与骥发公司现法定代表人身份证信息，两者的登记住址为同村的相邻门牌号，亦可知双方的关系密切。最后，符某某经一审法院传票传唤无正当理由拒不到庭，应视为其放弃答辩权利。因此，依据该案现有证据，一审法院认定骥发公司与符某某系恶意串通，损害了三禾公司的利益，依照法律规定，涉案专利转让合同无效，涉案专利应归三禾公司所有。一审法院判决：涉案的实用新型专利归三禾公司所有。骥发公司不服一审判决，提起上诉。二审法院判决驳回上诉，维持原判。[1]

| 第三节 | 专利许可合同

一、专利许可合同概念

专利许可合同是合法拥有专利的权利人，将现有特定的专利相关权利许可他人实施、使用所订立的合同。

二、专利许可合同的类型

（一）独占实施许可

独占实施许可是指许可人在约定许可实施专利的范围内，将该专利仅许可一个被许可人实施，许可人依约定不得实施该专利。

（二）排他实施许可

排他实施许可是指许可人在约定许可实施专利的范围内，将该专利仅许可一个被许可人实施，但许可人依约定可以自行实施该专利。

（三）普通实施许可

普通实施许可是指许可人在约定许可实施专利的范围内，许可他人实施该专利，

---

1 参见广东省高级人民法院（2018）粤民终1270号民事判决书。

并且可以自行实施该专利。

当事人对专利实施许可方式没有约定或者约定不明确的，认定为普通实施许可。专利实施许可合同约定被许可人可以再许可他人实施专利的，认定该再许可为普通实施许可，但当事人另有约定的除外。

三、专利许可合同的形式及权利义务

依照《民法典》规定，专利许可合同中各方均享有相应的权利，亦应承担各自相应的义务，主要包括以下几个方面。

（一）要式形式

依照《民法典》规定，技术许可合同应当采用书面形式。即《民法典》对包括专利许可合同在内的技术合同规定了要式形式的要求。

（二）不得限制技术竞争和发展

《民法典》合同编技术合同一章中特别规定，包括专利在内的技术许可合同可以约定实施专利或者使用技术秘密的范围，但是不得限制技术竞争和技术发展。如果许可合同中有限制技术竞争和技术发展的相应条款，该条款应被认定为无效条款。例如，在专利许可合同中约定，强制或者变相强制被许可人购买其他不必要的产品；强制或者变相强制被许可人接受一揽子许可；等等。该禁止性规定不仅在许可合同中有规定，而且在其他技术合同中也有规定，体现了我国《民法典》促进技术竞争和发展的立法宗旨。

（三）被许可专利应为有效专利

依照《民法典》规定，专利实施许可合同仅在该专利权的存续期限内有效。专利权有效期限届满或者专利权被宣告无效的，专利权人不得就该专利与他人订立专利实施许可合同。

（四）专利许可人交付专利技术资料及提供技术指导的义务

专利许可合同中，被许可人实施被许可的专利技术，有赖于专利权人提供相应的技术资料，因此许可人应当按照约定许可被许可人实施专利，交付实施专利有关的技术资料，并且应当提供必要的技术指导。

（五）被许可人不得许可他人实施被许可专利

被许可人只能自己实施被许可的专利，除非许可合同有特别约定，否则被许可人只能按照约定实施专利，不得许可约定以外的第三人实施该专利，并按照约定支付使用费。

（六）专利许可人的权利担保

专利许可合同中最基础的要求是许可人所拥有的专利是合法的。许可人应当保证其权利的合法性及专利的可实施性。因此，专利许可人应当保证自己是所提供技术的合法拥有者，并保证所提供的技术完整、无误、有效，能够达到约定的目标。

（七）被许可人的保密义务

虽然专利是公开的，但是专利技术在实施过程中可能需要一些未公开的技术秘密配合使用才能更好地实施。因此，专利被许可人应当按照专利许可合同约定的范围和期限，对专利许可人提供的技术中尚未公开的秘密部分，承担保密义务。

（八）专利许可人的违约责任

如果专利许可人未按照约定许可专利技术，或者其提供的专利技术存在缺陷而无法实现专利许可合同目的，许可人应当返还部分或者全部使用费，并应当承担违约责任。

（九）被许可人的违约责任

如果专利被许可人实施专利超越约定范围，或违反约定擅自许可第三人实施该项专利，应当停止违约行为并承担违约责任。被许可人违反保密义务的，应当承担违约责任。被许可人未按照约定支付专利许可费的，应当补交使用费并支付违约金；不补交使用费或者支付违约金的，应当停止实施专利，交还技术资料，承担违约责任。

（十）实施许可专利造成侵权的责任承担

在实践中，存在许可人所许可的专利是通过非法获取他人技术而取得的情况，或者许可人的专利是在他人专利技术基础上研发的，从而形成了从属专利。在此情况下，被许可人实施被许可的专利可能会侵犯他人的专利权。在此种情形下，如果专利被许可人按照约定实施专利而侵害他人合法权益的，由专利许可人承担责任，但当事人另有约定的除外。

（十一）许可合同实施中获得的技术成果归属

在专利许可合同的实施过程中，可能会形成新的技术成果，那么该技术成果应归属于哪一方？我国《民法典》规定，当事人首先可以按照互利原则，在合同中约定实施专利、使用技术秘密后续改进的技术成果的分享办法。如果双方在合同中没有约定或者约定不明确，则一方后续改进的技术成果，其他各方无权分享。

四、产品商业化与专利许可合同的目的

在司法实践中，专利许可合同纠纷多种多样，例如被许可人未支付专利许可费，许可人未提供专利技术资料或未对被许可人进行技术指导，以及专利许可合同实施过程中新技术成果的权利归属争议等。对于这些纠纷，法律有原则性规定，因此解决起来相对容易。在专利许可合同纠纷中，最为复杂和疑难的问题之一是：被许可人通过实施被许可的专利获得了相关产品，但产品存在瑕疵且销售未达预期。在此情形下，能否认定专利许可人许可的专利技术存在缺陷，从而导致被许可人未实现合同目的？并进一步认定专利许可人应承担违约责任？下面我们通过一则案例来探讨这个问题。

裕源公司、天宝所签订了《专利实施许可合同》，约定：专利实施许可的种类：独家占有山西省。验收标准和方法：裕源公司使用该技术，试生产后达到了本合同规定的技术性能指标（卫生、质量均为国标），采取一次性实践的方法验收，由双方签署合同技术验收合格协议书。属技术暨天宝所所提供的设备问题，由天宝所负责达标；如始终生产不出合格产品，天宝所应承担相应经济损失。属裕源公司管理、环境、人员、物料及设施等问题，由裕源公司负责改正。裕源公司在签订涉案专利实施许可合同后，依约分七笔支付了天宝所技术使用费以及非标设备、通用设备等设备款，完成项目土建工程等，履行了专利实施许可合同中的义务。

双方产生纠纷的根源在于试生产的核桃乳酸菌饮品因口感不一、有沉淀物等原因，没能实现工业化生产并上市销售。裕源公司为实施该专利技术所建立的生产线，因无法解决产品的质量问题而处于废弃状态。双方在长达6年的交涉中，因始终无法生产出符合上市条件的合格产品，最终诉诸法律。

一审、二审法院均认定天宝所并没有按合同约定完成其合同义务，裕源公司因实施该专利技术进行投资所遭受的损失显而易见，判决：（1）解除裕源公司、天宝所签订的《专利实施许可合同》和《投资合作协议》；（2）天宝所返还裕源公司支付的专利技术使用费，并赔偿裕源公司订购设备款、自购设备款及研发费等损失，裕源公司将相应设备退还天宝所。

天宝所不服，向最高人民法院申请再审。最高人民法院经审理后认为：

实践中，技术工业化成功但产品商业化失败的实例并不罕见。故若在无明确约定的情况下将产品商业化，乃至盈利，认定为技术合同的合同目的，无疑是赋予技术其不可承受之重，最终必将阻滞技术向生产力的转化。故在技术合同领域，尤应

避免对合同目的的扩大解释——能否产出符合合同约定的产品和该产品能否上市销售、是否适销对路、有否利润空间等，本就不是同一层面的问题。在无明确约定的情况下，不应将产品商业化认定为技术合同的合同目的。

首先，该案合同项下合格产品的认定标准为国家标准。在案证据《2008年生产许可证》亦可印证上述关于裕源公司能够运用涉案专利生产出合格核桃乳酸菌饮料的结论等证据足以证明裕源公司能够运用涉案专利技术生产符合国家标准的核桃乳酸菌饮料产品。

其次，裕源公司核桃乳酸菌饮料项目筹备小组成员、技术负责人王某某签字确认的《专利技术及技术资料验收书》证明天宝所已将专利核心技术传授给裕源公司。

再次，二审法院以"符合上市条件"作为认定产品合格的依据，将合同约定的技术标准拔高为市场标准，系对涉案合同关于合格产品认定标准条款的错误理解，其关于天宝所因始终未能解决试产产品存在的口感不稳定、有沉淀等问题而构成违约的认定，确有错误，最高人民法院予以纠正。

最后，二审法院关于裕源公司的合同目的是运用涉案专利技术工业化生产核桃乳酸菌饮料并上市销售，实现利润的认定，亦有不当。最高人民法院认为，如前所述，在没有明确约定的情况下，不应将产品商业化认定为技术合同的合同目的。鉴于涉案合同中并无关于产品上市销售的约定，故仅应认定合同目的为运用涉案专利技术实现符合国家标准的核桃乳酸菌饮料的工业化生产。综上所述，天宝所的再审请求成立。判决：撤销一审、二审判决，驳回裕源公司的全部诉讼请求。[1]

该案争议的核心在于专利许可合同中约定的专利技术实施所产出产品的标准，原告认为应达到上市标准，而被告则认为应达到国家标准。双方争议的原因在于合同对此未作明确规定，因此，最高人民法院在再审判决书中特别指出：投资方应审慎签订涉及技术工业化的合同，在技术指标的设置和产品合格标准的选择上，应当尽可能贴近市场对产品的要求，尤应避免在市场竞争较为激烈或相关公众要求较高的领域，仅以市场准入标准作为合同项下的产品合格标准，从而陷入产品合格而商业失败的窘境。

---

1 参见最高人民法院（2016）最高法民再251号民事判决书。

第八章

专利权限制

| 引 言 |

专利权是一项具有独占性和垄断性的权利。原则上，未经专利权人同意，任何个人或单位不得以营利为目的实施专利技术。但专利权的过度垄断也会对社会公众利益产生不利影响。公正的专利制度应兼顾专利权人和社会公众的利益，因此有必要对专利权人的独占权进行一定的限制。对专利权的限制并非某一国家或者少数学者的观点，而是世界各国的共识。但在专利权限制的具体问题上，各国的做法有所不同。下面我们来看美国Lexmark International, Inc. v. Impression Products, Inc. 一案的判决。

世界知名的打印机制造商Lexmark公司在美国享有墨盒的几项专利权。为了防止使用者在用尽墨盒中的墨粉后，不重新购买原装墨盒而是加入墨粉后继续使用，Lexmark公司推出了"归还（墨盒）项目"，只要购买者在合同中承诺用尽墨粉后，不填充墨粉，而是直接将空墨盒交给Lexmark公司回收，就可以以约八折的价格购买墨盒。一些再制造公司收购空的Lexmark墨盒，包括从参加"归还（墨盒）项目"的消费者手中收购，再用墨粉重新填充，然后再转售。Lexmark公司起诉其侵害专利权，被告则以专利权用尽抗辩。

美国联邦巡回上诉法院判决Lexmark公司胜诉，理由是：专利权用尽的前提是专利权人许可出售专利产品，而Lexmark公司在"归还（墨盒）项目"中出售墨盒时已明确禁止再次出售该墨盒，因此使用者和该案被告再次出售墨盒的行为构成侵权。美国联邦最高法院则认为，联邦巡回上诉法院判决的理论基础是错误的，它误认为专利权用尽的性质是默示许可，从而使专利权人可通过明确的语言在出售专利产品时保留专利权。然而专利权用尽实际上是对专利权的限制，只要专利权人自己或许可他人出售了专利产品，其使用权、销售权或进口权就用尽了，任何合同约定的限制都不会影响专利权的用尽。Lexmark公司因此败诉。[1]

---

1 曹晓慧，美国专利权穷竭原则的新发展，载《法制与经济》，2017年第10期，第52-54页。

上述案例涉及专利权限制中的专利权用尽原则。类似的案例在我国也发生过，例如本章后面将介绍的外观设计酒瓶侵权案例。但在我国的这三起案例中，其中一起法院认为被告使用原告享有外观设计专利的空酒瓶不构成专利侵权，理由是专利权人权利用尽；另两起法院则认定被告构成专利侵权，理由是权利用尽不适用此类情形。由此可见，对于专利权的限制，无论是国内还是国外，在理论上都存在争议。

对专利权的限制主要包括诚实信用原则的适用、不视为侵权的使用、现有技术抗辩、强制许可、国家推广应用、专利权的期限、专利权的终止、专利无效等制度。

| 第一节 | 诚实信用原则与专利的反垄断规制

一、诚实信用原则在专利领域的适用

我国《民法典》第7条规定，民事主体从事民事活动，应当遵循诚信原则，秉持诚实，恪守承诺。诚实信用的基本含义就是民事主体在一般民事活动及市场交易中应当讲求信用，恪守诺言，诚实不欺，在追求自己利益的同时不损害对方当事人、他人和社会公共利益，维持法律关系双方当事人以及社会公共利益的平衡。诚实信用本身是一种道德规范，中国古代就一直有"忠厚传家久，诗书继世长"的道德信念，并一直传承至今。申言之，现代民法上的诚实信用原则将道德规范与法律规范合为一体，兼有法律调节和道德调节的双重功能。同时，诚实信用原则作为民法的基本原则，体现的是一种民事立法的价值追求，本身并不明确确定具体的民事权利义务，其内涵外延也不具有确定性，而是具有高度抽象性和模糊性。诚实信用原则不仅使得法律保持稳定性，即通过赋予旧法条新的含义而延长其生命力，填补法律空白，而且使法律条文具有极大的弹性，赋予了法官较大的裁量权，法官能够以该原则为依据排除当事人的意思自治，直接调整当事人间的权利义务关系。

专利本身是对一项新技术的合法垄断，但这种垄断如果被滥用将会违背专利法的立法宗旨，妨害专利的有效实施和应用，并损害正常的市场竞争秩序。因此，2020年修正的《专利法》第20条专门增加了一条规定，明确专利的申请和专利权的行使应当遵循诚实信用原则，不得滥用专利权损害公共利益或者他人合法权益。

二、诚实信用原则在专利授权、确权过程中的体现

专利法中关于"诚实信用原则"的规定是一种原则性规定，这一原则在授权、确

权过程中也具有指导意义。《专利法实施细则》第11条规定，申请专利应当遵循诚实信用原则。提出各类专利申请应当以真实发明创造活动为基础，不得弄虚作假。国家知识产权局发布的、自2024年1月20日起施行的《规范申请专利行为的规定》，对违反诚实信用原则的非正常申请专利行为进行了规制。非正常申请专利行为是指任何单位或者个人，不以保护创新为目的，不以真实发明创造活动为基础，为牟取不正当利益或者虚构创新业绩、服务绩效，单独或者勾联提交各类专利申请、代理专利申请、转让专利申请权或者专利权等。《规范申请专利行为的规定》第3条规定："本规定所称非正常申请专利行为包括：（一）所提出的多件专利申请的发明创造内容明显相同，或者实质上由不同发明创造特征、要素简单组合形成的；（二）所提出专利申请存在编造、伪造、变造发明创造内容、实验数据或者技术效果，或者抄袭、简单替换、拼凑现有技术或者现有设计等类似情况的；（三）所提出专利申请的发明创造内容主要为利用计算机技术等随机生成的；（四）所提出专利申请的发明创造为明显不符合技术改进、设计常理，或者变劣、堆砌、非必要缩限保护范围的；（五）申请人无实际研发活动提交多件专利申请，且不能作出合理解释的；（六）将实质上与特定单位、个人或者地址关联的多件专利申请恶意分散、先后或者异地提出的；（七）出于不正当目的转让、受让专利申请权，或者虚假变更发明人、设计人的；（八）违反诚实信用原则、扰乱专利工作正常秩序的其他非正常申请专利行为。"

2020年9月12日起施行的《最高人民法院关于审理专利授权确权行政案件适用法律若干问题的规定（一）》第5条规定："当事人有证据证明专利申请人、专利权人违反诚实信用原则，虚构、编造说明书及附图中的具体实施方式、技术效果以及数据、图表等有关技术内容，并据此主张相关权利要求不符合专利法有关规定的，人民法院应予支持。"

国务院专利行政部门在专利申请的受理、初步审查、实质审查、复审程序或者国际申请的国际阶段程序中发现或者根据举报线索得知，并初步认定存在非正常申请专利行为的，可以组成专门审查工作组或者授权审查员启动专门审查程序，通知申请人在指定的期限内陈述意见并提交证明材料，或者主动撤回相关专利申请、法律手续办理请求。

国务院专利行政部门可以对非正常申请专利行为采取下列处理措施：（1）对该非正常专利申请不予减缴专利费用；对于5年内多次实施非正常申请专利行为等情节严重

的申请人，其在该段时间内提出的专利申请均不予减缴专利费用；已经减缴的，要求其补缴相关减缴费用；（2）在国务院专利行政部门政府网站和有关媒体上予以公告，并将相关信息纳入全国信用信息共享平台；（3）实施非正常申请专利行为损害社会公共利益，并受到市场监督管理等部门较重行政处罚的，依照国家有关规定列入市场监督管理严重违法失信名单；（4）在国务院专利行政部门的专利申请数量统计中扣除非正常申请专利行为相关的专利申请数量；（5）对申请人和相关代理机构不予资助或者奖励；已经资助或者奖励的，全部或者部分追还。

三、诚实信用原则在行使专利权阶段的适用

专利权行使过程中的不诚信行为大致可分为两种情况：一种是权利人明知权利本身不合法却提起诉讼，称为恶意诉讼；另一种是权利本身合法稳定，但权利人行使权利时主观上出于恶意，称为恶意维权。

（一）恶意诉讼

恶意诉讼通常是指行为人明知专利权无效或被告不侵犯专利权，以获取非法或不正当利益为目的而故意提起专利侵权之诉，并致使相对人在诉讼中遭受损失的行为，其本质属于一种侵权行为。

例如，在乔安公司诉张某某恶意诉讼损害赔偿案中，张某某作为凯聪公司的法定代表人在明知本公司产品S421C监控摄像机已在电商平台公开销售的情况下，仍对该已公开的产品设计提交外观设计专利申请，并在获得授权后起诉乔安公司专利侵权，同时向法院申请对乔安公司执行1000万元的财产保全。法院认为，张某某将本公司已经公开的产品设计申请专利，违背了诚实信用原则，属于恶意申请专利的行为；其提出高达1000万元的赔偿诉请，远超外观设计对产品利润的贡献，具有打击竞争对手的意图；同时，其应当预见到1000万元诉讼标的获得法院全额支持的可能性极低，冻结乔安公司的资金1000万元会给乔安公司造成不必要的损失却仍然提起财产保全，可见其提起专利侵权诉讼具有损害乔安公司利益的不正当目的，且存在明显不当、有违诚信的诉讼行为。据此，法院认定张某某提起专利侵权诉讼的行为具有主观恶意，判令张某某赔偿乔安公司25万余元。[1]

---

[1] 参见上海市高级人民法院（2019）沪民终139号民事判决书。

再如，在远东水泥公司诉四方公司恶意诉讼损害赔偿案中，专利权人四方公司在无效宣告程序中修改了产品权利要求并删除了方法权利要求，但仍基于修改前的产品权利要求和方法权利要求向竞争对手远东水泥公司提起专利侵权诉讼。对于这一行为，法院认为，民事诉讼应当遵循诚实信用原则。四方公司在无效宣告程序中主动放弃了方法权利要求并修改了产品权利要求，但又基于修改前的权利要求向远东水泥公司主张专利侵权，缺乏基本的事实依据和权利基础，主观上明显具有恶意，对于该专利侵权诉讼所造成的远东水泥公司的经济损失，四方公司应当予以赔偿。一审宣判后，当事人在法定期限内未提出上诉，该案判决已生效。[1]

（二）恶意维权

恶意维权是指专利权人拥有合法权利，但其维权以故意损害他人合法权益为目的，专利权虽然是一种排他权，但是其也有边界，且在行使权利时不得超越权利本身的界限，更不得故意损害他人合法权益，否则构成权利滥用。人民法院历来对超出必要限度、滥用专利权的不当维权行为持明确的否定态度。下面我们看一则案例。

案例：原告润德鸿图公司的关联公司柏瑞润兴公司曾于2021年以侵害"潜水艇"商标权起诉被告忠良经销部，该商标侵权案被诉侵权产品与该案专利产品相同，均为"下水管"，系同一次公证购买所得。商标侵权案双方当事人于2022年2月18日达成和解协议，约定：忠良经销部一次性支付柏瑞润兴公司2000元，双方再无其他争议。2022年6月13日润德鸿图公司又起诉请求判令忠良经销部停止销售侵害润德鸿图公司专利号20071006×××ד.1、名称为"塑料伸缩管及其制造方法"发明专利权的被诉侵权产品；赔偿润德鸿图公司经济损失以及为制止侵权行为所支付的合理开支1万元。

该案一审法院认为，润德鸿图公司主张忠良经销部停止销售侵害涉案专利权的产品，但并未举证证明忠良经销部在第1424号案因同一销售行为构成商标侵权的纠纷处理之后，仍存在销售涉案被诉侵权产品的行为，故润德鸿图公司的上述主张缺乏事实依据，原审法院不予支持。而忠良经销部支付的赔偿金额也与其销售行为的侵权后果基本相当，且作为一般终端销售商的忠良经销部，与其在商标侵权诉讼中协商赔偿时，达成和解的真实意思表示应为就其销售涉案被诉侵权产品的行为一

---

1 参见北京知识产权法院（2015）京知民初字第1446号民事判决书。

次性予以解决，该案如判令忠良经销部就同一次销售行为再次进行赔偿，相当于支持和鼓励权利人对存在侵权竞合的同一侵权行为分开维权、重复获取赔偿，而对于忠良经销部相当于一次销售行为承担两次赔偿责任，显然有失公平。此不仅脱离了国家鼓励权利人合理维权、净化市场、教育惩戒侵权人之初衷，也不符合重点针对侵权源头的制造环节加大制裁力度的精神。综合考虑上述因素，原审法院认定忠良经销部销售被诉侵权产品的行为构成对涉案专利权的侵害，但不承担赔偿责任。判决：驳回润德鸿图公司的诉讼请求。

该案上诉到最高人民法院后，最高人民法院判决认为：该案中，润德鸿图公司与柏瑞润兴公司分别就涉案专利权和"潜水艇"等商标权享有权利，其循合法途径提起诉讼，以制止侵权行为，维护自身合法权益，人民法院应予尊重并依法支持。然而，权利的行使必须有一定边界，应当遵循诚实信用原则，且不得损害他人合法权益。当合法权益被侵害时，权利人可以依法行使诉权，但其诉讼行为应秉持善意、审慎行事，应当符合诚实信用原则。

各地法院审理的有关系列案件情况以及最高人民法院初步检索统计数据信息显示，从全国范围来看，润德鸿图公司及柏瑞润兴公司已经提起数千件侵害涉案专利及相关商标的侵权诉讼且主要选择起诉小微零售商，并已经累计获取巨额赔偿。因此，作为有专业团队和充分维权经验的权利人，其更应采取有利于实现专利法、商标法立法目的诉讼方式与诉讼策略，更应遵循诚实信用原则以保护自身专利权与商标权，更应注重打击侵权源头，重点通过起诉制造者以有效维权并取得赔偿；而不宜仅选择经营小五金、日用杂货小微零售商为被告，更不应以"一事两诉"等非诚信方式滥用权利而损害公民、法人和其他组织的合法权益。该案中，润德鸿图公司在关联公司已经与小微零售商达成"一次性支付赔偿金""双方再无其他争议"的和解协议后，又再行提起该案诉讼，难谓是正当行使权利。首先，润德鸿图公司与柏瑞润兴公司系关联公司，两公司采取"合并取证、分开公证、分别诉讼"的维权方式说明，两公司对诉讼方式与诉讼策略选择明显存在共谋与合意。其次，涉案专利权与"潜水艇"等商标权形式上分别为润德鸿图公司与柏瑞润兴公司所享有有关权利，但两公司作为具有维权共谋与合意的关联公司，且委托同一知识产权代理机构取证，显然明知涉案销售行为既侵害发明专利权也侵害商标权。为制止侵权行为并有效解决纠纷，柏瑞润兴公司在先侵害商标权诉讼调解过程中本应告知被告可就侵害专利权问题一并和解解决，但其并未予以告知，显然难言诚信。而润德鸿图公司在柏瑞润兴公司签订的和解协议已经明确"一次性支付赔偿金""双方之间再无其他争议"后，在同一被告并未实施新的侵权行为情况下，针对同一销售行为再次提出侵害专利权诉讼，其诉讼目的显然并非为制止侵权，而意在获取额外赔偿的非正当利益。再次，润德鸿图公司及柏瑞润兴公司作为关联公司将本可一次解决的纠纷，先后拆分诉讼，既增加作为小微零售商的被告的诉累与经济负担，也造成司法诉讼案件的非正常增长和司法资源的不合理耗费。综上，润德鸿图公司提起该案诉讼应当认定为滥用权利。

人民法院在保障当事人正当行使专利权的同时，也必须对专利权的行使依法予以引导，以保障有限的司法资源能为专利权人提供必要且充分的司法救济。起诉有合法来源或虽无合法来源证据但明显没有侵权故意的小微零售商而不积极向侵害专利权的制造商主张权利，并非维护专利权的最优方式。对于权利人故意以"诱导侵权""陷阱取证""误导性和解""一事两诉"等方式滥用权利行为，人民法院应依法采取有效措施予以规制。该案润德鸿图公司故意"一事两诉"，违反诚实信用原则，滥用权利，并因此致使作为个体工商户的李某某增加交通费等不必要的诉讼开支，应当承担相应的法律责任。依据《最高人民法院关于知识产权侵权诉讼中被告以原告滥用权利为由请求赔偿合理开支问题的批复》有关"在知识产权侵权诉讼中，被告提交证据证明原告的起诉构成法律规定的滥用权利损害其合法权益，依法请求原告赔偿其因该诉讼所支付的合理的律师费、交通费、食宿费等开支的，人民法院依法予以支持"之规定，李某某在该案中请求润德鸿图公司赔偿其交通费等合理开支1000元，具有法律依据，最高人民法院予以支持。判决：一、驳回上诉，维持原判；二、润德鸿图公司于该判决生效之日起十日内赔偿李某某因该案诉讼所支付的合理开支1000元。[1]

《最高人民法院关于知识产权侵权诉讼中被告以原告滥用权利为由请求赔偿合理开支问题的批复》中明确规定："在知识产权侵权诉讼中，被告提交证据证明原告的起诉构成法律规定的滥用权利损害其合法权益，依法请求原告赔偿其因该诉讼所支付的合理的律师费、交通费、食宿费等开支的，人民法院依法予以支持。被告也可以另

---

1 参见最高人民法院（2023）最高法知民终235号民事判决书。

行起诉请求原告赔偿上述合理开支。"面对恶意提起知识产权侵权之诉的原告,被告(被控侵权人)既可以另行起诉,也可以根据《专利法》第20条的规定,在侵权之诉中提交证据,对原告滥用诉权损害他人利益的行为请求相应赔偿。

四、专利权的反垄断法规制

专利权具有天然的排他性、垄断性,为防止专利权过分排他、垄断,《专利法》第20条还规定,滥用专利权,排除或者限制竞争,构成垄断行为的,依照《反垄断法》处理。《反垄断法》第55条规定:"经营者依照有关知识产权的法律、行政法规规定行使知识产权的行为,不适用本法;但是,经营者滥用知识产权,排除、限制竞争的行为,适用本法。"依照上述法律规定,专利权人依照法律法规合法行使专利权不构成垄断,但如果滥用包括专利权在内的知识产权,如以结成专利联盟、组建专利池等方式限定专利许可费标准,不正当或非法排除或者限制其他市场经营者参与市场经营,则构成非法垄断。针对滥用知识产权的非法垄断,2023年6月国家市场监督管理总局发布了《禁止滥用知识产权排除、限制竞争行为规定》,自2023年8月1日起施行。

该规定中的滥用知识产权排除、限制竞争行为,是指经营者违反反垄断法的规定行使知识产权,达成垄断协议,滥用市场支配地位,实施具有或者可能具有排除、限制竞争效果的经营者集中等垄断行为。国家市场监督管理总局根据《反垄断法》第13条第1款的规定,负责滥用知识产权排除、限制竞争行为的反垄断统一执法工作。国家市场监督管理总局根据《反垄断法》第13条第2款的规定,授权各省、自治区、直辖市市场监督管理部门负责本行政区域内垄断协议、滥用市场支配地位等滥用知识产权排除、限制竞争行为的反垄断执法工作。

专利非法垄断类型包括:(1)垄断协议,包括横向垄断协议和纵向垄断协议;(2)滥用市场支配地位,排除、限制竞争;(3)经营者集中;(4)专利联营;等等。下面我们看一则纵向垄断协议案例。

案例:2015年泰普公司起诉华明公司侵害其"一种带屏蔽装置的无励磁开关"发明专利权,双方于2016年1月签订调解协议(未经法院确认,实为和解协议),约定:华明公司仅能生产特定种类的无励磁分接开关,对其他种类的无励磁分接开关只能通过泰普公司供货转售给下游客户,且销售价格要根据泰普公司供货价格确定;在海外市场,华明公司为泰普公司持股的泰普联合公司作市场代理,不得自行生产或代理其他企业的同类产品，且销售价格与泰普公司的供货价格一致。2019年，华明公司向法院提起诉讼，主张涉案和解协议属于垄断协议，违反反垄断法，应认定无效。

一审法院认为，涉案和解协议不属于垄断协议，判决驳回华明公司全部诉讼请求。华明公司不服，提起上诉。

最高人民法院二审认为，如果专利权人逾越其享有的专有权，滥用知识产权排除、限制竞争的，则涉嫌违反反垄断法。涉案和解协议与涉案专利权的保护范围缺乏实质关联性，其核心并不在于保护专利权，而是以行使专利权为掩护，实际上追求排除、限制竞争的效果，属于滥用专利权；涉案和解协议构成分割销售市场、限制商品生产和销售数量、固定商品价格的横向垄断协议，违反反垄断法强制性规定。最高人民法院终审判决，撤销一审判决，确认涉案和解协议全部无效。[1]

五、标准必要专利的反垄断规制

标准必要专利，是指实施该项标准所必不可少的专利。标准必要专利在标准领域也被称为"基本专利"或"核心专利"，是技术标准中所包含的必不可少且不可替代的专利，即企业为实现生产技术标准化而不得不使用的专利。因此，其概念应当包含两个层面的内容：其一，该专利被纳入国际标准、国家标准、行业标准或地方标准；其二，市场主体为实现所属领域的技术标准而无法规避该专利。私权范畴的专利权一旦与标准结合，就被赋予了公共属性。对标准必要专利的反垄断规制主要包括：

（1）经营者没有正当理由，不得在行使知识产权的过程中，利用标准的制定和实施达成下列垄断协议：①与具有竞争关系的经营者联合排斥特定经营者参与标准制定，或者排斥特定经营者的相关标准技术方案；②与具有竞争关系的经营者联合排斥其他特定经营者实施相关标准；③与具有竞争关系的经营者约定不实施其他竞争性标准；④国家市场监督管理总局认定的其他垄断协议。

（2）具有市场支配地位的经营者不得在标准的制定和实施过程中从事下列行为，排除、限制竞争：①在参与标准制定过程中，未按照标准制定组织规定及时充分披露其权利信息，或者明确放弃其权利，但是在标准涉及该专利后却向标准实施者主张该专利权；②在其专利成为标准必要专利后，违反公平、合理、无歧视原则，以不公平

---

1 参见最高人民法院（2021）最高法知民终1298号民事判决书。

的高价许可，没有正当理由拒绝许可、搭售商品或者附加其他不合理的交易条件、实行差别待遇等；③在标准必要专利许可过程中，违反公平、合理、无歧视原则，未经善意谈判，请求法院或者其他相关部门作出禁止使用相关知识产权的判决、裁定或者决定等，迫使被许可方接受不公平的高价或者其他不合理的交易条件；④国家市场监督管理总局认定的其他滥用市场支配地位的行为。

案例：2011年，美国交互数字公司（IDC）针对华为等厂商向美国国际贸易委员会（ITC）提出"337调查"请求，并提起专利诉讼，试图让华为等中国企业缴纳巨额许可费。对此，华为采取了一系列针对IDC知识产权滥用行为的法律行动。同年，华为在深圳市中级人民法院提起2起诉讼；2013年5月，华为向国家发展和改革委员会（以下简称国家发展改革委）提出投诉，申请对IDC展开反垄断调查。最终，法院判令IDC就其滥用市场支配地位的行为向华为赔偿损失2000万元，并判决IDC的中国标准必要专利许可费率不应超过0.019%。[1]

另外，根据国家发展改革委网站发布的消息，国家发展改革委经过近一年的调查，认定IDC公司涉嫌滥用在无线通信标准必要专利市场的支配地位，实施了包括对我国企业设定不公平的高价许可费等垄断行为。2014年5月，国家发展改革委就该行政调查案作出中止调查决定并监督IDC公司履行其不对我国企业收取歧视性的高价许可费，不将非标准必要专利与标准必要专利进行捆绑许可，不要求我国企业将专利向其进行免费反许可，不直接寻求通过诉讼方式迫使我国企业接受其不合理的许可条件等承诺。[2]

六、对非法垄断的处罚

（一）对非法垄断协议的处罚

经营者违反反垄断法达成并实施垄断协议的，由反垄断执法机构责令停止违法行为，没收违法所得，并处上一年度销售额1%以上10%以下的罚款，上一年度没有销售额的，处500万元以下的罚款；尚未实施所达成的垄断协议的，可以处300万元以下的

---

1 于馨淼，涉外垄断侵权责任的法律适用——兼评华为公司诉美国交互数字垄断案中的法律适用，载《河北大学学报》（哲学社会科学版），2016年第3期，第143-144页。

2 发展改革委对美国IDC公司涉嫌价格垄断案中止调查，网址：https://www.gov.cn/xinwen/2014-05/22/content_2684822.htm，最后访问时间：2024年6月10日。

罚款。经营者的法定代表人、主要负责人和直接责任人员对达成垄断协议负有个人责任的，可以处100万元以下的罚款。经营者组织其他经营者达成垄断协议或者为其他经营者达成垄断协议提供实质性帮助的，适用前款规定。

（二）对滥用市场支配地位的处罚

经营者违反反垄断法滥用市场支配地位的，由反垄断执法机构责令停止违法行为，没收违法所得，并处上一年度销售额1%以上10%以下的罚款。

（三）对经营者集中的处罚

经营者违法实施涉及知识产权的集中，且具有或者可能具有排除、限制竞争效果的，由国家市场监督管理总局责令停止实施集中、限期处分股份或者资产、限期转让营业以及采取其他必要措施恢复到集中前的状态，处上一年度销售额10%以下的罚款；不具有排除、限制竞争效果的，处500万元以下的罚款。

反垄断执法机构确定上述具体罚款数额时，应当考虑违法行为的性质、程度、持续时间和消除违法行为后果的情况等因素。违反反垄断法规定，情节特别严重、影响特别恶劣、造成特别严重后果的，国家市场监督管理总局可以在反垄断法规定的罚款数额的2倍以上5倍以下确定具体罚款数额。

案例：国家发展改革委对高通公司的反垄断处罚

2015年2月10日，国家发展改革委网站上公布了《行政处罚决定书》，高通公司在决定书公布后即宣布接受处罚，并且不寻求上诉等其他方法，3日内即迅速将高达60.88亿元的罚款缴付。

决定书称，经查明，在CDMA、WCDMA和LTE（分别为2G、3G、4G标准）无线通信技术标准中，高通公司持有的每一项无线标准必要专利许可独立构成的相关产品市场，当事人均占有100%的市场份额；当事人具有控制无线标准必要专利许可市场的能力；无线通信终端制造商对当事人的无线标准必要专利组合许可高度依赖。

同时，高通公司还在基带芯片市场具有市场支配地位。处罚书援引数据称，2013年高通公司在CDMA基带芯片市场、WCDMA基带芯片市场和LTE基带芯片市场的销售额市场份额分别为93.1%、53.9%和96%，均超过了50%；在WCDMA基带芯片市场，当事人具有一定程度控制市场的能力；主要无线通信终端制造商对当事人的基带芯片高度依赖。

高通公司滥用市场支配地位的行为包括：滥用在无线标准必要专利许可市场的

支配地位，收取不公平的高价专利许可费，其中包括对过期无线标准必要专利收取许可费且不提供专利清单、要求被许可人将专利进行免费反向许可；在无线标准必要专利许可中，没有正当理由搭售非无线标准必要专利许可；当事人滥用在基带芯片市场的支配地位，在基带芯片销售中附加不合理条件。依据上述认定国家发展改革委对高通公司处以60.88亿元的罚款。[1]

第二节 不视为专利侵权的行为

一、权利穷竭

权利穷竭，也称权利用尽原则。所谓专利权用尽原则是指经专利权人或者专利权人许可的人出售专利产品之后，任何在此种情形下购买了该专利产品的人可以任何方式使用该专利产品，或者进一步转让、出售、赠与该专利产品，而不构成对专利权的侵犯。

我国《专利法》第75条第1款规定，专利产品或者依照专利方法直接获得的产品，由专利权人或者经其许可的单位、个人售出后，使用、许诺销售、销售、进口该产品的，不视为侵犯专利权。该条款就是我国专利法上的权利用尽原则。然而，专利权的权利用尽是一个比较复杂的问题。许多国家的专利法并未规定专利权用尽的制度，即使有相关规定，各国对权利用尽原则的法律理论也存在不同的认识和理解，因此在处理相似情况时，结果往往不一致。

此外，专利权用尽原则还存在一个各国分歧较大的问题，即"平行进口"问题，也称"国际用尽"问题。具体来说，当某个专利权人就同一专利在不同国家分别申请了专利时，若在一国合法生产的专利产品被进口到另一个同样拥有该项专利的国家，是否构成侵权。

平行进口（Parallel Imports）一般是指未经相关知识产权权利人授权的进口商，将由权利人自己或经其同意在其他国家或地区投放市场的产品，进口到知识产权人或独占被许可人所在国或地区的行为。这一问题实际上是由不同国家生产的产品的价格差异所引发的，各国法律规定和理论的差异也反映了各国经济政策的不同。就连TRIPS协议对"权利用尽"问题也没有达成一致意见。最终，TRIPS协议只得在第6条

---

1 参见国家发展和改革委员会行政处罚决定书（发改办价监处罚〔2015〕1号）。

中规定："在依照本协议而进行的争端解决中，不得借本协议的任何条款涉及知识产权权利穷竭问题。"因此，这一问题值得我们深入研究。

但是，就我国《专利法》第75条第1款的规定而言，我国立法是承认权利用尽原则的。即不论该专利产品是国内生产的，还是国外生产的，在我国都可以适用权利用尽原则。因为，我国专利法规定得比较明确，即专利产品或者依照专利方法直接获得的产品，由专利权人或者经其许可的单位、个人售出后，使用、许诺销售、销售、进口该产品的不视为侵犯专利权。按照该规定，只要是合法出售的专利产品被他人购买，购买者的任何使用、销售、许诺销售都不视为侵权。但回收专利产品再利用，即一种生产行为，如回收他人外观专利酒瓶灌装饮料构成侵权。

案例：在鞠某某诉山东武城古贝春集团总公司侵犯外观设计专利权纠纷一案中，鞠某某系第ZL96323288.6号、名称为"酒瓶"的外观设计的专利权人，其授权山东银河酒业（集团）总厂（以下简称银河酒厂）独家使用其专利酒瓶。山东武城古贝春集团总公司（以下简称古贝春公司）与诸城康业副食品经销处（以下简称康业经销处）签订协议，授权康业经销处为古贝春系列酒在诸城市的总经销商，约定了由康业经销处提供酒瓶，负责把酒瓶送到古贝春公司仓库，古贝春公司提供剩余包装。

山东省济南市中级人民法院一审认为，《专利法》规定的"专利权人制造或者经专利权人许可制造的专利产品售出后，使用或者销售该产品的，不构成侵权"，是指在这些产品合法地投入市场后，任何人买到了这种产品，无论是自己使用还是再次销售，都无须征得专利权人的同意，即所谓的专利权人的权利用尽原则。

该案专利产品名称为酒瓶，其工业上应用价值在于作为酒的包装物与酒作为一个整体投入市场。因此，专利权穷竭即专利权人权利用尽应指使用这种设计的酒瓶的酒产品合法投入市场并售出后，购买者自己使用或再次销售该酒产品的行为。这里的使用仅指就产品功能本身的发挥而言。对于回收与此种设计相同或近似的酒瓶并作为自己同类酒产品的包装物以生产经营为目的的生产销售行为已突破了专利产品合法购入者使用的内涵，而成为一种变相地生产制造外观设计专利产品的行为，因此，被告主张专利权人权利用尽的抗辩理由不能成立。外观设计专利权保护的对象是一种智力成果，是体现特定产品设计的无形资产，体现该设计的酒瓶的物权即所有权转移并不意味着外观设计专利权的转移或丧失。因此，古贝春公司以生产经营为目的，与康业经销处签订生产销售"古贝春头曲"协议，利用后者提供的与原告专利产品设计相同或近似的旧酒瓶制造并销售古贝春头曲,其行为侵犯了原告外观设计专利权。

山东省高级人民法院二审认为,当专利权人许可银河酒厂独占实施,银河酒厂使用该外观设计专利酒瓶生产、销售白酒,白酒售出后,专利权人和银河酒厂已经获得了收益,体现在酒瓶的专利权已经用尽,根据专利权用尽原则,购买者的使用或者再销售行为就不构成侵犯其专利权。古贝春公司生产、销售古贝春头曲,使用回收的旧酒瓶,因旧酒瓶上的专利权已经用尽,故无论这些旧酒瓶是否与专利权人的外观设计专利酒瓶相同或近似,都不构成对专利权人外观设计专利权的侵犯,故专利权人的侵权指控不成立,其诉讼请求无事实和法律依据。[1]

该案中二审法院改变了一审判决,认定收购外观设计专利的酒瓶不构成专利侵权,但此观点未被理论界和司法实务界所接受,大多数学者的论述及法院的判决还是倾向支持该案一审的判决结果。

我们再看一则四川省高级人民法院作出的判决。

2002年8月23日,丰谷酒业公司申请了名称为"酒瓶(二)"的外观设计专利。2003年4月23日,国家知识产权局授予该外观设计专利权,专利号为ZL02356137.8。2006年7月以来,鲁湖酒厂利用回收丰谷酒业公司的旧酒瓶,灌装自己生产的白酒,在绵阳、德阳、广元等地销售。一审法院认定被告构成侵权,被告不服,上诉至四川省高级人民法院。

四川省高级人民法院认为:《专利法》第63条第1款第(1)项规定"专利权人制造、进口或者经专利权人许可而制造、进口的专利产品或者依照专利方法直接获得的产品售出后,使用、许诺销售或者销售该产品的,不视为侵犯专利权。"中所指的"该产品"应当仅限于专利权人制造或者经专利权人许可而制造并售出的完整产品。该案中,就丰谷酒业公司外观设计专利来说,专利产品名称为酒瓶,其应用价值在于作为酒的包装物即酒瓶与酒作为一个整体投入市场,当这种酒产品合法投入市场并售出后,购买者自己使用或再次使用、许诺销售或者销售该产品的,不视为侵犯专利权,但鲁湖酒厂回收了丰谷酒业公司外观设计专利产品的酒瓶,用于灌装自己生产的白酒进行销售,这种行为已突破了专利产品合法购入者使用的内涵,

---

1 程永顺,"酒瓶"外观设计专利侵权案中的几个法律问题,载《科技与法律》,2000年4期,第108-110页。

形成了一种变相生产制造外观设计专利产品的行为。故鲁湖酒厂的此种行为不符合该法律规定免责的情形，其辩称不侵权的理由不能成立。[1]

二、在先使用

在先使用，也称先用权制度，是指非专利权人在专利申请日前已经制造相同产品、使用相同方法或者已经做好制造、使用的必要准备，在专利权人获得专利权后，非专利权人有权在原有范围内继续制造、使用该专利技术，法律上不将该制造、使用行为视为侵权行为。我国《专利法》第75条第2款规定了先用权制度。

先用权制度产生的根源在于对专利申请和授权采用"在先申请原则"。第一个申请专利权的人未必就是真正的第一个发明该专利的人。如果在专利权人申请专利的时候，他人已经作出了与其完全相同的专利技术，只是没有申请专利，但已经实施了该专利技术，或者已经为实施该专利技术做好了充分的准备，在专利权被授予后，允许获得专利权的在后发明人禁止在先发明人继续实施该专利技术，显然与民法中的一般公平理念不相符。因此，世界上大多数实行在先申请原则的国家对在先使用的情况都作出了不视为侵权的规定。该制度也是为了弥补在先申请原则的不足。但是，TRIPS协议中没有专门关于先用权的规定，只是在其第30条"授予权利的例外"中含有先用权制度的内容。该项规定是："各成员可以对专利所赋予的专有权规定有限的例外，只要此类例外不与专利的正常使用发生不合理的冲突，也不会不合理地损害专利所有人的正当利益，但应顾及第三方的正当利益。"

在先使用权是为平衡在先使用人与专利权人的利益以及社会利益，而对专利权人的独占权进行的限制。但这种限制应当最大限度地符合专利制度的基本原则，以最大可能地减少这一例外对整个专利制度的冲击，因此应当严格限制在先使用权的适用条件。

（一）在先使用的专利技术来源必须合法

来源合法的情形包括以下两种：一是先用权人在专利申请日之前，通过独立研究完成的发明创造，包括在先制造、生产、销售的专利产品或者使用的专利方法；二是

---

1 黄君，论权利用尽理论在外观设计专利侵权中的适用——以"鲁湖酒厂诉丰谷酒业案"为例，载中国优秀硕士学位论文全文数据库，2012年9月。

以合法手段从第三人处获得相关专利产品或方法，而非在专利申请日前通过窃取或者其他非正当手段从专利权人处获得。

（二）已经制造、使用或做好制造、使用的准备

在专利人申请专利之前已经制造出专利产品，或者已经使用了专利方法，是指在专利权人申请专利之前，自己或者第三人已经独立完成了发明创造，由于种种原因没有申请专利，但已经将自己独立完成的发明创造运用于生产或者由第三人运用于实际生产。这种情况下，专利法对专利权人的专利产品或者专利方法的独占权进行了一定的限制，即允许在专利权人申请专利之前已经制造出专利产品，或者已经使用了专利方法的人继续制造该专利产品或者继续使用该专利方法，而不将该制造、使用行为视为侵权。

在专利申请日之前已经做好制造、使用的准备的人，在专利权人申请了专利之后，继续制造专利产品或者使用专利方法同样也不视为侵权。所谓做好了制造、使用的必要准备，是指已经完成了图纸设计和工艺文件，已经准备好专用设备和模具，或者完成了样品试制等各项准备工作。如果先用权人在专利申请日前没有制造专利产品、使用专利方法，或者甚至没有做好制造、使用准备的，也不能享有先用权，该行为应当被视为侵权行为。即使主张先用权的当事人其技术是自己独立完成的，或者合法来源于第三人，但在专利申请日前没有制造专利产品、使用专利方法，或者没有做好制造、使用准备的，也不能享有先用权。

（三）享有先用权的人只能在原有范围内继续制造、使用

所谓的原有范围，是指在专利申请人申请专利之前所准备的专用生产设备的实际生产的产量或者生产能力，不允许超过该生产的产量或者生产能力。如果先用权人超过在专利申请日之前的产量或者生产能力，那么超过的部分就构成对专利权人的侵权。

（四）不得转让第三人

即先用权人只能自行实施其拥有的专利产品或者专利技术，而不得将该专利产品的生产权或者专利技术的使用权单独转让给任何第三方，除非连同企业一并转让。

案例：冯某是某中医研究所的老中医，经多年研究于2016年研制出一种治疗感冒的中成药。李某是冯某的学生，在与其接触过程中偶然发现冯某研制的感冒药的配方，并提出抄走该药方自己研究。2017年1月，李某与某中药生产厂签订协议，将该药方转让给某中药生产厂。该厂在当年生产出药品后还聘请冯某给其做了广告。2018年1月，冯某将该药申请了专利，并于2020年1月获得授权。2021年3月，

冯某向人民法院起诉，称被告某中药生产厂侵犯其专利权。诉讼中，某中药生产厂向法庭提交了其与李某签订的协议、开始生产该药的时间、冯某给其做广告的录像等证据，主张生产该药的时间是在冯某申请专利之前，其享有先用权，且未扩大生产规模。法院采纳了某中药生产厂的抗辩理由，以被告在先使用涉案专利，且在原有范围内使用，享有先用权为由，驳回了原告冯某的诉讼请求。

三、临时过境

所谓临时过境，是指临时通过中国领陆、领水、领空的外国运输工具，依照其所属国同中国签订的协议或者共同参加的国际条约，或者依照互惠原则，为运输工具自身需要而在其装置和设备中使用有关专利的，不视为侵权。

四、为科研和实验目的的使用

科学研究和实验使用，是指以非工业方式使用专利技术，且不以经营获利为目的。此类使用包括为教学目的或个人兴趣而利用专利技术的情形。这些使用行为旨在发展科学技术、培养人才，对整个社会具有积极意义，因此不应被视为侵权。

五、药品及医疗器械强制审查例外

（一）"Bolar例外"

根据《专利法》第75条第5款的规定，为提供行政审批所需要的信息，制造、使用、进口专利药品或者专利医疗器械的，以及专门为其制造、进口专利药品或者专利医疗器械的，不视为侵犯专利权。这是2008年《专利法》第三次修改时新增加的规定，该制度也被称为"Bolar例外"[1]，其目的在于鼓励仿制药品及医疗器械的生产。

---

1 "Bolar例外"来源于美国联邦巡回上诉法院1984年对Roche Products, Inc. v. Bolar Pharmaceutical Co.一案的判决。在该案中，美国联邦巡回上诉法院判决否定了一审法院的判决，认定被告Bolar公司在原告专利期限届满前从国外进口少量原告专利药品进行试验以获取批准生产该药的数据的行为构成对原告的侵权。但该判决同时指出，美国食品和药品的审批周期长达数年，普通制药公司在等候审批的过程中实际上延长了食品和药品的专利保护期限，这一问题应当由国会立法解决，法院不应当解决该问题。该判决实际上促使美国国会采取必要措施解决这一问题。此后不久，美国国会在《美国专利法》第271条中增加了（e）款，明确规定类似于Bolar公司的行为不构成侵权。美国联邦最高法院在1990年对Eli Lilly and Co. v. Medtronic, Inc. 一案中确定医疗器械也适用《美国专利法》第271条中增加的（e）款。参见尹新天，《专利权的保护》，知识产权出版社2005年版，第225-228页。

具体而言，在药品或医疗器械的有效专利保护期限届满之前，非专利权人为了进行药品或医疗器械的临床试验和申请生产许可，做好上市前的准备，可以不经专利权人许可制造、使用、进口专利药品或者专利医疗器械，以及专门为其制造、进口专利药品或者专利医疗器械。一旦专利到期，即可立即推出产品，占领市场。因此，自2009年10月1日起，中国的药品和医疗器械生产企业可以利用该规则，提前进行仿制药生产的准备，而无须担忧被控侵权。

（二）药品专利链接制度

在药品专利未到期但仿制药品上市审批已经完成或者接近完成，且仿制药品已经准备上市的情形下，仍有可能发生纠纷。对此，2020年修正的《专利法》第76条新增加规定："药品上市审评审批过程中，药品上市许可申请人与有关专利权人或者利害关系人，因申请注册的药品相关的专利权产生纠纷的，相关当事人可以向人民法院起诉，请求就申请注册的药品相关技术方案是否落入他人药品专利权保护范围作出判决。国务院药品监督管理部门在规定的期限内，可以根据人民法院生效裁判作出是否暂停批准相关药品上市的决定。药品上市许可申请人与有关专利权人或者利害关系人也可以就申请注册的药品相关的专利权纠纷，向国务院专利行政部门请求行政裁决。"同时该条还规定："国务院药品监督管理部门会同国务院专利行政部门制定药品上市许可审批与药品上市许可申请阶段专利权纠纷解决的具体衔接办法，报国务院同意后实施。"根据国家药监局、国家知识产权局2021年7月4日发布的《药品专利纠纷早期解决机制实施办法（试行）》的规定，这一制度由四部分内容构成。

1.专利信息登记制度

即由国家药品审评机构负责建立并维护中国上市药品专利信息登记平台。申请人在申报药品上市时，须登记药品名称、专利相关信息、上市许可持有人相关信息等内容。

2.专利申明制度

即仿制药品申请人提交药品上市许可申请时，应当对照已在中国上市药品专利信息登记平台载明的专利信息，针对被仿制药每一件相关的药品专利作出声明，并提供声明依据。声明分为四类：一类声明：没有相关专利。即中国上市药品专利信息登记平台中没有被仿制药品相关专利信息。二类声明：相关专利已经被无效或终止。即中国上市药品专利信息登记平台收录的被仿制药品的相关专利已终止或者被宣告无效。三类声明：有相关专利，暂不上市。即中国上市药品专利信息登记平台收录有被仿制药品相关专利，仿制药申请人承诺在专利有效期届满之前所申请的仿制药暂不上市。

四类声明：相关专利无效或仿制药未落入专利权保护范围。即中国上市药品专利信息登记平台收录的被仿制药相关专利权应当被宣告无效，或者其仿制药未落入相关专利权保护范围。

仿制药申请和相应声明在国家药品审评机构信息平台向社会公示。

3.专利挑战程序

当化学仿制药申请人提交第四类声明时，专利权人/原研药上市许可持有人可以在仿制药申请公示之日起45天内向北京知识产权法院提起诉讼或向国务院专利行政部门申请行政裁决，同时在立案或者受理之日起10日内将受理通知书副本提交国家药品审评机构，形成对药品专利权保护范围或者有效性的挑战。如果是化学仿制药，自立案或者受理之日起，药监部门设置9个月的等待期，等待期内国家药品审评机构不停止技术审评。此外，需要说明的是生物药和中药不适用等待期。

对中药同名同方药和生物类似药注册申请，国务院药品监督管理部门依据技术审评结论，直接作出是否批准上市的决定。对于人民法院或者国务院专利行政部门确认相关技术方案落入相关专利权保护范围的，相关药品在相应专利权有效期届满之后方可上市。

对技术审评通过的化学仿制药注册申请，国家药品审评机构结合人民法院生效判决或者国务院专利行政部门行政裁决作出相应处理：对于确认落入相关专利权保护范围的，待专利权期限届满前将相关化学仿制药注册申请转入行政审批环节；对于确认不落入相关专利权保护范围或者双方和解的，相关专利权被依法无效的，超过等待期，国务院药品监督管理部门未收到人民法院的生效判决或者调解书或者国务院专利行政部门的行政裁决的，以上三种情形按照程序将相关化学仿制药注册申请转入行政审批环节。

4.对挑战成功者的奖励制度

即对首个挑战专利成功并首个获批上市的化学仿制药，给予市场独占期。国务院药品监督管理部门在该药品获批之日起12个月内不再批准同品种仿制药上市，共同挑战专利成功的除外。市场独占期限不超过被挑战药品的原专利权期限。市场独占期内国家药品审评机构不停止技术审评。对技术审评通过的化学仿制药注册申请，待市场独占期到期前将相关化学仿制药注册申请转入行政审批环节。

药品专利链接制度具有重要的意义。新药专利的合法垄断性导致其定价畸高，影响药物的可及性，从而与一国保障公民健康权存在一定程度的冲突。仿制药品的上市风险小、投入成本低，可以为患者提供更多选择，且仿制药进入市场后，药品的价格会显著降低。药品专利链接制度平衡了专利权人与公共健康之间的利益冲突，既保障了药物创新的积极性，又最大限度地降低了公民的药品支出。我国建立药品专利链接制度的目的在于鼓励医药产业的创新发展，提高药品的可及性。其中所鼓励的创新不仅包括原研药的研发，还涵盖消化吸收再创新，即对仿制药的研发，从而实现较好的经济效益和社会效益。

案例：全国首例药品专利链接诉讼案

日本中外制药株式会社研发的用于治疗骨质疏松的药物"艾地骨化醇软胶囊"（以下简称涉案原研药）已在中国取得上市许可，相关技术方案拥有中国发明专利（以下简称涉案专利）。涉案原研药和涉案专利已在中国上市药品专利信息登记平台中进行了登记。

针对涉案原研药，浙江温州海鹤药业有限公司（以下简称海鹤药业）向国家药品监督管理局申请了仿制药上市许可，并作出4.2类声明，即仿制药未落入涉案专利权保护范围。

2021年11月，日本中外制药株式会社依据自2021年6月1日起施行的《专利法》第76条规定，向北京知识产权法院提起诉讼，请求确认海鹤药业申请注册的仿制药技术方案落入涉案专利权利要求1～6的保护范围。2022年4月15日，北京知识产权法院对原告日本中外制药株式会社诉被告海鹤药业确认是否落入专利权保护范围纠纷案的一审结果进行公开宣判。

北京知识产权法院经审理认为，涉案仿制药使用的技术方案与涉案专利权利要求1的技术方案既不相同，亦不等同，故该技术方案未落入涉案专利权利要求1的保护范围。鉴于权利要求2～6为权利要求1的从属权利要求，在涉案仿制药的技术方案未落入权利要求1保护范围的情况下，其亦不落入权利要求2～6的保护范围。据此，原告有关涉案仿制药落入涉案专利权利要求1～6保护范围的主张不能成立，法院不予支持。

日本中外制药株式会社不服一审判决，提起上诉。2022年8月5日，最高人民法院二审判决驳回上诉，维持原判。

六、侵权诉讼中的现有技术抗辩

《专利法》第67条规定："在专利侵权纠纷中，被控侵权人有证据证明其实施的技术或者设计属于现有技术或者现有设计的，不构成侵犯专利权。"该规定即为现有技术抗辩条款。

在司法实践中，经常出现这样的情况：被告使用的技术完全落入原告的专利保护范围，但被告能够证明其实施的技术或者设计是申请日之前已经为公众所知的现有技术或者现有设计。按照2000年修正的《专利法》，被告的抗辩不成立，只能通过无效程序使涉及的专利权被宣告无效，才能免除其侵权责任。然而，专利无效程序需经过国务院专利行政部门的无效程序及后续的一审、二审行政诉讼，这一过程将耗费大量时间。因此，即使被告最终赢得诉讼，也会在时间、资金、市场、商誉等方面遭受很大损失。2008年修正的《专利法》扩大了被告抗辩原告侵权指控的范围和力度，明确规定在专利侵权诉讼中可直接适用现有技术作为不侵权的抗辩，这一修改有效遏制了专利权人滥用专利权的行为。

案例：甲公司于2012年至2013年经过研发设计出一款样式新颖独特的新型酒瓶及瓶贴包装，并于2013年年底将该酒瓶及瓶贴包装使用于其生产的白酒产品上投入市场。2015年开始不断有本地其他白酒生产企业模仿甲公司的酒瓶及包装。2016年6月，甲公司将其上述酒瓶及瓶贴包装向国家知识产权局申请外观设计专利，2016年12月获得外观设计专利授权。2017年12月，甲公司向法院提起诉讼，起诉被告模仿其酒瓶及瓶贴包装侵犯其外观设计专利权，但人民法院驳回其诉讼请求，驳回的理由是由于甲公司在申请专利之前已经公开了其酒瓶及瓶贴包装外观设计，在其申请专利之前该外观设计已经成为现有技术，被告模仿甲公司酒瓶及瓶贴包装的行为不构成专利侵权。

| 第三节 | 专利强制许可制度

一、强制许可的概念

所谓强制许可，是指专利行政部门可以不经专利权人同意，直接向申请实施专利技术的申请人颁发专利强制许可证的制度。

世界上多数国家都有强制许可制度，《巴黎公约》和TRIPS协议中也有该项制度。特别是发展中国家，由于其创新能力比较低，发明比较少，而有些专利技术对其国计民生又有着重要的意义，因此较多地实施了强制许可制度。与强制许可制度相对应的是自愿许可，即专利权人从自身利益出发，通过与他人谈判、协商，以合同等形式许可他人实施其专利技术，实施者向专利权人支付一定的专利使用费。

二、强制许可的类型

我国《专利法》第六章专门规定了强制许可制度。经过多次修改完善，我国现行专利法中关于强制许可制度的规定与TRIPS协议基本一致。根据我国专利法的规定，我国的强制许可制度主要包括以下几个方面的内容。

（一）普通强制许可

普通强制许可，是指具备实施专利技术条件的单位或个人以合理的条件请求发明或者实用新型专利权人许可实施其专利，而未能在合理长的时间内获得这种许可时，国务院专利行政部门根据该单位或个人的申请，可以给予实施该发明专利或者实用新型专利的强制许可。该强制许可制度主要是针对滥用专利权的情况而设立。

根据《专利法》第53条的规定，对于普通强制许可，国务院专利行政部门根据具备实施条件的单位或者个人的申请，有下列情形之一的，可以给予实施发明专利或者实用新型专利的强制许可：（1）专利权人自专利权被授予之日起满3年，且自提出专利申请之日起满4年，无正当理由未实施或者未充分实施其专利的；（2）专利权人行使专利权的行为被依法认定为垄断行为，为消除或者减少该行为对竞争产生的不利影响的。

（二）特殊的强制许可

1.对制造出口药品的强制许可

为了公共健康目的，对取得专利权的药品，国务院专利行政部门可以给予制造并将其出口到符合中华人民共和国参加的有关国际条约规定的国家或者地区的强制许可。例如，我国某企业是专门向亚非拉广大发展中国家出口药品的制药企业，在非洲某个最不发达国家出现了某种流行病，严重危害当地人民群众的生命和健康，而在我国又有某项专利药品可以有效治疗该疾病，该企业就可以申请强制许可实施该专利，制造该药品，并出口到该国家。

2.对于半导体技术发明的强制许可

根据《专利法》第57条的规定，强制许可涉及的发明创造为半导体技术的，其实施限于公共利益的目的，或为防止利用半导体技术进行非法垄断行为。

3.国家出现紧急状态或者非常情况时或者为了公共利益目的的强制许可

国家出现紧急状态，一般是指国家发生了战争、重大的社会动荡、严重的自然灾害，或者出现了非常事件。虽然专利权是一项垄断权利，但是这种垄断性权利也应当服从国家和人民的利益。我国《专利法》第54条规定，在国家出现紧急状态或者非常情况时，或者为了公共利益的目的，国务院专利行政部门可以给予实施发明专利或者实用新型专利的强制许可。

4.从属专利的强制许可

从属专利的强制许可，是指后一项发明专利以前一项专利为基础，依赖于前一项专利，如果不实施前一项专利，后一项专利也无法实施，在此情况下，国务院专利行政部门可以根据后一项专利权人的申请批准其实施前一项专利技术的制度。

我国《专利法》第56条规定，一项取得专利权的发明或者实用新型比前已经取得专利权的发明或者实用新型具有显著经济意义的重大技术进步，其实施又有赖于前一发明或者实用新型的实施，国务院专利行政部门根据后一专利权人的申请，可以给予实施前一发明或者实用新型的强制许可。同时，该条也规定了国务院专利行政部门根据前一专利权人的申请，也可以给予实施后一发明或者实用新型的强制许可。

从属专利的强制许可应当具备以下条件：

第一，两项发明必须是从属的、相关的、相互依赖的、不能单独实施的专利。如果是两项互不相关的专利，不能申请强制许可。第二，第二项专利比第一项专利具有更大的技术进步性，应当能够产生更大的经济效益。其实，如果第二项专利不比第一项专利具有更大的技术进步，是很难取得专利权的。第三，第一项专利权人也能够对第二项专利申请强制许可。

（三）强制许可决定的实施程序

专利行政部门作出给予实施强制许可的决定，应当及时通知专利权人，并予以登记和公告。给予实施强制许可的决定，应当根据强制许可的理由规定实施的范围和时间。强制许可的理由消除并不再发生时，专利行政部门应当根据专利权人的请求，经审查后作出终止实施强制许可的决定。取得实施强制许可的单位或者个人不享有独占的实施权，并且无权允许他人实施。取得实施强制许可的单位或者个人应当付给专利权人合理的使用费。

专利权人对国务院专利行政部门关于实施强制许可的决定不服的，专利权人和取得实施强制许可的单位或者个人对国务院专利行政部门关于实施强制许可的使用费的裁决不服的，可以自收到通知之日起3个月内向人民法院起诉。

强制许可制度是对专利权的限制，但遗憾的是，我国至今未实施过一例强制许可。因此，我们应充分了解该制度的内涵，并运用法律赋予的权利，为国家、社会和个人的发展创造更多机会。

三、开放许可

为了进一步促进专利的实际应用，2020年修正的《专利法》中明确规定了我国专利开放许可制度。依照《专利法》第50条的规定，所谓的开放许可，是指专利权人自愿以书面方式向国务院专利行政部门声明愿意许可任何单位或者个人实施其专利，并明确许可使用费支付方式、标准的，由国务院专利行政部门予以公告，实行开放许可。

《专利法》还进一步明确规定，就实用新型、外观设计专利提出开放许可声明的，应当提供专利权评价报告。专利权人撤回开放许可声明的，应当以书面方式提出，并由国务院专利行政部门予以公告。开放许可声明被公告撤回的，不影响在先给予的开放许可的效力。对于愿意实施开放许可专利的，依据《专利法》第51条的规定，任何单位或者个人以书面方式通知专利权人，并依照公告的许可使用费支付方式、标准支付许可使用费后，即获得专利实施许可。对于专利权人开放许可实施期间，专利年费相应给予减免。实行开放许可的专利权人仍然可以与被许可人就许可使用费进行协商后给予普通许可，但不得就该专利给予独占或者排他许可。《专利法》第52条规定："当事人就实施开放许可发生纠纷的，由当事人协商解决；不愿协商或者协商不成的，可以请求国务院专利行政部门进行调解，也可以向人民法院起诉。"

四、国家推广使用

国家推广使用，是指国家对于对社会公众或者国家利益具有重大意义的发明专利，需要推广应用的，按照法定程序报国务院批准，在一定范围内推广应用，并许可指定单位实施该项专利技术的行政措施。

国家推广使用制度的目的是保护公众利益和社会利益，从而运用行政权力对一些关系国计民生的专利技术予以推广使用。我国《专利法》第49条对此作出了明确的规定："国有企业事业单位的发明专利，对国家利益或者公共利益具有重大意义的，国务院有关主管部门和省、自治区、直辖市人民政府报经国务院批准，可以决定在批准的范围内推广应用，允许指定的单位实施，由实施单位按照国家规定向专利权人支付使用费。"

按照该规定，推广使用的专利权主体仅限于国有企事业单位。集体所有制单位、中国本国的个人、中国境内的外国人、位于中国境内的三资企业、中国境内的私营企业以及其他性质的单位的发明专利，不在推广使用范围之列。推广的对象仅限于发明专利，不包括实用新型和外观设计。推广的发明专利应当是对国家利益或者公共利益有重大意义的发明专利。对国家利益或者公共利益没有重大意义的发明专利，不纳入推广应用范围。最后，使用被推广专利的单位应当向权利人支付专利使用费。

｜第四节｜ 专利权保护期限、中止与无效

一、专利权保护期限

（一）专利权期限

专利权是一种专有权，但具有时间限制性。一旦超过法律规定的保护期限，专利权将不再受保护。《专利法》规定，发明专利权的保护期限为自申请日起20年；实用新型专利权的保护期限为自申请日起10年，外观设计专利权的保护期限为自申请日起15年。

（二）专利权期限补偿

为了对因专利审查期间耽误的时间予以补偿，《专利法》第42条第2款规定："即自发明专利申请日起满四年，且自实质审查请求之日起满三年后授予发明专利权的，国务院专利行政部门应专利权人的请求，就发明专利在授权过程中的不合理延迟给予专利权期限补偿，但由申请人引起的不合理延迟除外。"

《专利法实施细则》第77条规定，依照专利法规定请求给予专利权期限补偿的，专利权人应当自公告授予专利权之日起3个月内向国务院专利行政部门提出。何谓合理迟延？《专利法实施细则》第78条规定，下列情形属于合理延迟：（1）依照本细则第66条的规定修改专利申请文件后被授予专利权的，因复审程序引起的延迟；（2）因本细则第103条、第104条规定情形引起的延迟；（3）其他合理情形引起的延迟。对

于由申请人引起的不合理迟延，《专利法实施细则》第79条规定，由申请人引起的不合理延迟包括以下情形：（1）未在指定期限内答复国务院专利行政部门发出的通知；（2）申请延迟审查；（3）因本细则第45条规定情形引起的延迟；（4）其他由申请人引起的不合理延迟。

《专利法》第42条第3款规定："即为补偿新药上市审评审批占用的时间，对在中国获得上市许可的新药相关发明专利，国务院专利行政部门应专利权人的请求给予专利权期限补偿。补偿期限不超过五年，新药批准上市后总有效专利权期限不超过十四年。"

《专利法实施细则》第80条将《专利法》第42条第3款所称新药相关发明专利限定为符合规定的新药产品专利、制备方法专利、医药用途专利。《专利法实施细则》第81条还规定，请求给予新药相关发明专利权期限补偿的，应当符合下列要求，自该新药在中国获得上市许可之日起3个月内向国务院专利行政部门提出：（1）该新药同时存在多项专利的，专利权人只能请求对其中一项专利给予专利权期限补偿；（2）一项专利同时涉及多个新药的，只能对一个新药就该专利提出专利权期限补偿请求；（3）该专利在有效期内，且尚未获得过新药相关发明专利权期限补偿。

（三）专利权恢复

根据《专利法实施细则》第6条的规定，当事人因不可抗拒的事由而延误专利法或者本细则规定的期限或者国务院专利行政部门指定的期限，导致其权利丧失的，自障碍消除之日起2个月内且自期限届满之日起2年内，可以向国务院专利行政部门请求恢复权利。除前款规定的情形外，当事人因其他正当理由延误专利法或者本细则规定的期限或者国务院专利行政部门指定的期限，导致其权利丧失的，可以自收到国务院专利行政部门的通知之日起2个月内向国务院专利行政部门请求恢复权利；但是，延误复审请求期限的，可以自复审请求期限届满之日起2个月内向国务院专利行政部门请求恢复权利。当事人请求恢复权利的，应当提交恢复权利请求书，说明理由，必要时附具有关证明文件，并办理权利丧失前应当办理的相应手续；当事人因其他正当理由延误专利法或者本细则规定的期限或者国务院专利行政部门指定的期限请求恢复权利的，还应当缴纳恢复权利请求费。

但权利恢复期限不适用于下列情形：（1）《专利法》第24条规定的6个月不丧失新颖性期限；（2）《专利法》第29条规定的12个月或6个月的优先权期限；（3）《专利法》第42条规定的20年、10年或15年的专利保护期；（4）《专利法》第74条规定的3

年诉讼时效期限。

对于在专利权丧失期间他人实施该专利是否构成侵权的问题，2003年，最高人民法院在《关于审理专利侵权纠纷案件若干问题的规定（会议讨论稿）》中认为：专利权在丧失后又恢复的，在权利丧失期间，他人实施该专利的，不构成对专利权的侵犯，但他人的行为系在专利权丧失前的侵权行为的继续的，人民法院仍应当认定其构成专利侵权。在专利权丧失期间，他人开始制造相同产品、使用相同方法或者已经作好制造、使用的必要准备，并且在专利权恢复后仅在原有范围内继续制造、使用的，不视为侵犯专利权，但行为人有恶意的，人民法院仍应当认定其构成专利侵权。依照前款规定具有使用权的人无权许可他人或者向他人转让其实施的技术或者外观设计，除非连同其企业整体转让或者被继承。

从上述讨论稿的内容可以看出，最高人民法院曾倾向于支持专利权空档期他人实施专利不构成侵权，但最终并未在正式的司法解释中保留这一条款。

笔者认为，按照法定或指定期限办理各项专利事项是专利权人获得专利权应尽的义务，若未履行该义务，则应承担专利权丧失的风险和后果。设立专利权恢复制度的初衷是对因"不可抗拒的事由"或"其他正当理由"导致的权利丧失进行行政救济。在专利权终止至恢复的空档期间，该专利的权利基础已经丧失，此时专利权人无权禁止他人实施相关生产制造行为。即使专利行政部门通过救济措施恢复涉案专利权，依据"法不溯及既往"的基本原则，这种恢复也不应具有溯及既往的法律效力。由于我国专利权恢复制度规定了最长2年的恢复期，在如此长的空档期内，必然会产生较多的专利权侵权纠纷。因此，迫切需要立法细化并完善专利权终止至恢复期间实施行为的法律责任和后果，尽快消除模糊区域。

二、专利权的终止

所谓专利权终止，是指专利权因某种法律事实的发生而导致其效力消灭的情形。根据我国专利法规定，导致专利权终止的法律事实包括：

（一）保护期限届满

专利权的保护期限届满，专利权就终止其效力。

（二）放弃专利权

专利权人以书面形式向专利行政部门声明放弃专利权。专利权人主动放弃其专利权的,应当使用专利行政部门统一制定的表格,提出书面声明。专利权人放弃专利权时,只能放弃一件专利权之全部,不能仅放弃部分专利权。对于仅放弃部分专利权的,专利行政部门不予受理。

专利权由两个以上专利权人共有的,放弃专利权的声明应当由全体专利权人同意。部分专利权人声明放弃专利权的,并不能导致该项专利权终止,只能导致放弃声明人所享有的部分权利丧失,只需要变更著录事项即可。

对于符合专利法规定条件的放弃专利权声明,专利行政部门应当予以批准,并将有关事项分别在专利登记簿和专利公报上进行登记和公告。

(三)未在法定期限内缴纳专利维持费

《专利法》第44条第1款第1项规定,没有按照规定缴纳年费的,专利权在期限届满前终止。《专利法实施细则》第115条规定,授予专利权当年以后的年费应当在上一年度期满前缴纳。专利权人未缴纳或者未缴足的,国务院专利行政部门应当通知专利权人自应当缴纳年费期满之日起6个月内补缴,同时缴纳滞纳金;滞纳金的金额按照每超过规定的缴费时间1个月,加收当年全额年费的5%计算;期满未缴纳的,专利权自应当缴纳年费期满之日起终止。

依照《专利审查指南2023》的规定,专利权人未按时缴纳年费(不包括授予专利权当年的年费)或者缴纳的数额不足的,可以在年费期满之日起6个月内补缴,补缴时间超过规定期限但不足1个月时,不缴纳滞纳金。补缴时间超过规定时间1个月或以上的,缴纳按照下述计算方法算出的相应数额的滞纳金:(1)超过规定期限1个月(不含1个整月)至2个月(含2个整月)的,缴纳数额为全额年费的5%。(2)超过规定期限2个月至3个月(含3个整月)的,缴纳数额为全额年费的10%。(3)超过规定期限3个月至4个月(含4个整月)的,缴纳数额为全额年费的15%。(4)超过规定期限4个月至5个月(含5个整月)的,缴纳数额为全额年费的20%。(5)超过规定期限5个月至6个月的,缴纳数额为全额年费的25%。凡在6个月的滞纳期内补缴年费或者滞纳金不足需要再次补缴的,应当依照再次补缴年费或者滞纳金时所在滞纳金时段内的滞纳金标准,补足应当缴纳的全部年费和滞纳金。

专利年费滞纳期满仍未缴纳或者缴足专利年费或者滞纳金的,审查员应当发出专利权终止通知书。专利权人未启动恢复程序或者恢复权利请求未被批准的,专利局应当在终止通知书发出4个月后,进行失效处理,并在专利公报上公告。

专利权自应当缴纳年费期满之日起终止。

专利权主体消灭后，若无人继受其专利权，是否会导致该项专利权终止？有些国家规定专利权终止，但我国《专利法》对此未作明确规定。如果专利权人是自然人，依照我国《民法典》继承编的相关规定，继承人有权继承该专利权。同理，如果专利权人是法人或非法人单位，其权利义务承继者也应当有权承继该专利权。在上述两种情形下，均应当办理专利权人变更手续。

三、专利权的无效宣告

（一）专利权无效宣告的程序

专利法设立无效宣告程序，是为了纠正专利行政部门对不符合专利法规定条件的发明创造授予专利权的现象，使公众或者利害关系人能够通过此项程序请求国务院专利行政部门宣告其无效，从而维护社会公众的合法权益，并保证专利法的正确实施。

我国《专利法》第45条至第47条规定了专利权的无效宣告程序，并且明确规定无效宣告请求由国务院专利行政部门受理。

根据我国专利法的规定，有下列情形之一的，应当宣告专利无效：

1.发明创造违反法律、社会公德或者妨害公共利益

《专利法》第5条规定："对违反法律、社会公德或者妨害公共利益的发明创造，不授予专利权。对违反法律、行政法规的规定获取或者利用遗传资源，并依赖该遗传资源完成的发明创造，不授予专利权。"因此，对于已授权的专利，如果发现其存在违反国家法律、社会公德或者妨害公共利益的情形，应当宣告无效。

2.违反诚实信用原则

《专利法》第20条规定："申请专利和行使专利权应当遵循诚实信用原则。不得滥用专利权损害公共利益或者他人合法权益。"《专利法实施细则》第11条也规定："申请专利应当遵循诚实信用原则。提出各类专利申请应当以真实发明创造活动为基础，不得弄虚作假。"同时，《专利审查指南2023》第四部分第三章的第4.1节"无效宣告请求的审查范围"中新增："合议组在下列情形可以依职权进行审查：（1）专利权的取得明显违背诚实信用原则的，合议组可以引入专利法实施细则第十一条的无效宣告理由进行审查。"由上可知，"诚实信用原则"被纳入了包括专利申请阶段及授权后无效程序在内的整个专利生命周期中，同时也为无效宣告请求人提供了一个新的无效理由。在国家知识产权局以往的专利审查实践中，已经对此问题进行过审查，尤其是在专利申请存在实验数据雷同、编造等问题时，审查员会在审查意见中提出疑问，但所依据的是其他法条。《专利法实施细则》及《专利审查指南2023》为此类审查意见提供了更明确的法条支撑。

3.不属于可专利主题

《专利法》第25条规定："对下列各项，不授予专利权：（一）科学发现；（二）智力活动的规则和方法；（三）疾病的诊断和治疗方法；（四）动物和植物品种；（五）原子核变换方法以及用原子核变换方法获得的物质；（六）对平面印刷品的图案、色彩或者二者的结合作出的主要起标识作用的设计。对前款第（四）项所列产品的生产方法，可以依照本法规定授予专利权。"

4.不具备专利法规定的新颖性、创造性和实用性要求

《专利法》第22条规定："授予专利权的发明和实用新型，应当具备新颖性、创造性和实用性。"不具备上述三性的已授权专利，应当被宣告无效。

5.外观设计与现有设计或其组合相比，不具有明显区别，或与他人在先权利冲突

授予专利权的外观设计，应当不属于现有设计；也没有任何单位或者个人就同样的外观设计在申请日以前向专利行政部门提出过申请，并记载在申请日以后公告的专利文件中。授予专利权的外观设计与现有设计或者现有设计特征的组合相比，应当具有明显区别。授予专利权的外观设计不得与他人在申请日以前已经取得的合法权利相冲突。

6.专利技术没有充分公开

申请发明或者实用新型专利的，应当提交请求书、说明书及其摘要和权利要求书等文件。说明书应当对发明或者实用新型作出清楚、完整的说明，以所属技术领域的技术人员能够实现为准。当专利的说明书没有清楚、完整地对专利技术作出说明，所属领域的技术人员无法依照说明书实施该专利技术时，该专利应当被宣告无效。

7.修改专利文件时扩大了专利保护的范围

《专利法》第33条规定："申请人可以对其专利申请文件进行修改，但是，对发明和实用新型专利申请文件的修改不得超出原说明书和权利要求书记载的范围，对外观设计专利申请文件的修改不得超出原图片或者照片表示的范围。"在专利授权后，如果发现在专利申请中修改后的内容超出原说明书和权利要求书记载的范围，或超出原图片或者照片表示的范围，应当宣告该专利无效。

8.重复授权

同样的发明创造只能被授予一项专利权。但是，如果同一申请人在同日对同样的发明创造既申请实用新型专利又申请发明专利，且先获得的实用新型专利权尚未终止，同时申请人声明放弃该实用新型专利权的，可以授予发明专利权。如果两个以上的申请人分别就同样的发明创造申请专利，则专利权应授予最先申请的人。因此，如果发现同样的发明创造存在重复授权，应当宣告在后专利无效。根据专利法规定，如果专利权人在发明专利授权之前未声明放弃实用新型专利权，则不能授予发明专利权；即便授权，也因违反禁止重复授权原则而无效。就此问题，我们可以参考最高人民法院发布的一则颇具争议的案例。

案例：原告新能正源公司于2017年2月14日同日申请并获得授权的专利号为201720132080.5、名称为"用于拱架的吊装夹具、抓手机构和拱架台车"的实用新型专利和专利号为201710078689.3、名称为"用于拱架的吊装夹具、抓手机构和拱架台车"的发明专利。

实用新型专利的授权公告日为2017年9月8日。2018年8月2日，新能正源公司以侵害涉案实用新型专利权为由将五新公司等诉至原审法院。2018年8月27日，通过公证保全证据。后新能正源公司撤诉。2019年2月14日，涉案实用新型专利权因未缴纳年费而终止。

发明专利公布日为2017年4月26日，授权公告日为2018年8月28日。新能正源公司于2019年2月12日向法院提起侵犯发明专利诉讼，请求：停止侵权，赔偿损失100万元及合理费用8万元。原告提交的证据仍是实用新型专利侵权诉讼中的公证证据，被控侵权产品与专利技术特征能够一一对应。五新公司原审辩称：涉案发明专利技术在申请日之前已经对外公开，属于现有技术。被诉侵权技术方案并未落入涉案发明专利权的保护范围。一审判决，停止侵权，赔偿100万元。

该案上诉至最高人民法院，最高人民法院二审判决认为：在被诉侵权行为从实用新型专利授权之日持续至发明专利授权之后的情况下，不能苛求当事人在主张权利时对请求权基础作出准确区分，人民法院可以就此进行释明。如果权利人基于发明专利权主张权利，且主张的侵权损害赔偿范围及于实用新型专利权有效期间，人民法院可以一并处理，属于诉的客体合并，不违反法律规定，亦符合同日申请发明和实用新型专利的制度目的。此种情形下，权利人无须再另行主张发明专利临时保护期使用费，有利于纠纷的实质解决和减轻当事人的讼累。需要指出的是，该案的特殊之处在于，涉案实用新型专利系因未缴纳年费而终止，故从涉案发明专利授权日至涉案实用新型专利因未缴纳年费而终止这段期间，有两项保护范围相同的专利权利要求同时处于有效状态。基于专利权的有效推定原则，在该案侵权诉讼中不能否定任一项专利权的有效性，但理应择一保护，不能重复保护。将涉案发明创造相关侵权纠纷合并审理，能更合理地处理这一特殊情况所带来的问题。最终判决驳回上诉，维持原判。[1]

在该案中，最高人民法院认为"从涉案发明专利授权日至涉案实用新型专利因未缴纳年费而终止这段期间，有两项保护范围相同的专利权利要求同时处于有效状态"，笔者认为这明显是不妥的。我国《专利法》第9条规定："同样的发明创造只能授予一项专利权。但是，同一申请人同日对同样的发明创造既申请实用新型专利又申请发明专利，先获得的实用新型专利权尚未终止，且申请人声明放弃该实用新型专利权的，可以授予发明专利权。"该条款明确规定，如果同一申请人就同样的发明创造同日申请发明和实用新型专利，则在发明专利授权之前，专利权人必须声明放弃实用新型专利权，否则不能授予发明专利权。因此，最高人民法院的上述认定明显不妥。该案中，原告公司在被授予案涉发明专利权时并未声明放弃实用新型专利，实际上导致了重复授权。尽管法院不能直接对案涉发明专利权作出无效认定，但在该权利存在明显瑕疵的情况下，法院支持原告以发明专利为基础提起的侵权之诉，明显值得商榷。我们不妨换一种思路，如果该案原告仍以原实用新型专利权为请求权基础提起诉讼，尽管实用新型专利在诉讼期间因未缴纳专利费而终止，但法院支持其在专利有效期间的侵权诉讼请求，仍然是有法律依据的。

（二）无效宣告的法律后果

1.对世效力

国务院专利行政部门或者人民法院作出的宣告专利权全部无效或者部分无效的生效决定或判决，不仅对双方当事人（即无效宣告请求人和专利权人）具有法律约束力，而且对任何第三人和一般公众都具有约束力，具体表现为：（1）自此以后，任何第三人都可以自由使用该项被宣告专利权无效的发明创造；（2）宣告专利权无效的决定，对在宣告专

---

[1] 参见最高人民法院（2020）最高法知民终1738号民事判决书。

利权无效前人民法院作出并已执行的专利侵权的判决、调解书，已经履行或者强制执行的专利侵权纠纷处理决定，以及已经履行的专利实施许可合同和专利权转让合同，不具有追溯力。但是因专利权人的恶意给他人造成的损失，应当给予赔偿。如果不返还专利侵权赔偿金、专利使用费、专利权转让费，明显违反公平原则的，应当全部或者部分返还。

2.追溯力

国务院专利行政部门或者人民法院作出宣告专利权全部无效或者部分无效的终局决定或者终审判决后，被宣告无效的专利权的全部或者部分即视为自始不存在。当然，就部分无效的情况而言，其专利权中的有效部分依然存在并受保护。

3.一事不再理的效力

国务院专利行政部门作出宣告专利权无效、部分无效或者维持专利权的决定后，若当事人服从，则该决定产生法律效力；若当事人不服，可以自收到通知之日起3个月内向人民法院起诉；经人民法院作出终审判决后，该判决产生法律效力。此后，任何人不得以同样的理由对该项专利权再次提出无效宣告请求。